Über das Buch:
Wer ist das, der da ich sagt? Günter Wallraff wagt sich seit über 30 Jahren an die verschiedensten Rollen, gibt sich immer wieder neue Gesichter, erfindungsreich und kompromißlos. Getarnt als Hans Esser enthüllte er in seinem Buch »Der Aufmacher« die Praktiken der »Bild«-Zeitung. Für »Ganz unten« lebte er als Türke Ali am Rande der Gesellschaft.
Daß Bücher etwas bewegen können, dafür liefern die Arbeiten von Günter Wallraff einen einzigartigen Beweis. »Ganz unten« wurde mit einer deutschsprachigen Auflage von über drei Millionen und Übersetzungen in mehr als 30 Ländern nicht nur ein sensationeller Bucherfolg, sondern entwickelte auch eine »durchschlagende politische Wirkung« (»Süddeutsche Zeitung«). Wallraffs Reportagen handeln von Deutschland, legen den Finger in die Wunde und gewähren einen schonungslosen, oft beschämenden Einblick in die deutsche Realität. Sie waren selten gerne gesehen. Unzählige Prozesse wurden gegen Günter Wallraff geführt, die er jedoch alle gewann. Seine Reportagen sind nicht nur engagiert und aufklärerisch, sondern in vielen Punkten bis heute unerreicht.
»Ich – der andere« enthält eine Auswahl von Wallraffs besten Reportagen, die das Schaffen eines der engagiertesten und außergewöhnlichsten Reporter und Schriftsteller der Nachkriegsgeschichte dokumentieren.

Über den Autor:
Günter Wallraff, geboren 1942 in Burscheid bei Köln. Zuerst Buchhändler, dann Journalist und Schriftsteller. Heute engagiert er sich – besonders in Ostdeutschland – in seiner Stiftung »Zusammen-Leben« gegen Rechtsradikalismus und Rassismus und in Menschenrechtsfragen in verschiedenen Teilen der Welt.

Weitere Titel bei K&W
»Zeugen der Anklage«, KiWi 17, 1982. »Ganz unten«, KiWi 176, 1992. »Industriereportagen. Als Arbeiter in deutschen Großbetrieben«, KiWi 259, 1991. »Mein Tagebuch aus der Bundeswehr«, KiWi 289, 1992. Zusammen mit Bernt Engelmann: »Ihr da oben – wir da unten«, KiWi 347, 1994. »Der Aufmacher. Der Mann, der bei Bild Hans Esser war«, KiWi 462, 1997. »13 unerwünschte Reportagen«, KiWi 725, 2002.

Günter Wallraff
Ich – der andere

Reportagen aus vier Jahrzehnten

Kiepenheuer & Witsch

1. Auflage 2002

© 2002 by Verlag Kiepenheuer & Witsch, Köln
Alle Rechte vorbehalten. Kein Teil des Werkes darf in irgendeiner Form
(durch Fotografie, Mikrofilm oder ein anderes Verfahren) ohne schriftliche
Genehmigung des Verlages reproduziert oder unter Verwendung
elektronischer Systeme verarbeitet, vervielfältigt oder verbreitet werden.
Umschlaggestaltung: Barbara Thoben, Köln
Umschlagfotos: © Kurt Steinhausen, Günter Zint und Archiv Günter Wallraff
Gesetzt aus der Times Ten
Satz: Greiner & Reichel, Köln
Druck und Bindearbeiten: Clausen & Bosse, Leck
ISBN 3-462-03167-8

Inhalt

Vorzüge und Nachteile eines »Ideal-Berufes« 11

Protokoll aus der Bundeswehr 13

Tagebucheintrag 1964 25

»Sinter zwo« – im Stahlwerk 26

Asyl ohne Rückfahrkarte 42

Napalm? Ja und Amen 52

»Baun wir doch aufs neue das alte Haus« oder
Die Judenehrung von Paderborn 65

Brauner Sud im Filterwerk – Melitta-Report 78

Gerling-Konzern – Als Portier und Bote 99

Auszüge aus der Verteidigungsrede
vor dem Kölner Amtsgericht am 10.12.1975 111

Special guests 117

Fürstmönch Emmeram und sein Knecht Wallraff 121

Die Griechenland-Aktion 137
    Verteidigungsrede 154

Aufdeckung einer Verschwörung 164

Der Aufmacher –
Der Mann, der bei BILD Hans Esser war 185
    Vampirismus 192

Denn sie wissen, was sie tun 200

Dienstag, 16. Juli 1985 207

Ganz unten 209
  Im letzten Dreck oder »vogelfrei, ich bin dabei« 209
  Die Beförderung 218

Und macht euch die Erde untertan ... Eine Widerrede 227

Plan-Abschußsoll – Ein Protokoll aus dem Jahr 1990 238

Know-how aus Deutschland 244

Die Kurdenverfolgung
der türkischen »Militärdemokratur« 250

Interview mit Abdullah Öcalan 266

Die Intoleranz des anderen zu dulden
ist nichts anderes als Feigheit 275

BILD zum Fünfzigsten 283

Leo Kreutzer
Auf unheimlichem Terrain 295

Heinrich Böll
Günter Wallraffs unerwünschte Reportagen 298

Sargut Şölçün
»Ali Woyzeck« 300

Quellennachweis 305

Bibliographie 307

Ich bin mein eigener heimlicher Maskenbildner.
Locke meinem Wesen immer neue Masken hervor.
Ich warte darauf, die Maske zu finden, die sich mit
    meinem ursprünglichen Gesicht deckt.
Ich glaube, sie längst schon unbemerkt getragen zu haben.
Oder sie niemals zu finden, da sich mein Gesicht der
    jeweiligen Maske anpaßt.
Weiter werde ich mir unermüdlich Masken aufsetzen,
    mich suchen und in einem vor mir verbergen.
Wenn ich mich gefunden habe, werde ich mich verlassen …

Tagebucheintrag 1960

Vorzüge und Nachteile eines »Ideal-Berufes«*

Die Auswahl unter den verschiedenen Berufen scheint auf den ersten Blick äußerst vielseitig. Eine bunte Skala aller möglichen Berufssparten mit zum Teil sehr guten Aufstiegs- und Verdienstmöglichkeiten. Jedoch kein oder besser fast kein Beruf bietet die ersehnte Lebenserfüllung. Staatliche, technische und die beliebten Modeberufe mögen anfangs befriedigen, zotteln aber schnell in einen ewig gleichmäßigen, so ermüdenden Arbeitstrott über, der nicht befriedigt, sondern verdrießt. – Ganz anders bei den aufopfernden, helfenden, den sozialen Berufen. Der Mensch legt sein ganzes »Ich« in diesen seinen Beruf hinein, nicht für sich, sondern für das Heil anderer Menschen. Können diese selbstlosen Berufe am Ende aber wirklich befriedigen? Viele Menschen ja. Aber tritt schließlich nicht doch die endgültige Einsicht mit der Verzweiflung ein. Die Lebensaufgabe ist ad absurdum geführt. Der Arzt, der Priester, der Jugendhelfer stehen vor der Frage: Hat das denn alles noch einen Sinn, und worin liegt der Sinn? Den Schwerkranken vor dem sicheren Tode retten, ist das gut so? Bedeutet der Tod nicht vielleicht gerade für diesen Menschen eine lang ersehnte Erlösung? Oder der Priester: Findet er sich nicht plötzlich überflüssig? Braucht man ihn denn wirklich? Drängt er sich nicht nur auf? Der Jugendhelfer: Der Erfolg ist spärlich. Aber ist der scheinbare Erfolg wirklich ein Erfolg? Hätten die Jugendlichen nicht vielleicht ohne seine Hilfe ebensogut auf den rechten Weg zurückgefunden? Alles Fragen, die zweifelsohne auftreten werden und nicht mit einem Achselzucken abgetan werden können. Der Beruf, der anfänglich im Humanismus beginnt, kann schließlich aus der Erkenntnis heraus im Nihilismus enden. Dieser Gefahr aus

---

* Schulaufsatz, verfaßt im Alter von 16 Jahren, vor Eintritt ins Berufsleben. Wurde nicht bewertet. Begründung: »Thema verfehlt«.

dem Wege gehen! In eine eigene, herbeigerufene, berufenere Welt flüchten. Mag es nur in einem von hundert Fällen gelingen, der Weg soll beschritten werden. Der eigentliche Beruf ist tot. – Das große Spiel des Lebens kann beginnen. Die Flucht aus der feindlichen Zeit in eine eigene, selbsterrichtete Welt. – Alles ist aufgelöst, heiter: Lachen, wo es einem zum Weinen zumute ist; die Weinenden zum Lachen bringen. Ein uraltes Spiel im ganzen großen Zirkus: Hanswurst, Clown, Harlekin.

Wer aber findet sich dazu schon bereit? Auch beim Spiel oder gerade beim Spiel gewinnt und verliert man, wie überall in der Welt. Aber dafür ist es auch nur ein Spiel; das große Spiel! Dennoch: Bedenken über Bedenken. Ein Spiel schon: aber um welchen Preis? – Um jeden Preis: Selbstverleugnung der Person bis ins letzte hinein. Der Ausstoß aus der Gesellschaft. Höchstens ein mitleidiges Lächeln. Eben: das freiwillig auf sich genommene »Nicht ernst genommen zu werden«. Damit verbunden: der nicht eingestandene Neid der Umwelt, der in Haß und Verfolgung seinen Ausdruck finden kann. Hier kann das Spiel »tödlich« enden. Die ohnehin schon fragwürdig gewordene Existenz kann ganz genommen und das Recht auf Leben abgesprochen werden. Man sieht also klar, daß das Spiel ein Spiel, ein Spiel auf Leben und Tod ist.

Trotzdem aber: Wenigstens der Versuch sollte unternommen werden. Tun wir doch erst mal so, als ob wir spielten, und sehen wir weiter. Scheinbar sind wir jetzt frei. Alle Verpflichtungen sind erloschen. Selbst schwere Schicksalsschläge sind gelungene Scherze. Eine absolute Freiheit ist das wohl auch nicht, aber wir haben den Weg dahin beschritten, und werden wir auch nie ankommen, wir sind dennoch immer unterwegs. Ferner unterstehen wir nicht mehr der offiziellen Kritik. Der Narr bleibt ein Narr und kann sich nur närrisch benehmen.

Stülpen wir uns die Narrenkappe über und treten wir auf im ganzen großen Zirkus, wir Hanswürste, Clowns und Harlekine.

1958

Protokoll aus der Bundeswehr

1.7.63 – Montag
Meine Dienstgradbezeichnung ist »Schütze«, ich trage Uniform. Aber ich habe das Gewehr nicht genommen. Ich bin Kriegsdienstverweigerer.

»Wallraff hat sich trotzdem zur Stelle gemeldet!«

»Stehen Sie erst einmal stramm, wenn Sie mit mir reden, und melden Sie sich gefälligst richtig! Das heißt: Schütze Wallraff meldet sich zur Stelle, verstanden!«

»Ja, schon, aber wieso Schütze? Ich nehme doch kein Gewehr in die Hand und werde niemals schießen, auch nicht so zum Spaß.«

»Sind Sie blöde? Ihre Dienstgradbezeichnung ist Schütze, und so haben Sie sich ein für allemal zu melden, sonst werde ich Sie melden, und Sie kommen wegen Befehlsverweigerung in den Bau!«

»Ach so. Ein Schütze, der nicht schießt ... aber wenn Sie Wert darauf legen: Die Dienstgradbezeichnung Schütze Wallraff meldet sich zur Stelle!«

So fing es an. Ich hatte meinen Antrag nicht früh genug gestellt. Bei der Musterung war mein Entschluß noch nicht fest gewesen. So stellte ich meinen Antrag auf Kriegsdienstverweigerung beim Kreiswehrersatzamt Köln zwei Monate vor der Einberufung und wies darauf hin, daß das Gewissen zu jeder Zeit wach werden könne und nicht an amtliche Fristen gebunden sei. Ich erhielt die Einberufung mit dem Zusatz: Wenn ich mich nicht zum anbefohlenen Zeitpunkt bei meiner Einheit einfände, gälte ich als fahnenflüchtig und würde strafrechtlich verfolgt. Mein Antrag würde an den zuständigen Prüfungsausschuß für Kriegsdienstverweigerer weitergeleitet.

Am nächsten Tag erscheine ich nicht zur Gewehrausteilung. Später bekomme ich von meinem Gruppenführer einen Stock mit

Tragekordel. Ich schmücke ihn jeden Tag mit einer frischen Feldblume und stelle ihn jeden Abend in den Gewehrständer neben die blitzenden Flinten meiner Stubengefährten. Damit sie sich neben mir nicht zu schämen brauchen, pflanze ich ihren Gewehrmündungen ebenfalls Blumen auf. – Man verbot mir den Blumenzauber. Meinen Stecken durfte ich auch nicht mehr öffentlich tragen, weil er großes Aufsehen erregte und schon in anderen Standorten der Umgebung bekanntgeworden war. So stehe ich mit leeren Händen daneben, wenn die anderen schießen.

23. 7. – Montag – 7.00 Uhr
Ich fahre auf einer Schubkarre Eisenträger zum Bauschuppen. Sie haben bisher friedlich im Kasernengelände gelegen und störten keinen. Nun müssen sie versteckt werden, weil der kommandierende General erwartet wird.

Ich höre von weitem einen Pfiff. Das ist nichts Ungewöhnliches hier. (Trillerpfiffe und Brüllen sind die Hauptsignale und wichtigsten Verständigungsmittel im militärischen Leben.) Darum achte ich nicht sonderlich darauf.

Vor mir bleibt ein Soldat wie angewurzelt stehen, legt seine Hand zum Gruß an den Mützenrand und verharrt.

Ich denke, er verwechselt mich mit etwas Höherem, nicke ihm freundlich zu und rüttele mit meiner Schubkarre an ihm vorbei.

Jetzt sehe ich, daß überall im Umkreis einfache Soldaten, Unteroffiziere und sogar zwei Leutnants wie versteinert dastehen, alle in der gleichen Richtung, mir zugewandt, die Hände zum Gruß angelegt.

Es ist merkwürdig still. Ein Lkw-Fahrer hat seinen Motor abgestellt, ein Zivilangestellter hält seinem Hund, der eben noch kräftig bellte, das Maul zu.

Ich mache mit meiner Karre einen Bogen um einen Unteroffizier, als dieser mir mit dem nicht grüßenden Arm zu verstehen gibt, ich solle ebenfalls still stehen. Er ruft drohend »Flaggenparade«. Ich ahne schon was.

Plötzlich ein Pfiff. Der Spuk löst sich auf.

Der Hund bellt. Der Motor heult auf.

Der Unteroffizier kommt mir nach, baut sich vor mir auf, verlangt barsch Namen und Einheit von mir.

Er erklärt mir, das eben sei eine Flaggenparade gewesen. Die schwarzrotgoldene Fahne werde jeden Morgen gehißt und jeden Abend heruntergeholt. Man müsse ihr dann seine Ehrenbezeugung entrichten und sich so verhalten, wie ich es vorhin gesehen habe.

26.7. – Donnerstag – 9.30–10.30 Uhr
Kompaniebelehrung! Große Aufklärung! Gehalten von Hauptmann Staller. Heutiges Thema: ABC-Kriegsführung. Schutzmaßnahmen des einzelnen Soldaten dagegen. – Wir kommen von einer harten Geländeausbildung zurück und sind müde. Die meisten schalten ab, kämpfen gegen den Schlaf an. Augenlider klappen herunter. Wer beim Schlafen erwischt wird, muß aufstehen, schläft vor Müdigkeit fast im Stehen weiter.

Als Soldat lernt man, überall und in der unbequemsten Stellung zu schlafen. Der Dienstplan ist so angesetzt, der Schlaf so knapp bemessen, daß sich das Bewußtsein ständig im halbwachen Zustand befindet. Die natürlichen geistigen Widerstandskräfte sind stark herabgesetzt. Der Soldat schluckt so alles leichter, er schluckt alles, was ihm vorgesetzt wird. »Der Soldat braucht nicht zu denken. Das besorgen wir für ihn. Nachdenken ist gefährlich und führt zu nichts«, hat Fahnenjunker Landmann treffend formuliert.

»Warum sind in Hiroshima so viele Menschen umgekommen? – Die Bombe war völlig neu, unbekannt die Wirkung. – Noch keine Schutzmaßnahmen vorhanden. Panikstimmung aufgekommen. – Vor allen Dingen Ruhe bewahren! – In Japan sind die Häuserwände bekanntlich aus Papier, Stroh und Pappe. Schon ein ganz kleiner Mauervorsprung gewährt Schutz! Nicht bange machen lassen! Die verantwortungslosen Wissenschaftler. Warnen vor der Bombe. Spielen mit der Angst des Menschen! – Die Militärs sind sich da einig: jede neue Waffe hat auch wirkungsvolle Schutzmaßnahmen nach sich gezogen. – Jeder hat eine Chance zu überleben! Vor allem der geschulte besonnene Soldat. Da haben wir den Zivilisten viel voraus. Ich sage immer: ›Ein gut ausgebildeter Soldat ist eine halbe Lebensversicherung!‹ (Hauptmann Staller war im Zivilberuf in der Versicherungsbranche tätig.)

Wollen der Sache nüchtern ins Auge blicken und rein wissenschaftlich zu Leibe rücken. Aufräumen mit den verbreiteten Schauermärchen von den angeblich verheerenden Wirkungen von Mega-Wasserstoffbomben. Großstädte könnten mit einem Schlag ausradiert werden. Glatter Unsinn. Typische Angstpsychosen!

Wie verhält sich nun der Soldat, wenn eine Atomexplosion stattgefunden hat? Sie werden vielleicht lachen, lachen Sie jetzt ruhig darüber, wenn ich Ihnen sage, schon eine vorgehaltene Zeitung schützt. Von einem Erdloch ganz zu schweigen. Sie wissen ja gar nicht, wie gut Erde isoliert! (Er rechnet es uns anhand der ›Halbwertzeit‹ vor) Vor allem: flach hinschmeißen! Kopf in die Erde stecken! Ruhe bewahren und liegen bleiben, bis der Druck nachläßt. Langsam zählen, so die Entfernung vom Explosionsnullpunkt zur eigenen Lage feststellen. Das geht alles sehr schnell vorüber.

Nun zur Strahlungsgefährdung. Wenn Sie sich nicht in unmittelbarer Nähe des Explosionsherdes befinden, haben Sie alle Aussichten zu überleben. Der Mensch verträgt schon enorm hohe Dosen, ohne bleibende Schäden zu erlangen. Nichts Neues für uns. Wir sind alle schon geröntgt worden. Und die Leuchtziffern auf Ihren Armbanduhren speichern mit den Jahren eine beträchtliche Anzahl von Röntgeneinheiten in Ihrem Körper auf. Und Sie sind noch nicht daran gestorben, wie ich sehe!«

27. 7. – Freitag – 8 Uhr – Allendorf
Wir üben »Durchsagen von Parolen«. Hocken nebeneinander im Schützengraben.

Vorne gibt der Zugführer, Stabsunteroffizier (Stuffz.) Flach, die Parole aus. Einer flüstert sie dem andern weiter. Der letzte muß sie auf Papier notieren und wieder nach vorn zum Stuffz. bringen.

Der Stuffz. überreicht sie dem Hauptmann. Der liest sie laut vor, sie muß mit der ausgegebenen genau übereinstimmen. Einzelne Zahlen werden schon mal falsch weitergegeben, und der Hauptmann regt sich jedesmal darüber auf. Er sagt, im Ernstfall könne das fahrlässige Tötung bedeuten, da könne das Leben einer ganzen Kompanie von abhängen.

Eine neue Parole wird mir von meinem Nebenmann zugeflüstert: »7 feindliche Panzer, 3 km aus SSO mit 25 km/Std. auf eigene Stellung zu bewegend. Fertigmachen zum Sturmangriff.«

Ich gebe weiter: »ABC-Alarm. Abwurf der A-Bombe 100 m östlich. Atomblitz von links! Kopf in den Sand! Zeitung drauf!«

Einer reicht dem anderen mit der größten Selbstverständlichkeit die neue Parole durch. Der letzte notiert sie und eilt damit zum Stuffz.; dieser überreicht sie dem Hauptmann.

Der will zum Vorlesen ansetzen, wird ganz blaß, als er die Falschmeldung liest. Er schweigt und geht der Sache nicht nach.

26. 9. – Allendorf – Köln
Heute soll endlich über meinen Antrag entschieden werden. Die allgemein gefürchtete Grundausbildung ist in ein paar Tagen vorbei. Danach beginnt das »Gammelleben« des Soldaten. Bei der Prüfungskammer in Köln nahm man wahrscheinlich an, ich zöge meinen Antrag zurück, nachdem das Schwerste überstanden ist. So ließ man mich vier Monate warten, um mich mürbe zu machen.

Hauptmann Staller sagt: »Sie machen die Grundausbildung noch mal mit und diesmal mit Gewehr, wenn Sie nicht anerkannt werden. Und das will ich in Ihrer Situation annehmen. Sie sind Soldat und damit haben Sie sich abzufinden. Ein Soldat als Kriegsdienstverweigerer, wo kämen wir da hin!«

Ich erfahre, daß aus der Kompanie zwei Zeugen ebenfalls zur Verhandlung nach Köln geladen sind. Der stellvertretende Kompaniechef, Leutnant Schreiber, und ein Stubenkamerad, der Schütze Schwaiger. Leutnant Schreiber fährt uns im Jeep nach Köln.

Vor der Abfahrt habe ich noch eine Kollision mit Hauptmann Staller. Ich habe Privatkleidung angezogen, um vor dem Prüfungsausschuß schon rein äußerlich als Zivilist zu erscheinen. Hauptmann Staller hat unserer Abfahrt aufgelauert und zwingt mich, Uniform anzuziehen. »Sie sind Soldat und haben als solcher zu erscheinen. Ihr Antrag ändert daran gar nichts!« Nach fünfstündiger Fahrt kommen wir um die Mittagszeit in Köln an.

Man läßt uns noch eine dreiviertel Stunde warten. Das Hohe Gericht ist noch nicht vom Mittagessen zurückgekehrt. Der Prüfungsausschuß für Kriegsdienstverweigerer hat seinen Sitz in einem Kreiswehrersatzamt.

An einem großen Tisch, als Front mir gegenüber, sitzen zwei reserviert blickende Herren. Der mit Brille richtet das Wort an mich und scheint der Vorsitzende zu sein. Sein Nebenmann scheint der Beisitzer zu sein.

Rechts und links von mir an den Schmalseiten des Tisches sitzen zwei ältere Männer. Sie machen beide einen abwesenden, müden Eindruck.

Im Hintergrund stenografiert eine Stenotypistin. Der Vorsitzende diktiert ihr: »Der Antragsteller erklärte zur Person ...« Immer, wenn er in der nun folgenden Verhandlung »der Antragsteller« diktiert, klingt es wie »der Angeklagte«.

Der Vorsitzende hält mir plötzlich das Paßbild aus meinem Wehrstammbuch wie ein Indiz entgegen. Ich schneide darauf eine Grimasse und tippe mir unmißverständlich an die Stirn. Er fragt, ob ich das sei, und was ich damit ausdrücken wolle. Ich sage, daß ich mich wiedererkenne und daß es genau so gemeint ist, wie ich es zeige.

Er fragt nach den Gründen meiner Verweigerung. Ich nenne die Gründe, die ich schriftlich bereits eingereicht habe. Anschließend beginnt die eigentliche Verhandlung. Ein über vier Stunden lang dauerndes Verhör, das mir vorkommt wie eine Gehirnwäsche. Ich hatte mir eingebildet, vor einer neutralen Instanz meine Gründe vorbringen zu können. Statt dessen muß ich mir vom Vorsitzenden und seinem Beisitzer, der meistens die Rolle eines Staatsanwalts an sich reißt, sagen lassen, daß Pazifismus »Feigheit, Lauheit und Laxheit« sei. Dann hält mir der Beisitzer die ungeheuren, verheerenden Folgen einer rein friedfertigen Welt vor. Er beschwört das »unaustilgbare Urböse im Menschen« herauf. Und das liegt seiner Ansicht nach im Osten. »Wenn ein Land abrüstet, wird es vom Osten überrannt.« Prophetisch malt er mir den Untergang eines Volkes aus, das sich aus »Energielosigkeit und erloschenem Freiheitssinn« dem Pazifismus ergeben hat und so dem Feind willkommene Beute ist. »Es macht sich selbst zum Sklaven der Eroberer. Man wird es ausrotten, indem man seine Frauen sterilisiert. Der Verlust der geistigen Freiheit ist weitaus schlimmer als der leibliche Tod. Durch Strahlen wird man ihnen ihre geistigen Funktionen nehmen und sie zu willfährigen Werkzeugen für die niedersten Arbeiten degradieren. Sie wissen nicht, wozu ein totalitärer Staat fähig ist, wenn ihm keine schlagkräftige Armee entgegentritt!«

Ich antworte ihm, daß dies die Beschreibung von Kriegsgreueln sind, die noch durch die Folgen eines künftigen Atomkrieges in den Schatten gestellt werden könnten. Er tut meine Antwort mit einer unwirschen Handbewegung ab.

Mein stellvertretender Kompaniechef, Leutnant Schreiber, gibt eine sachliche und faire Beurteilung über mich ab. Der Vorsitzende entlockt ihm mit großer Mühe, daß ich mich geweigert hätte, eine Testarbeit über wehrtechnische Fragen mitzuschreiben. Leutnant Schreiber muß es zugeben. Der Vorsitzende gibt der Stenotypistin zu Protokoll: »Der Antragsteller bereitete seinen Einheiten in jedem Falle Schwierigkeiten, indem er sich zum Beispiel weigerte, an einer Testarbeit über Intelligenzfragen teilzunehmen.«

Ich kann ein Lachen nicht unterdrücken. Die Intelligenz wird demnach durch Fragen ermittelt wie: »Aus wieviel Teilen besteht ein Gewehr und das MG, und wie heißen die einzelnen Teile? usw.«

Leutnant Schreiber stellt später, als ihm seine Aussage vorgelesen wird, richtig, daß es sich bei der Testarbeit wirklich nicht um Intelligenzfragen gehandelt habe. Der Vorsitzende muß die Bemerkung aus dem Protokoll streichen lassen. Später beruft er sich in seinem schriftlichen Bescheid jedoch darauf.

Der aufgerufene Schütze Schwaiger erklärt auf Befragen: »Er hat von Anfang an das Gewehr nicht genommen.«

Vorsitzender: »Haben Sie ihn nie mit einem Gewehr gesehen?«

Schwaiger: »Doch, Herr Vorsitzender, ein paar Mal hat er schon eins genommen!«

Vorsitzender: »Interessant! Erzählen Sie, wann war das?«

Schwaiger: »Ja, wissen Sie, Herr Vorsitzender, wenn mal einer von unserer Gruppe schlappgemacht hat, hat er dem seins getragen und ...«

Vorsitzender (unterbricht enttäuscht): »Lassen Sie, das gehört nicht hierhin. Sie waren der Soldat Schwaiger. Jetzt schweigen Sie.«

Die Verhandlung ist beendet. Dauer über vier Stunden. Ich bin erledigt. Ich komme mir vor wie jemand, der wegen einer strafbaren Handlung ins Kreuzverhör genommen und abgeurteilt worden ist. Der Vorsitzende sagt, daß mir das Ergebnis in den nächsten Tagen schriftlich zugehe.

Einen Monat darauf erhalte ich den Ablehnungsbescheid meines Antrags, nachdem der Verband der Kriegsdienstverweigerer ein paar Tage vorher telegrafisch »gegen die Verschleppung der Angelegenheit« protestiert hatte.

Ich lege am selben Tag schriftlich Widerspruch ein.

November – Köln – Koblenz

Ich habe Wochenendurlaub und bin mit Freunden zu Besuch in einem fremden Haus. Es ist spät geworden, und ich habe ziemlich viel getrunken. Um den letzten Bus noch zu bekommen, muß ich mich beeilen. Es ist dunkel draußen. Ich renne los und stürze die Garageneinfahrt hinunter. Man holt einen Arzt. Im nächsten Krankenhaus wird eine Gehirnerschütterung festgestellt und meine aufgeplatzte Schläfe genäht.

Nach vier Tagen entläßt man mich nach Hause »zu weiterer Bettruhe«. Dort behandelt mich der zuständige Standortarzt Dr. Spillerborg.

Ein paar Wochen vergehen. Oberstabsarzt Spillerborg holt mich eines Morgens mit dem Militärauto ab, um in seiner Praxis die Fäden aus meiner Schläfenwunde zu ziehen. Während der Fahrt kommt er auf meine Kriegsdienstverweigerung zu sprechen. Er meint, daß ich Zeuge Jehovas sein oder sonst einer Sekte angehören müsse. Als ich beides verneine, kommt er mit der üblichen Militärschablone: »Sagen Sie nur, Sie würden Ihre Mutter oder Braut nicht mit dem Gewehr verteidigen, wenn ein Russe sie vergewaltigen will?«

Ich sage: »Ein moderner Krieg wird nicht angezettelt, um Frauen zu vergewaltigen. Wenn es im Krieg so weit gekommen ist, sind die ›Beschützer‹ nicht in der Lage, ihre Familie zu verteidigen. Sie kämpfen an der Front – und mein persönliches Notwehrrecht steht mir in jedem Fall zu.«

Der Oberstabsarzt stoppt mich mit der Bemerkung (der Fahrer, ein Wehrpflichtiger, ist schon hellhörig geworden): »Das sprengt den Rahmen unseres heutigen Gesprächs. Das Thema gilt hiermit als beendet« und schweigt sich für den Rest der Fahrt aus.

Nachdem die Fäden gezogen sind, läßt er mich noch längere Zeit im Warteraum sitzen. Ich erwarte, daß er mir die Papiere für die Rückfahrt nach Koblenz fertig macht. Ich habe über keine Beschwerden mehr geklagt. Er hat selbst gesagt, daß er die Gehirnerschütterung »als geheilt betrachtet«. Nun kommt er mit einem Überweisungsschein an den Psychiater. Ich gehe in die Praxis des Psychiaters Dr. Trompel. Ich komme bald an die Reihe. Dr. Trompel bittet mich persönlich herein. Ich muß mich ausziehen, er kommt mit dem Hämmerchen und prüft die Reflexe. Anschließend will er sich mit mir »noch etwas unterhalten«.

Er kommt auf den Unfall zu sprechen. Ich muß ihn genau schildern. Er macht sich Notizen und fertigt eine Skizze an. Er stellt mehrere Fangfragen. Er spricht von »mysteriösen Umständen des Unfalls«. Dabei war es ein harmlos alltäglicher Sturz. Er fragt, ob in der Familie schon mal Geisteskrankheiten vorgekommen seien. Ob ich selbst schon von einer befallen worden sei. Ich verneine. Darauf blickt er mich nochmals durchdringend, fast stechend an und sagt: »Ja, der Trompel ist bei seinen Kollegen bekannt, daß er immer was findet.«

Er unterhält sich mit mir über Literatur. Notiert sich meine Lieblingsdichter. Zitiert selbst ein längeres Gedicht von Shelley auf englisch. Will wissen, was ich an pazifistischer Literatur lese. Dieses Gespräch dauert eine halbe Stunde. Dann schreibt er sein Gutachten. Einige Tage später schickt er mich mit einem Durchschlag davon zu einer Untersuchung. Nach ein paar Wochen werde ich nach Koblenz zurückgeschickt. Der Truppenarzt in Koblenz liest den Befund sehr eingehend, zündet sich umständlich eine Zigarette an, läßt mich vor sich stehen, während er sitzt und liest. Er schickt mich zur neurologisch-psychiatrischen Abteilung des Bundeswehrlazaretts.

Aus dem ärztlichen Gutachten:

»... Zur psychiatrischen Situation erfuhr ich, Patient sei Einzelkind. Patient bemühe sich, als Wehrdienstverweigerer anerkannt zu werden. Dies sei ihm beim ersten Mal nicht gelungen ...

Der Patient fällt hier durch sein Äußeres auf. Er läßt sich gerade einen Backenbart wachsen und trägt eine getönte Brille ...

Sonst macht bei der Untersuchung hier, neuro-psychiatrisch gesehen, der Patient einen ungeleiteten, vaterlosen Eindruck.

Ich würde es nicht als gegen die guten Sitten verstoßend erachten, einstweilige Suspension vom weiteren Dienst von der Auflage abhängig zu machen, Veröffentlichungen gegen die Bundeswehr zu unterlassen ...«

Ich werde mit dem Sanitätswagen ins Bundeswehrlazarett gefahren. Ein Sanitäter trägt meine Sachen und bringt mich zur Anmeldung. Man weist mir ein Zimmer zu. Die Kranken sehen ganz normal aus. Ich mustere sie verstohlen, um herauszubekommen, warum sie hier sind. Sie mich auch. Die meisten liegen »zur Beobachtung« hier. Sie beobachten sich gegenseitig am schärfsten. Jeder pocht drauf, daß er zu Unrecht hier sei, und legt den andern die normalsten Reaktionen als »typisch neuro« aus.

Nach und nach wird mir klar, wo ich gelandet bin. Ich komme mir vor wie der typische Irre, der sich als einzig Normaler unter lauter Irren vorkommt. Es ist fast unmöglich, in einer psychiatrischen Abteilung »auf Beobachtung« annähernd normal zu erscheinen.

Wir haben einen Obergefreiten, der fast vier Jahre bei der Bundeswehr ist und alles mögliche Getier imitiert, sich dann auch so fühlt. Er bellt, miaut, blökt oder quakt oft, wenn man sich mit ihm unterhält. Er sagt, daß er sich das erst bei der Bundeswehr angewöhnt habe. Andere Fälle auf der Station: Ein Feldwebel trägt ständig sein Kopfkissen wie einen Säugling mit sich herum. Ein Patient fällt nach jeder Mahlzeit in geistige Umnachtung. Ein Neueingelieferter rennt schreiend durch die Gänge: »Ich will endlich meine deutsche Uniform haben!« Er kriegt sie nicht. Man transportiert ihn kurz darauf in eine geschlossene zivile Anstalt ab. Einer hat seinem Spieß mit einem ausgerissenen Stuhlbein eins übergezogen und ihm seinen Stahlhelm hintendrein ins Kreuz geschmissen. Sein Spieß wird am selben Tag eingeliefert, zwei Stockwerke tiefer. Ein verstörter ehemaliger Unteroffizier rennt durch alle Räume. »Muß ich mich erst wieder an die Anscheißerei gewöhnen, sonst habe ich die Anschisse erteilt!« Einer läuft mit Zukkungen im Gesicht herum. Beim Zielen ist ihm ein Nerv gerissen. »Der große Meister«, so will ein anderer genannt sein, proklamiert, stark schwäbelnd, theatralisch laut seine Verse: »Ich lag unschuldig in der Bundesgruft (er hatte drei Wochen im Bau gesessen). Einsam und verlassen in feuchter Luft. Und die deutsche Uniform, sie klebte an mir vom eigenen Blut und nicht vom Bier.«

Er schüttet über jeden, der sich mit ihm einläßt, seinen Haß gegen die Bundeswehr aus. Er sei wegen Befehlsverweigerung unschuldig zu drei Wochen Gefängnis verurteilt worden, die er im Bau habe absitzen müssen. An die Gerichte, bis zum Bundesgerichtshof, schickt er jetzt seine Protestschreiben. Er beschimpft die Richter: »Ihr Abschaum der Menschheit« oder »Ihr Schmarotzer der menschlichen Zivilisation!«

Einmal werde ich zum Stationsarzt gerufen. Er will die Anamnese (die Vorgeschichte meiner »Krankheit«) aufnehmen. Ich frage, warum ich überhaupt hier bin. Er meint: »Wir müssen Sie beobachten, ob Sie noch zu gebrauchen sind!« – Dann kommt er auf meine Kriegsdienstverweigerung zu sprechen. Ob es wahr sei, daß ich bisher kein Gewehr angerührt habe. Er erklärt mir, als Kriegsdienstverweigerer weiche man doch sehr stark von der Norm ab. Ich antworte, daß es mir inzwischen selbst aufgefallen sei. Er will wissen, wann mein Artikel erscheint. Ich soll ihm Auszüge daraus zeigen. Ich sage, daß ich nicht wisse, wann der Artikel erscheint, und kein Material hier hätte.

In den nächsten Wochen fragt er wiederholt nach meinen Artikeln. Es interessierte ihn »rein als Arzt«. – Ich zeige ihm einige Stellen aus meinem »Bundeswehrtagebuch«. Am gleichen Tag läßt er mich rufen, macht mir klar, daß er mich für dienstuntauglich hält. »Sie stehen halt doch zu weit außerhalb der Norm.« – Am folgenden Tag stellt er mich dem Oberfeldarzt (Oberstleutnantrang), dem Chefarzt des Lazaretts vor. Dieser fragt zum Schluß: »Gesetzt den Fall, wir entlassen Sie dienstunfähig, setzen Sie dann noch Ihre Kriegsdienstverweigerung fort? Damit könnte die Sache eigentlich für Sie erledigt sein!«

Ich antworte, daß es mir darauf ankommt, anerkannt zu werden.

Wie auf ein Stichwort erheben sich die beiden Ärzte, erklären, daß ich »dienstunfähig« sei und am gleichen Tage noch meine Sachen packen könne.

Ich erfahre auf Umwegen, daß im vorläufigen Entlassungsbericht die Diagnose auf »abnorme Persönlichkeit« gestellt sei: Tauglichkeitsgrad VI, »verwendungsunfähig auf Dauer« (für Frieden und Krieg).

1963/64

Ich träumte
das Leben
sei ein Traum
und wachte auf davon
und da war das Leben
gar kein Traum
und da schlief ich
nie wieder ein

Tagebucheintrag 1964
(vertont von Wolf Biermann)

»Sinter zwo« – im Stahlwerk

*Nach meiner Bundeswehrzeit arbeitete ich in verschiedenen Groß-
betrieben der deutschen Industrie. Daraus entstanden die »Industriereportagen«, die zuerst in der Gewerkschaftszeitung der IG Metall
veröffentlicht wurden. – In der Reportage »Sinter zwo« (hier stark
gekürzt abgedruckt) berichtete ich über meine Erfahrungen als
deutscher Arbeiter bei Thyssen in Duisburg – im selben Werk, in das
auch der türkische Leiharbeiter Ali (»Ganz unten«) zwanzig Jahre
später geschickt wurde.*

Um sechs Uhr früh heulen die Sirenen. Die lange Nacht ist überstanden. H., der vor Übermüdung zittert, wäscht sich erst gar
nicht, sondern steigt auf sein altes Rad und stakst, in der Kolonne
der anderen Räder, nach Haus. Werksomnibusse öffnen sich und
nehmen ausgelaugte Gestalten auf. Jüngere darunter, mit grauen
Schläfen schon und fahlen Gesichtern. Ausgekotzt von der Nacht.
Die neue Schicht rückt heran. Die gleichen Gestalten, jetzt schon
müde, bereits jetzt erschöpft, drei Stunden vorzeitig aus den Betten gerissen, mit schlafwandlerischen Bewegungen. Die Blicke der
An- und Abrückenden treffen sich nicht.
 Die Stadt erwacht. Kolonnen von Autos durchqueren die
Rauchstadt. Ein wirres Knäuel von Scheinwerferschlangen, die
sich vor einem der fünfzig Tore der Fabrikstadt wieder entwirren.
Proviantwagen schaffen alles heran, was zum Leben gebraucht
wird. Brotwagen, Fleischerwagen, Milchwagen, Kohlenwagen, Wagen, die die großen Warenhäuser mit dem lebensnotwendigen
Kleinkram anfüllen. Dann Müllwagen wie Leichenwagen, die Platz
schaffen für neue Konsumgüter und neue Arbeiter.

Im Ledigenheim habe ich Quartier bezogen. Dort schlafe ich
mir die Müdigkeit aus den Knochen wie einen schweren Rausch.

Ein schmaler Raum. Zwei Schritte von der Tür zu meinem Bett. Das Bett aus Stahlrohr. Auch der Schrank aus Stahl, mit einem Vorhängeschloß daran. Ein viereckiger Tisch und drei Stühle. Ein Bild an der Wand. Das Bett habe ich mir so eingerichtet, daß mein Kopf am Fenster liegt. Dadurch erspare ich mir den Anblick der Ziegelsteinfassade der Fabrikhalle. An der Wand mir gegenüber hängt das Bild ohne Rahmen. Eine Stiftung der Hütte. Eine automatische Walzstraße. Bunt.

Zwei weitere Betten stehen noch im Raum. Wenn ich von der Nachtschicht komme, ist eins davon belegt. Von dem Arbeiter, der Spätschicht hat. Ein Bett steht leer. Der dazugehörende Arbeiter hat Frühschicht. Der schlafende Arbeiter wird kurz wach, wenn ich eintrete. Er dreht sich auf die andere Seite und schläft weiter. Ich ziehe einen Stuhl an mein Bett heran, ziehe mich aus und lege meine Sachen über den Stuhl. Ich lege mich ins Bett, drehe mich zur Wand und schlafe sofort ein. Eine Stunde später wird der Stuhl aus dem Raum gerückt, und eine elektrische Säuberungsmaschine wird durch den Raum gefahren. Zwei Putzfrauen rücken den Tisch einmal in die eine Seite des Raums und einige Minuten später in die andere. Sie bemühen sich, keine lauten Geräusche zu machen, und sprechen nur leise miteinander.

Ich werde kurz wach davon und nehme den Reinigungsvorgang im Halbschlaf wahr. Das zweite Mal werde ich wach, wenn der Arbeiter, der Spätschicht hat, aufsteht. Er läßt einen elektrischen Rasierapparat surren und nimmt nicht soviel Rücksicht wie die Putzfrauen. Er knallt das Fenster auf oder zu, je nachdem wie das Wetter ist und wie der Wind sich gedreht hat. Bei Ostwind ist der Raum voll Qualm.

Das dritte Mal werde ich wach, wenn Post unter der Tür durchgeschoben wird. Nicht immer werde ich davon wach. Wenn der Hausmeister die Tür aufmacht, um ein dickeres Kuvert oder ein Päckchen ins Zimmer zu legen, fahre ich aus dem Schlaf hoch.

Kurz nach zwei Uhr mittags kommt der Arbeiter ins Zimmer, dessen Bett leer war, als ich kam. Oft legt er sich ins Bett, oder er setzt sich an den Tisch, ißt etwas und hört Radio dabei. Auch er weckt mich für kurze Zeit.

Vor vier Uhr nachmittags stehe ich selten auf. Dann gehe ich in den Waschraum. Dort stehen noch andere Arbeiter, die auch Nachtschicht haben.

Danach gehe ich in die Kantine, frage, ob Brötchen vom Morgen übriggeblieben sind, wenn nicht, kaufe ich geschnittenes Brot. Als Belag nehme ich Rahmkäse, immer dieselbe Sorte, weil keine andere geführt wird, die Leberwurst mit den dicken Speckstücken mag ich nicht. Ein oder zwei Flaschen Bier kaufe ich mir noch dazu und manchmal eine Flasche Trauben- oder Johannisbeersaft. Die trinke ich dann auf einmal, weil ich glaube, daß es gesund ist. Dann gehe ich wieder ins Zimmer hoch, esse und trinke das Bier aus der Flasche. Dazu höre ich Radio.

Oft macht das Bier mich müde. Ich lege mich dann aufs Bett und versuche zu lesen. Die werkseigene Zeitung »Unsere Hütte« oder eine andere Lektüre. Dabei schlafe ich manchmal ein.

Spätestens um neun Uhr abends muß ich wieder wach sein. Ich schmiere mir ein paar Brote zum Mitnehmen. Wenn ich zu spät wach geworden bin, wickele ich die Brotschnitten trocken ein oder lasse es. Um zehn Uhr abends muß ich auf der Nachtschicht sein.

Wie viele wir auf der Schicht sind, weiß keiner.

»Das wechselt hier oft«, sagt einer, den meine Frage überrascht. »Mehr als ein Dutzend werden es kaum sein, ich persönlich kenne den Meister Z., den H., den P. und das Holzbein – der hat in Wirklichkeit kein Holzbein, der geht nur so, war früher im Pütt*, hat unterm Bruch gelegen mit dem Bein, darum geht er so, und darum hat er seinen Spitznamen weg. Ja, dann kenne ich noch zwei andere, das heißt, sie selbst kenne ich nicht, aber ihre Stimmen, die kenne ich, von der Sprechanlage her. Ich glaube, der eine heißt S., und der andere brüllt immer so, daß ich ihn meist beim zweitenmal erst

---

* unter Tage im Bergwerk

Günter Wallraff (rechts) mit Arbeitskollegen auf dem Dach von »Sinter zwo«

verstehe. Ja, das ist komisch, richtige Kumpels wie früher haste hier nicht. Das liegt an der verfluchten Anlage. Wenn du da alle Gänge durchgehen willst, brauchst du fast 'nen Tag. Ich hab mich mal richtig verlaufen; wenn es stark staubt, siehst du die Markierungen nicht mehr; ich habe schließlich eine Sprechanlage gefunden, und von dort hat man mir über den Zentralsteuerstand den Weg gewiesen. Da habe ich erst gemerkt, wie winzig wir doch neben der verdammten Anlage sind. Und das schönste ins: Die Anlage kommt bald ohne uns aus! Der Meister hat mal gesagt, sie könnten bereits jetzt mit der halben Mannschaft zurechtkommen, und wenn die Anlage erst richtig klappte, könnten wir alle gehen.

Als ich den Betriebsingenieur wegen einer Staubzulage anging, hat er geantwortet, die Anlage wäre als garantiert staubfrei errichtet worden, und als ich das nicht kapierte – der Staub ist ja oft so dicht, daß du die Hand vor den Augen nicht sehen kannst – und nur den Kopf schüttelte, hat er gesagt, das könne ich von meiner

Warte aus nicht beurteilen, es wären im übrigen auch Verbesserungen im Gange, aber da solle ich nur ja nicht drauf hoffen, denn dann würde ich ganz überflüssig.»Ein Jahr, sieben Monate genau, soll meinetwegen noch alles so laufen, wie es läuft, dann hab ich's geschafft, dann krieg ich meine Rente.«

Es gibt Gänge in Sinter zwo, die monatelang kein Arbeiter betritt. Der Staub liegt dort so hoch, daß man annehmen könnte, seit Bestehen der Anlage habe noch kein menschlicher Fuß diese Staubschichten in Bewegung gebracht. Die Geländer sind zentimeterhoch mit Staub bedeckt, und sogar auf der dünnen Reißleine hat sich ein winziger Staubsteg gebildet. In diesen schmalen Gängen sickert das Neonlicht schwärzlich. Wer gezwungen ist, durch diese Staubkanäle zu waten, hat bereits nach kurzer Zeit keine saubere Stelle mehr an seiner Arbeitskleidung. Wenn er sich die staubigen Hände am Drillichanzug oder am Arbeitshemd darunter abwischen will, werden seine Hände nur noch schmutziger.

Er atmet den Sinter ein, schwitzt und spuckt ihn aus, saugt mit jedem Atemzug neuen Sinter ein, pumpt sich die Lungen damit voll. Nach der Schicht spült kein Bier es weg. Der Kranführer an den Halden, der sechs Jahre in der alten Sinteranlage gearbeitet hat, wo es auch nicht schlimmer als bei uns staubt, ist bekannt für seine schwarze Spucke. Seit einem halben Jahr sitzt er in frischer Luft in seinem Krankasten und gleitet über die Halden. Seine Spucke hat immer noch die graue Farbe des Sinters. Er erhielt seinen luftigen Posten zugeteilt, weil er sich ein Lungenleiden zugezogen hat. »Schwarzrotzer« wurde er von einigen genannt, aber dieser Spitzname will sich nicht so recht durchsetzen. Denn die Spucke der anderen Sinterarbeiter ist nach Feierabend genauso, aber sie haben die Hoffnung, daß es sich gibt, wenn sie erst mal für immer aus dem Dreck heraus sind.

In die Gänge, wo uns der Staub bis an die Knie reicht, schickt uns Meister Z. in Abständen hinein. Bei jedem Schritt rieselt der Staub von Wänden und Decke. Hier sind wir mit unseren Schubkarren und Schippen machtlos. Wir schieben den Staub mit Brettern vor uns her und lassen ihn von Etage zu Etage hinunterstürzen. Parterre schippen wir ihn dann in die Karren und fahren ihn in den Kübel. Bei jedem Staubsturz rennen wir die Stahltreppe hinauf zur obersten Etage und klettern von dort durch den Notausstieg aufs Dach. Denn der aufgewirbelte Staub füllt die Halle so dicht, daß man puren Staub einzuatmen glaubt. Obwohl das Betreten des Dachs verboten ist, tun wir es doch. Anschließend gönnen wir uns eine Pause. Wir sitzen mit dem Rücken an den Kamin gelehnt; zuerst ist die Hitze angenehm, aber bald verbrennt man sich. Unter uns liegt die Rußstadt ausgebreitet. Die Fabrikhallen mit ihren kalten Lichtern. Und nachts der grelle Schein der Kohlenfeuer über dem Fabrikhallenmeer.

Von hier oben sieht alles geordnet aus, ein erhabener Anblick, von hier aus betrachtet ist der Arbeiter Herr über die ganze Stadt, spielerisch und eins auf das andere eingerichtet sieht es von oben aus. Die Autos, Radfahrer, Fußgänger da unten auf den Zufahrtsstraßen zu den einzelnen Toren verkörpern trotz des Gewimmels eine beinah magische Ordnung, wie Mikroben unterm Mikroskop.

In den engen Gängen sieht das anders aus. Der Staub erdrückt uns, hüllt uns ein, lullt uns ein. – S. zum Beispiel, dieser schwarze Mehlwurm, rennt längst nicht mehr weg, wenn wir Staubexplosionen entfachen. Wenn alle sich aufs Dach flüchten, bleibt er zum Trotz. Er schluckt den Staub bis zum Zerbersten, er läuft nicht weg, er nicht. Voller Verachtung empfängt er uns, wenn sich die Staubschwaden verziehen und wir unsere Frischluftpause auf dem Dach beendet haben. Er steht dann da, noch einen Schimmer schwärzer als wir im Gesicht, und lacht über uns, daß seine weißen Augen in dem schwarzen Gesicht blitzen.

»Ihr Feiglinge, ihr Affenschwänze, stiftengehen könnt ihr«, empfängt er uns. »Seht mich dagegen an, mir kann nichts mehr, ich bin gefeit.«

S. ist in allem etwas unheimlich. Ich habe direkt Angst, wenn mich Meister Z. mit S. zusammen einteilt und uns in die Staubkanäle schickt. Dann macht es S. nämlich einen Mordsspaß, den Staub zu entfesseln. Ein paar Schritte hält er sich immer hinter mir, und dann plötzlich schlägt er mit der Schippe gegen die Wände, das Geländer und die Decke, daß der Staub uns einhüllt, jede Sicht nimmt und uns dem Ersticken nahe bringt. Sein Gelächter hallt durch die Gänge, und ich möchte wissen, was er daran zum Lachen findet. Er ist ebenso der Dumme, er rotzt und röchelt anschließend genauso den Staub heraus, er ist »gesintert« bis in die letzte Pore hinein.

Ganz so überflüssig, wie es scheinen mag, sind wir am Ende doch nicht. Es kommt vor, zwar nicht oft, aber es kommt vor, daß die Anlage uns ernsthaft braucht. Aus diesem Grunde behält man uns hier. Aus diesem Grund schmeißt man die 0,07 Prozent der gesamten Betriebskosten für unsere Löhne heraus und bucht sie unter Reinigung und Wartung. Irgendwie ein beruhigendes Gefühl: Sinter zwo wäre ohne uns aufgeschmissen.

Wenn die Maschine versagt und kein Knopfdruck mehr hilft, springen wir ein. Als universeller Stoßtrupp und letztes Rollkommando. Wenn wir mit unseren Schippen, Stangen, Zangen oder den bloßen Händen nichts ausrichten können, bedeutet das gleich einen enormen Verlust für die Hütte. Dann muß die Anlage für eine oder mehrere Schichten außer Betrieb gesetzt werden, bis die Spezialingenieure der Herstellerfirma den Schaden ausfindig gemacht und behoben haben.

Zum Beispiel, das Schlackenband ist verstopft. Wenn die in schwindelnder Höhe die Bunker entleeren – Bunkerstoßen nennt es der Meister –, ist das Schlackenband im Nu verstopft. Die dikken Schlackenbrocken setzen sich im Kasten fest, und wenn dann noch ein Stoß Roste auf einmal hineinrutscht, ist alles blockiert. Da nützt der Mann nichts, den der Meister vorher an dem Kasten postiert, damit er die Roste rechtzeitig herausfischt; er müßte hundert Hände haben, um solche Stöße abzufangen.

Es kommt jetzt darauf an, früh genug die Reißleine zu ziehen, die alles ruckartig zum Stehen bringt. Geschieht es rechtzeitig – letzten Endes ist es Glückssache, je nachdem, wie groß die Brocken sind und wieviel Roste –, kann der Kasten mit einer Stange wieder freigestoßen werden. Ärger gibt es trotzdem. Jeder Stillstand, mag er noch so kurz sein, muß im Schichtbuch notiert werden, er geht aufs Konto des Meisters; der kommt heruntergelaufen, brüllt den Mann an, warum er nicht aufpasse, und jeder Einwand und jede Erklärung der Sachlage ist zwecklos. Weitaus schlimmer ist es, wenn sich die Roste im Kasten verklemmt haben und mit der Stange nicht mehr lösen lassen. Das kann einige Zeit in Anspruch nehmen. Der Meister ist ein einziger stummer Vorwurf, brüllt diesmal auch nicht, holt seine Stabtaschenlampe und verschwindet mit dem Oberkörper in dem engen Kastenloch. Anschließend, wenn er sich von der Verzahnung der Roste überzeugt hat, trommelt er Leute zusammen, derer er im weiteren Umkreis habhaft werden kann. Eine große Unsicherheit befällt ihn in solchen Situationen. Vielleicht rührt daher auch sein nervöses Augenzucken. Es ist etwas geschehen, was nach dem Plan der Anlage nicht geschehen dürfte. Es bleibt seiner Erfindungsgabe überlassen, die Anlage wieder in Betrieb zu bekommen. Das ist leichter gesagt als getan. Wo ansetzen?

So steht Meister Z. erst einmal ratlos herum, und was ihn in so einem Moment außer sich geraten lassen kann: wenn er einen anderen herumstehen sieht, der ebenso ratlos ist wie er. Den H. hätte er kürzlich fast verprügelt, weil der ihm nicht zu helfen wußte. »Tu was, tu endlich was«, schrie er ihn an und packte ihn dabei am Arm, und als H. »Was?« fragte, ging er gar nicht darauf ein, schrie nur noch heftiger: »Tu was, verdammt, beweg dich«, und dann, fast weinerlich: »Es bleibt alles an mir hängen.«

So ist es, der Betriebschef wird ihm später jede Minute Stillstand vorrechnen, und Meister Z. wird dafür geradestehen müssen.

Es hilft nichts. Er schafft nur ein heilloses Durcheinander. Alle rennen nutzlos umher, um nicht untätig zu erscheinen. Mit Hämmern, Stangen und Schaufeln versehen sich die meisten – es sieht nach etwas aus – und schlagen mit den Hämmern, Schaufelstielen und einer sogar mit der bloßen Faust gegen die Kastenwand. Es bleibt zuletzt nichts anderes übrig: Es muß einer in den Kasten hineinkriechen, mit den bloßen Händen das Zeug rausbuddeln;

Staub schlucken bis zum Erbrechen, und die Hände werden an den scharfen Rosten blutig gerissen. Meister Z. bestimmt das jeweilige Opfer. Er tut's nicht gern. Es ist eine zeitraubende Angelegenheit. Aber schneller läßt es sich in so einem Fall nicht machen.

Das ist noch harmlos gegen die Situation, wie wir sie neulich hatten. Als die Rutsche unterhalb des Schüttelrostes zu verstopfen drohte. Die Mischung hatte nicht gestimmt. Das kann normalerweise nicht passieren, alles ist elektronisch geregelt, elektronische Kontrollen und Gegenkontrollen sind eingebaut. Trotzdem stimmte die Mischung nicht, der Sinter war noch feucht, wo er hätte pulvrig und trocken sein müssen, und verkleisterte die Rutsche. Ein Ingenieur der Meß- und Regeltechnik war schnell zur Stelle, er ließ von zwei Arbeitern die gußeiserne Klappe an der Rutsche öffnen, mit schweren Hämmern und Stemmeisen bekamen sie die zentrierschwere Tür Spalt für Spalt auf. Als die Öffnung groß genug war, hielt der Ingenieur zuerst seine Taschenlampe hinein und schob den Kopf nach, zog ihn aber schnell wieder heraus. Sein Gesicht war schwarz, und fluchend wischte er sich die heißen Staubkörner von Gesicht und Nacken. Er hatte genug gesehen, um Gegenmaßnahmen treffen zu können.

Es rutschte nicht mehr auf der Rutsche. Die unterste Schicht war feucht, darüber türmten sich die heißen Sinterbrocken und ließen die Rutsche mehr und mehr zuwachsen. Dadurch drohte das Schüttelrost zu verstopfen. Das wäre ein scheußliches Dilemma. Mit Spezialschweißgeräten hätte man dann das Schüttelrost öffnen müssen und die Sinterbrocken gleich tonnenweise daraus entfernen. Jetzt war es noch früh genug, jetzt zählte jede Minute, jetzt galt es zu handeln. Zuerst ließ der Ingenieur mit Preßluft arbeiten. Von außen mußte ein Arbeiter mit einem Stahlrohr in die Kruste bohren, damit die Preßluft den festgebackenen Sinter löste. Aber das half nichts. Man hätte schon einen Orkan entfachen müssen, so zäh klebte die Masse. Es wurde noch ein zweites Blasrohr herbeigeholt und ein drittes, es löste sich kaum etwas.

Mit langen Stangen ließ es der Ingenieur daraufhin versuchen. Das half ebensowenig. Höchstens zehn Meter reichte man mit den

Stangen, die Arbeiter stocherten vorn an der Öffnung etwas los, aber das genügte längst nicht mehr, die gesamte Kruste ins Rutschen zu bringen. Einmal waren die Stangen zu kurz, zum anderen hätte die Kraft der Arbeiter nicht ausgereicht, um bei längeren Stangen eine wirksame Hebelwirkung anzusetzen. Über zwanzig Meter ist die Rutsche breit. Was tun?

Es ist keine Zeit zu verlieren. Der Ingenieur telefoniert mit dem Betriebschef. Es wird hin und her geredet. Der Ingenieur spricht mit Nachdruck. Er brüllt in die Sprechmuschel hinein. Es ist sehr laut. Das Schütteln des Rostes. Wir stehen in drei Meter Abstand und verstehen kein Wort. Eins merken wir: Der Ingenieur will etwas durchsetzen. Er hängt den Hörer ein und scheint zu überlegen. Er bestimmt drei Arbeiter, die Leitern holen sollen und Stemmeisen. Wir wissen nicht, was er vorhat. Die Arbeiter bringen das Verlangte. Dann stehen wir herum und warten.

Dann schrillt das Telefon an der Wand. Der Ingenieur stürzt darauf zu. Es muß wieder der Betriebschef sein, denn das Gesicht des Ingenieurs entspannt sich. Der Betriebschef wird sich Instruktionen bei der obersten Direktion geholt haben. Der Plan des Ingenieurs ist bewilligt.

Die Leitern werden schräg in die Öffnung geschoben, so daß sie an der Kante der gegenüberliegenden Stelle aufliegen. »Freiwillige vor«, sagt der Ingenieur. »Es muß sein, sonst ist in der nächsten halben Stunde der ganze Kasten verstopft.« Betretenes Schweigen. Keiner meldet sich. Jeder weiß, was ihn in dem Glutkasten erwartet.

»Es muß sein«, sagt der Ingenieur, diesmal mit Nachdruck. »Sonst können wir den ganzen Laden hier für einige Schichten dichtmachen. Wenn sich keiner freiwillig meldet, muß ich einen bestimmen.«

Einer blickt verstohlen zum anderen. Keiner wagt, den Ingenieur auf die Gefährlichkeit und Unzumutbarkeit seines Vorhabens hinzuweisen.

»Das einzig Sinnvolle wäre gewesen«, sagt H. später, als es vorbei ist, »die Anlage zu stoppen und zu warten, bis der Kasten einigermaßen abgekühlt ist.« Das hätte allerdings Stunden gedauert. »Du«, sagt der Ingenieur und zeigt auf den Mann vor der Mischtrommel, »du scheinst mir hier der Feuerfesteste zu sein.« Als der Mann von der Mischtrommel Einspruch erheben will – Angstschweiß perlt ihm auf der Stirn (oder liegt es lediglich an der Hitze, die das Schüttelrost ausstrahlt?) –, sagt der Ingenieur mit Nachdruck: »Es muß sein. Wenn du nicht willst, muß ich das als Arbeitsverweigerung auffassen. Überleg es dir gut. So einen Job bekommst du so schnell nicht wieder.«

Der Mann von der Mischtrommel geht hinein. Wir binden ihm hastig nasse Lappen um Schuhe und Hände, er selbst klemmt sich einen nassen Aufnehmer unter den Schutzhelm, damit sein Nakken geschützt ist. Übers Gesicht will er auch einen legen und zwei Löcher hineinschlitzen, aber der Ingenieur verbietet es ihm. »Du behinderst dich selber damit. Es muß schnell gehen.«

Auf allen vieren kriecht der Mann von der Mischtrommel auf die Leiter. Wir stemmen uns an der Öffnung dagegen, damit sie nicht wackelt oder umkippt. Wir reichen ihm das Stemmeisen nach. Die Anlage läuft weiter. Ein Balanceakt für den Mann von der Mischtrommel. Wenn die Leiter durch allzu heftige Bewegungen umkippt, würde er über die steil abfallende Rutsche in den Kühler stürzen. Falls er nicht auf der Rutsche schon versengt würde, würde er spätestens dort geröstet. Der Ingenieur leuchtet mit seiner Stabtaschenlampe in die Öffnung hinein. Dichter, kaum durchdringbarer heißer Staub. An einigen Stellen sprühen glühende Sinterkörner.

Ein heißer Atem schlägt aus der Öffnung, und der Ingenieur läßt die Lampe von einem Arbeiter halten, während er sich ein feuchtes Tuch reichen läßt, womit er sich über die Stirn wischt. Nach einigen Minuten will der Mann von der Mischtrommel rücklings herauskriechen, er stöhnt: »Ich kriege keine Luft. Ich verbrenne hier noch.« Der Ingenieur versperrt ihm die Öffnung: »Das Mittelstück muß wenigstens frei sein, vorher kommst du mir hier nicht raus.« Er läßt ihm noch einmal nasse Lappen geben. Wir hören den Mann von der Mischtrommel drinnen fluchen und schließlich einen Schrei ausstoßen. Er ist wieder an die Öffnung gekrochen und wimmert, der Ingenieur solle ihn endlich rauslassen, er habe sich »Pfoten und Haxen« verbrannt. Zum Beweis streckt er ihm sein linkes Bein aus der Öffnung entgegen. Die Schuhsohle ist durchgeschmort.

Der Ingenieur bestimmt: »Neue, dickere Lappen«, aber der Mann von der Mischtrommel drängt mit Gewalt heraus. Der Ingenieur gibt nach.

Der Mann von der Mischtrommel schleicht leicht humpelnd zu seiner Kaue. Er sagt keinen Ton. Er entfernt auch den Aufnehmer nicht, der ihm jetzt in Fetzen und angesengt über den Nacken fällt.

Der Ingenieur sagt: »Ein neuer vor. Ruck, zuck. Sonst ist es zu spät.« Das gleiche betretene Schweigen wie zuerst, einer blickt am anderen vorbei. Jeder bemüht sich, dem suchenden Blick des Ingenieurs auszuweichen. Als ich den Kopf schüttele, muß das für den Ingenieur eine Herausforderung sein, denn er zeigt auf mich und sagt: »Du da. Du scheinst von der Notwendigkeit unseres Einsatzes nicht sehr überzeugt zu sein. Rein in den Kasten mit dir. Und sei nicht so zimperlich wie dein Kumpel vorhin. Zehn Minuten mußt du mindestens durchhalten, und in der Zeit muß die Rutsche frei sein.«

Es hat keinen Zweck zu protestieren. Es wäre Arbeitsverweigerung, und auf Arbeitsverweigerung steht unweigerlich Entlassung, wenn man noch keine drei Monate hier ist. Sonst könnte man versuchen, mit Hilfe des Betriebsrats dagegen anzugehen, aber in diesem Fall braucht die Hütte die Kündigung nicht mal zu begründen.

Ich liege auf der Leiter, mit dem linken Arm umklammere ich die Sprosse, in der Rechten halte ich das Stemmeisen und schlage mit kurzen Stößen gegen die festgepappte Sinterkruste. Über mir tost das Schüttelrost, schräg unter mir rumort der Kühler. Kleine Brokken schlage ich los, aber neue Brocken rollen herunter und setzen sich fest. Ich kann nicht fest genug schlagen, bei jedem stärkeren Stoß gerät die Leiter bedrohlich ins Schwanken. Die Taschenlampe vom Ingenieur ist ein kleiner Lichtpunkt, der bei der Staubdichte keine Helligkeit erzeugt. Es ist unerträglich heiß. Die Haare in der Nase glühen. Ich kann nicht durchatmen, weil ich dann das Gefühl habe, innerlich zu verbrennen. Das Stemmeisen ist glühend heiß geworden, durch die nassen Lappen hindurch, die jetzt dampfen, und durch die Asbesthandschuhe verbrenne ich mir die Finger. Ich schmeiße die Stange vor mir auf die Leiter. Die Stimme des Ingenieurs ahne ich nur: »Weiter. Mach weiter. Weiter. Weiter.« Oder bilde ich es mir nur ein. Das Tosen und Stampfen ist so stark, daß ich mein eigenes Gebrüll nicht höre, als ich zurückrufe: »Es geht nicht. Ist zwecklos. Ich komme wieder raus.« Die Stimme des Ingenieurs scheint keine Halluzination gewesen zu sein, denn es tönt kaum hörbar zurück. »Du bleibst drin. Beiß auf die Zähne. Wir müssen vorankommen«, und etwas lauter dann: »Tempo, weiter, mach endlich weiter.«

Die Stange ist nicht abgekühlt, aber es ist mir jetzt alles egal. Ich haue drauflos, daß die Brocken fliegen und die Leiter schwankt. Den Schmerz spüre ich nicht. Es ist, als würde das Gehirn kochen. Den Kühler unter mir fürchte ich nicht. Er dreht sich, und das ist direkt beruhigend. Ein Sog entsteht. Wenn man auf einer hohen Brücke steht oder bei einer Turmbesteigung hinter einem niedrigen Geländer, dann ist es die Tiefe, die so lockt. Soll die Leiter umkippen. Meinetwegen. Ich haue sinnlos drauflos und habe jedes Gefühl verloren. Wenn ich in den Kühler stürze, soll mir das recht sein. Ich bin es nicht, der dann verglüht. Alles zischender, kochender, verglühender Sinter. Das hat alles nichts mehr mit mir zu tun.

Ich spüre plötzlich einen starken Druck an meinem Fuß. Mit einer Stange wird dagegen gestoßen. Wie aus einer Betäubung wache ich auf. Dann höre ich wieder die schwache Stimme des Ingenieurs. »Laß gut sein. Kannst jetzt herauskommen.« Rücklings krieche ich vorsichtig der Öffnung zu, reiche das Stemmeisen hinter mich und spüre plötzlich, wie glühend heiß es ist. Und stelle fest, daß die nassen Lappen, die ich um die Hände gewickelt hatte, nicht mehr da sind. Und am rechten Handschuh ist die Innenseite herausgebrannt, und die Hand ist rot und tut verdammt weh.

»Das hätten wir geschafft«, sagt der Ingenieur. »Eins begreife ich nicht. Warum hast du noch drauflos gehauen, als die Rutsche längst frei war? Aber nichts für ungut. So eine Arbeitswut lob ich mir.«

Als ich vier Monate in Sinter zwo arbeite, lese ich in der Zeitung, daß es ein verregneter Sommer ist. Das ist mir bisher nicht aufgefallen. Auch daß Sommer ist, ist mir nicht aufgefallen. Der Rhythmus des Schichtwechsels läuft konträr zu jedem natürlichen Rhythmus. Tag, Nacht, Sommer, Winter sind nur noch Erinnerungen an eine vergangene Zeit. Einschlafen und Aufwachen zu immer wechselnden Zeiten, das ist unser Rhythmus. Ich weiß manchmal nicht, was der wirkliche Schlaf und das wirkliche Leben ist. Die Zeit in der Fabrik erscheint mir manchmal wie der Schlaf und die Zeit außerhalb der Fabrik wie der Traum davon.

Seit kurzem verändert sich manches in der Anlage. Die Roste auf dem Band, die bisher von einem Arbeiter mit einer Stange freigestoßen wurden, werden jetzt von einer Klopfmaschine gereinigt. Dem Arbeiter wurde gekündigt. Auch der Mann von der Mischtrommel bangt um seinen Posten. Er wird jetzt öfter zum Fegen herangezogen und die Mischtrommel von der Sinterwarte aus reguliert.

H. sagt doch neulich: »Ich weiche hier nicht. Jede Handbreit auf meinem Dach werd ich verteidigen. Oder die sollen mir eine neue Stelle besorgen. Hier, genau unter uns, laufen noch Stollen der Hüttenzeche. Ich bin froh, daß ich da raus bin. Und jetzt soll ich diese Arbeit verlieren.«

Der Betriebschef läßt uns zu sich rufen, spricht von »neuer technischer Revolution« und vom »letzten Schritt der Automatisierung« und daß wir uns »so langsam nach einer neuen Stelle umsehen sollen«. »Die Anlage wird im nächsten Vierteljahr mit der halben Mannschaft auskommen. Bereits jetzt halten wir euch mehr aus Luxus hier.«

Diese Worte des Betriebschefs bringen einige Unruhe unter die Arbeiter.

»Man kann nichts machen«, sagt der Mann von der Mischtrommel. »Wir werden alle noch Frührentner wider Willen«, sagt ein anderer.

Abends treffen wir uns ausnahmsweise in einer Kneipe, um zu überlegen, ob sich etwas tun läßt. Nach den ersten Bieren haben wir vergessen, warum wir zusammengekommen sind. Wir sprechen weder über die Arbeit noch über die Anlage. Wir reden kaum etwas. Wir trinken und rauchen und blicken zu den anderen Tischen. Dort sitzen Arbeiter und warten auf ihre Schicht. Sie rauchen und blicken hinaus. Sie sind genauso gekleidet wie wir. Sauber und nicht zerlumpt. Einer trägt sogar einen Hut auf dem Kopf.

1966

Die erste Reaktion auf die »Industriereportagen« war meine Vorladung zur politischen Polizei in Köln. Grund: die Berichte hatten nicht nur in der inländischen Presse, sondern auch im Ausland Aufsehen erregt. Auszüge erschienen in Frankreich, Schweden und so weiter, aber auch in der DDR, ČSSR, UdSSR und Jugoslawien, meist ohne mein Wissen. Der Dienststellenleiter ließ mich wissen, daß hier der Verdacht landesverräterischer Beziehungen vorliege, und verlangte eine schriftliche Erklärung, daß ich auch künftighin keine Kontakte zu Ostblockorganen pflegen würde. Als ich – damals veröffentlichte ich noch unter Pseudonym – mich gegen diese Form der Nötigung verwahrte und mit Veröffentlichung drohte, erhielt ich innerhalb einer Woche den Bescheid über die Einstellung des Verfahrens.

Die Industrie versuchte, den »neuen sprachlichen Realismus« dieser Reportagen, den »Wirtschaft und Erziehung« am 15. November 1967 eine »scharfe Waffe« nannte, zum Beispiel so zu unterlaufen:

»Gerade die Behandlung wirtschafts- und sozialpolitischer Themen unter dem Rubrum ›Gesellschaftskritik‹ bietet immer wieder Anlaß zu kritischen Stellungnahmen. G.W.s Reportagen aus der industriellen Arbeitswelt sind ein klassisches Beispiel für die unsach-

gemäße Behandlung des Sachbereichs Wirtschaft. *Gesellschaftskritische Reportagen ohne Korrektur durch sachliche Informationen können verhängnisvoll wirken in einer Zeit, in der die Mehrheit der Bevölkerung sorgenvoll nach der weiteren wirtschaftlichen Entwicklung fragt, und in der die geistigen Schichten sich für den ihnen fremden Lebensbereich Betrieb und Wirtschaft interessieren.«*

Das schrieb Günter Triesch, Leiter der Abteilung »Verbände, Parteien, Recht« des Deutschen Industrieinstituts in der Industriellen-Festschrift »Immer auf der Brücke«.

Triesch bezog sich auf eine Sendung des WDR aus den Industriereportagen, die von Arbeitgeberseite attackiert worden war und den Programmbeirat auf den Plan rief. Man beschloß, solche Beiträge, »die einseitig Arbeitnehmerinteressen wahrnehmen«, in Zukunft nicht mehr zuzulassen.

1970

Asyl ohne Rückfahrkarte

Hamburg. Am Montag vor Weihnachten. Ich suche das Obdachlosenasyl. In der Neustädter Straße frage ich Passanten. – »So was gibt's nicht mehr, so was gab's kurz nach dem Krieg.« – »Nie gehört, Sie meinen wohl die Jugendherberge?« – »Arbeiten gehen solltet ihr, dann hättet ihr auch ein anständiges Dach über dem Kopf!« Ich frage weiter. Ohne Erfolg. Erst ein Polizist kann mir helfen. »Dort ist«, sagt er von oben herab, »der Eingang von Hamburgs billigstem Hotel.« Seine ausgestreckte Hand weist auf ein Tor mit Eisenstreben. Dahinter, zwischen zwei schmutzigen, fensterlosen Hauswänden, ein schmaler Gang. Ich komme auf einen Hinterhof und stehe vor *Pik As*. Ein alter Bau. Eine rissige Holztür. Ich stoße sie auf und bin in der Empfangshalle. Hinter einer Sperre sitzen vier Männer in grauen Kitteln vor Karteikästen. Sie sehen aus wie Lageristen. In ihren Kästen sind keine Werkzeuge oder Ersatzteile registriert, sondern Personalausweisnummern, Herkunftsort, Übernachtungsgrund und Reiseziel des Untergebrachten.

Keiner hat in aufeinanderfolgenden Nächten ein Recht auf dieselbe Schlafstätte, steht auf einem großen Schild in der Halle. Die Aufgenommenen sollen sich hier nicht einleben. Auf einem zweiten Schild steht – rot unterstrichen: *Unbefugten ist das Betreten der Übernachtungsstätte strengstens untersagt.*

Der letzte der Männer ist für *W* zuständig: »Schon mal hier gewesen? Ausweis!« Er sucht in großen Karteikästen. Dann legt er eine Stammkarte für mich an. »Was willst du hier?« – »Vorübergehend«, sage ich, »im Ruhrgebiet keine Arbeit mehr, vielleicht kann ich im Hafen …« – »Ha, vorübergehend, das sagen alle. Ich will Ihnen was sagen: Geben Sie mir drei Groschen und erscheinen Sie morgen gefälligst früher, sonst kannst du sehen, wo du eine Platte machst.«

Als ich zum Treppenhaus gehe, höre ich, wie er den Telefonhörer abnimmt. Er meldet sich mit »Neustädter Straße« und gibt meinen Namen und meine Personalausweisnummer durch. Die Registratur von *Pik As* arbeitet mit der Kriminalpolizei Hand in Hand.

Auf der ersten Treppenstufe hocken drei Männer. Ein etwa 50 Jahre alter *Stammkunde* von *Pik As* und zwei kaum 20 Jahre alte Neulinge. Der ältere hält mich am Mantel fest. »Laß dir nieder. Oben in den Sälen ist nichts zu machen. Du wirst dir's schon hier bequem machen müssen. Hier, zur Stärkung!« Er greift zur Wermutflasche seines Nebenmannes und hält sie mir hin. Ich lehne ab. Er rückt zur Seite und läßt mich durch: »Du wirst ihn auch noch mal schätzen lernen, verdammt will ich sein, ja, das wirst du!«

Auf dem ersten Treppenabsatz liegt ein Mann verkrümmt in seinem eigenen Urin. Er ist etwa 60. Das Hemd ist ihm aus der Hose gerutscht. Sein Rücken, mit roten Geschwüren bedeckt, ist blutig gekratzt. Die Taschen seiner zerrissenen Jacke sind aufgetrennt und hängen in Fetzen herab. Das Gesicht ist grau und schmutzig wie der Zementboden.

»In den Rinnstein sollte man den schmeißen«, sagt ein freier Hafenarbeiter, der mit ein paar Kumpels die Treppe hochkommt. Er flucht, daß er morgen schon um halb fünf zur Schicht muß und der Mann an der Sperre zu ihm gesagt hat: »Nee, geweckt wird nicht, fünf Uhr ist Wecken für alle.« – »Jetzt könnt ich endlich die Stelle fest kriegen, wenn ich die ersten 14 Tage keinen Schiet mache, und dann ist alles wieder aus, wenn ich morgen verpenne.«

Ich kann in dieser ersten Nacht nicht schlafen und auch in den folgenden Nächten sind es drei, vier, höchstens fünf Stunden Ruhe, die ich bekomme. Man muß schon sehr erschöpft sein, um es länger auszuhalten. In den fünf großen Schlafsälen liegen je 60 bis 80 Männer. Die Betten sind zweistöckige Eisengestelle. Keine Matratzen, keine Bettwäsche, keine Decken. Die oberen Plätze sind begehrt. Wer unten liegen muß, kann das Pech haben, daß der Kumpel im Oberbett im Delirium den Urin nicht halten kann. Die Säle sind überheizt. Der Schweißgeruch ist stechend. Doch trotz der Hitze hat kaum jemand mehr als den Mantel ausgezogen, der als Unterlage oder – zusammengerollt – als Kopfkissen dient. Je abgerissener man ist, um so besser für die Nacht. Wer in Lumpen geht, kann sich wenigstens nachts davon befreien. Verdreckte und zerrissene Sachen klaut selbst hier so schnell keiner.

In der zweiten Nacht liege ich neben einem jüngeren Mann. Er hat sein rechtes Bein angewinkelt über seinen Pappkoffer gelegt und mit einer Schnur den Koffer ans Bein gebunden. Mit dem Kopf liegt er auf seinen Schuhen. Die hat er noch sicherheitshalber mit den Schnürsenkeln ans Eisengestell gebunden.

Eine Woche *Pik As* reicht in der Regel, um den Mut zu verlieren.

»Ein Monat *Pik As* genügt, und du schaffst es nicht mehr. Weil du einfach keine Kraft mehr hast. Schon rein physisch gesehen. Besonders, wenn der Alkohol noch dazu kommt, und der kommt garantiert, sonst hältst du es gar nicht aus und du wirst verrückt.« Der das sagt, ist seit vier Jahren im Obdachlosenasyl. Mit Unterbrechungen, denn in warmen Nächten zieht er die *Wiese* vor. Er hat vor Jahren ein Studium abgebrochen. Sein Vater ist höherer NATO-Offizier. Als er durch Zufall von dessen Vergangenheit erfuhr, Folterungen und Erschießungen von Frauen und Kindern in Frankreich, hat er zu Hause alles im Stich gelassen und mit dem Trinken angefangen. Die Erschießungen, an denen sein Vater maßgeblich beteiligt gewesen sei, hätten, so sagt er, unter dem Befehl eines Generals Lammerding stattgefunden. Den gibt es tatsächlich. Er lebt jetzt als Bauunternehmer in Düsseldorf, wie ich später herausfinde.

Ich bin jetzt viel mit einem 24jährigen zusammen. Er hat Gärtner gelernt und war in Saarbrücken in eine Hehlergeschichte verwickelt. Er bekam neun Monate Gefängnis, sechs Monate wurden zur Bewährung ausgesetzt, da es seine erste Straftat war. Weil er in Hamburg zuletzt gearbeitet hatte, ließ er sich nach der Strafverbüßung eine Fahrkarte dahin ausstellen. Seine frühere Firma wollte ihn jedoch nicht mehr. Bei acht Firmen – davon zwei Werften – hat er sich bisher beworben. Keine hat ihn genommen. Sein abgerissener Zustand macht die Leute mißtrauisch. Außerdem kann er keinen festen Wohnsitz nachweisen. »Wenn Sie keinen festen Wohnsitz haben, können wir Sie leider nicht einstellen«, heißt es immer. Aber ein Zimmer bekommt er erst, wenn er Geld verdient und es bezahlen kann.

Ein anderer erzählt mir nachts im Treppenhaus, daß er im Krieg einem Exekutionskommando zugeteilt gewesen sei. Er habe auf Deserteure, Partisanen und Geiseln geschossen. »Wir waren zu sechst, und keiner wußte, wer den tödlichen Schuß abgab. Wir mußten es. Es waren aber einmal Kinder darunter, die den Partisanen geholfen hatten. Wir mußten schießen, sonst hätten es andere besorgt. Was blieb mir anderes übrig?« sagt er fast flehend. »Die anderen schossen sicher bereitwilliger«, gehe ich auf ihn ein. Aber er sieht mich nur mit glasigen Augen an.

Ein 60jähriger mit Vollbart versteht es, »auf die fromme Tour zu reisen«. Besonders an Priester macht er sich heran, um »Im Namen des Gekreuzigten« um Geld zu betteln. Aber: »Wenn Not am Mann ist, staube ich auch in Kirchen ab.« Mit einem Holzstäbchen, das er unten mit Klebstoff bestrichen hat, holt er aus den Opferstöcken die Münzen. »Wenn es ein guter Fang ist, stelle ich am nächsten Tag dafür eine Kerze auf, gegen Bezahlung, versteht sich.« Einmal zeigt er mit Stolz einen vergilbten Zeitungsausschnitt. Darauf steht, daß er wegen Gotteslästerung, versuchter Nötigung und Hausfriedensbruch zu 13 Monaten Gefängnis verurteilt worden sei. Er hatte sich in angetrunkenem Zustand im Ulmer Münster auf den Bischofsstuhl gesetzt, die Kerzen um sich herum angezündet und obszöne Lieder gesungen. Als der Pfarrer erschien, um ihn aus dem Münster zu jagen, wollte er ihn zwingen, vor ihm niederzuknien.

Letzte Station ist *Pik As* auch für Kranke, psychisch Kranke.

Er ist etwa 35. Und auch seine Geschichte höre ich nachts auf der Treppe. Der Alkohol hat ihn gesprächig gemacht. Bei der Geburt war sein Geschlecht nicht eindeutig feststellbar. Mit 15 operierte man ihm die Hoden aus der Leistengegend. Als er aus der Narkose erwachte, war sein erster Eindruck die Gummischürze der Operationsschwester, der erste sexuelle Reiz. Das bestimmte sein weiteres Geschlechtsleben. Er wurde Gummifetischist. Er kramt aus seiner Brieftasche vergilbte Illustriertenannoncen, auf denen Frauen für enganliegende Taucheranzüge werben. Und abgegriffene Fotos von Schauspielerinnen in glänzenden Nappalederröcken. Sie üben auf ihn die gleiche Wirkung aus.

Sonntags steht er meist auf dem Fischmarkt und beobachtet die Marktfrauen, die Fische verkaufen. In Gummischürzen. Einmal hat er eine Stelle in einer Fischfabrik angenommen. »Obwohl mir der Gestank zuwider war.« Er wurde dort bald entlassen, weil er die Gummischürze, die eine junge Arbeiterin trug, streichelte. Das war dem Mädchen unheimlich. »Ich wäre heute noch dort, wenn ich statt dessen versucht hätte, sie zu küssen, oder wenn ich ihr unter den Rock gefaßt hätte«, sagt er. Ein andermal wurde er wegen Hausfriedensbruch zu zwei Monaten Gefängnis verurteilt. Durch das Fenster einer Hotelküche hatte ihn eine Kaltmamsell mit Gummischürze fasziniert. Er war zu ihr hinaufgestiegen und hatte fassungslos vor ihr gestanden. Erst die herbeigerufene Polizei brachte ihn zur Besinnung.

In der Bundesobdachlosenkartei in Bethel, in der jede Asylübernachtung registriert wird, wird auch über seinen Fall Buch geführt. Nach der Folge seiner einzelnen Reisestationen hat er in den letzten fünf Jahre mehr als 30 000 km, teils zu Fuß, teils per Anhalter zurückgelegt. Aber er hat noch nicht ganz aufgegeben. Kurz nach Neujahr schreibt er mir, daß er ein »neues Leben« anfangen will, er habe jetzt »eine gute Arbeit bei einer privaten Spedition«, wo er, »als Roller mit der Karre« fährt. »Wenn es sich regeln läßt, werde ich sorgen, daß Du da auch anfangen kannst!« und: »Vorige Woche kaufte ich mir eine Bügeltasche mit zwei Schlössern, ich kann Dir sagen, Sonderklasse, eine sogenannte Chef-Aktentasche. Wenn ich bei dieser Firma längere Zeit bleibe, kaufe ich mir jede Woche ein Stück zu.«

Er blieb nicht lange bei dieser Firma.

Von den 500, die jede Nacht auf *Pik As* angewiesen sind – im vorigen Jahr und den Jahren davor waren es halb soviel – leben etwa 100 von gelegentlichen kleineren Diebstählen.

Dienstagnacht werde ich plötzlich aus dem Schlaf gerüttelt. Ein Polizist verlangt meinen Ausweis: »Polizeikontrolle«. Mit der Taschenlampe sieht er in seiner Suchliste nach. Er gibt mir den Ausweis zurück. Aus dem Nebensaal holen sie einen heraus. Er läßt sich widerstandslos abführen. Ich hatte ihn am Abend vorher in der Kneipe neben *Pik As* gesehen. Er hatte aus der Musikbox dreimal hintereinander die Platte gewählt: *Kennst Du das Land, wo immer nur die Sonne scheint und ein Mädchen auf Dich wartet?*

Einen Tag nach der Verhaftung steht in der Zeitung, daß er einen Schweizer Kaufmann umgebracht und ausgeraubt haben soll.

Wer länger als drei Nächte im *Pik As* gewesen ist, wird mit einem Schein zum Landesfürsorgeamt geschickt. Dort wird das Recht auf weitere Übernachtungen bewilligt oder verweigert. Ich muß auch dorthin. Zur Abteilung *Wohnungslose, Wanderer, Durchreisende, Anmeldung Zi. 40/41*. Ich gebe meinen Schein ab. Der Fürsorgebeamte trägt den gleichen grauen Kittel wie die Männer auf der Anmeldung von *Pik As*. Männer in grauen Kitteln tragen Akten von einem Raum zum anderen. Ich soll draußen auf einer der Holzbänke warten, bis ich aufgerufen werde. Es sitzen noch andere auf der Bank, einige habe ich im *Pik As* schon gesehen. Die Beamten lassen uns mehr als zwei Stunden warten. Nur einer wurde abgefertigt. Als er herauskommt: »Totenköpfe ausbuddeln soll ich, was anderes käme für mich nicht in Frage.«

Endlich wird mein Name aufgerufen. Eine Fürsorgerin fragt mich aus. Ich erzähle ihr, daß ich aus dem Ruhrgebiet komme, da sei nichts mehr los. »Oje«, sagt sie, »was wollen Sie denn hier?« – »Ich dachte, der Hafen ...« – Sie schüttelt den Kopf: »Da ist auch nichts los.« – »Ich muß aber da raus«, sage ich, »im *Pik As* geht man vor die Hunde. Kann ich nicht in ein Überbrückungsheim?« – »Da ist überhaupt nichts zu machen, auf gut deutsch gesagt«, antwortet sie. Sie verlängert meinen Schein für weitere 14 Tage. Ihr Rat: es später bei der Heilsarmee zu versuchen. »Der Staat zahlt mehr als zwei Drittel der Übernachtungskosten im *Pik As* für Sie«, gibt sie mir noch als Trost mit auf den Weg.

Auf der Treppe am Ausgang hockt ein Mann, der seit drei Tagen ohne einen Pfennig in Hamburg ist. Auf St. Pauli hat er die Nutten um Geld für Brötchen angebettelt und es auch bekommen. In Frankfurt hat er neun Monate im Gefängnis gesessen. Als er begnadigt wurde, mußte er ein Reiseziel angeben. Eine Wohnung hatte er nicht, direkte Angehörige auch nicht. Er erinnerte sich an eine Tante, die ihm vor Jahren gesagt hatte: »Wenn du mal in Schwierigkeiten bist, kannst du zu mir kommen.« Sie wohnt in J. bei Buxtehude. Er bekam die Fahrkarte dorthin. Doch die Tante war zufällig verreist. Eine Bekannte der Tante gab ihm acht Mark. Davon löste er eine Fahrkarte nach Hamburg. Jetzt geht es ihm darum, wieder eine Fahrkarte nach J. zu bekommen, denn die Tante müßte inzwischen zurück sein. Zuerst versuchte er es auf einer Polizeidienststelle. Von dort wurde er zur Gerichtsstraße nach Altona geschickt. Er ging die zehn Kilometer zu Fuß. Dort schickte ihn schon der Pförtner weg. Zum Fürsorgeamt. Die schickten ihn zur Entlassenenfürsorge. Und die schickten ihn wieder zurück.

Jetzt hat er es aufgegeben. Er will hier vor dem Landesfürsorgeamt sitzen bleiben, bis die Polizei ihn mitnimmt. Ich kann ihn überreden, mit mir zusammen noch mal zur Entlassenenfürsorge zu gehen. Der Mann dort sagt: »Was wollt ihr, du warst doch heute schon mal hier?« Und zu mir: »Was ist mit dir los?« – »Wir gehören zusammen«, und der Mann fängt an, von seiner Tante zu erzählen. Der Beamte hört nicht hin, er sagt: »Kommt nach Neujahr wieder, dann ist der Andrang nicht so groß.« – Ich sage: »Es geht doch nur um eine Fahrkarte von sechs Mark, dann sind Sie den Mann endgültig los.« – »Wenn's weiter nichts ist, die kannst du kriegen«, sagt der Beamte. Er ruft ins Nebenzimmer: »Händigen Sie dem Mann sechs Mark gegen Quittung aus.« Und dann, weil Weihnachten vor der Tür steht: »Ach was, geben Sie ihm zehn.« Zu uns: »Und laßt euch hier nicht wieder blicken.«

Weil Heiligabend ist, öffnet das Asyl zwei Stunden vor der üblichen Zeit. Es gibt ein Weihnachtsessen: eine heiße Bockwurst, dazu ein trockenes Brötchen, als Geschenk zusätzlich eine Schachtel HB-Filterzigaretten und einen Becher schwarzen Bohnenkaffee.

Die Heilsarmee rückt an und verteilt Konsumtüten mit Tannengrünaufdruck. Die Hälfte von uns geht leer aus. »Wir wußten ja gar nicht, daß ihr diesmal so viele seid«, bedauert die Schwester. Dann setzt sie zu einer Rede an. Weil wir so laut sind, bricht sie wieder ab. Sie dreht sich zu ihrer Truppe um, hebt den Arm wie zu einem Schießbefehl. Und jetzt hören wir es alle, es dringt bis nach draußen: »Christus macht Dein Leben neu«. Sie singen uns noch das Lied »Christ der Retter ist da«. Wir sollen mitsingen. Die meisten kennen das Lied aber nicht, und einige brüllen »Scheiße«. Als die Heilsarmee uns verläßt, grölen Betrunkene die besser bekannten Weihnachtslieder wie »Stille Nacht« und »Holder Knabe im lockigen Haar«. Andere singen Soldatenlieder dazwischen. Der »einsame Soldat am Wolgastrand« wird mehrmals gesungen.

In den nächsten beiden Tagen bin ich auf drei Armenbeschenkungen, die für uns veranstaltet werden. Wir müssen jedesmal viel beten und viel singen. Singen ist angenehmer, dabei dürfen wir sitzen bleiben. Am Ende bleiben die Geschenke hinter den Erwartungen zurück. Altbackene Plätzchen, als besondere Überraschung ein Dose Schuhcreme, eine Zahnbürste oder eine Tube Zahnpasta in der Weihnachtstüte. Zwischen den Bescherungen lange Ansprachen und Predigten. Von den 200 bis 300 Besuchern aus *Pik As* schlafen 20 bis 30 jedesmal ein. Die Geschenke werden immer erst zum Schluß verteilt, »weil die genau wissen, daß wir sonst wieder abhauen«, sagt der Mann aus *Pik As*, den ich begleite.

Am zweiten Weihnachtstag veranstaltet die *Straßenmission* – eine staatlich unterstützte Sekte – in der Seilerstraße ihre Feier. Wir müssen 26mal singen und elfmal beten. Aber die erhofften Geschenke fallen am Ende unter den Tisch. Bruder Krebs, das Haupt der Sekte, droht einem alten Mann mit Rausschmiß, weil der Alte beim Beten sitzen geblieben ist. Auch andere Unandächtige weist er zurecht. Während der dreistündigen Feier treten zwölf Sektenmitglieder einzeln auf und legen ihre Bekenntnisse ab.

Ein vorzeitig pensionierter Kapitän berichtet unter Zuckungen, wie ihm Christus einst auf hoher See in den Sternen erschienen sei. »Bis zu meinem 21. Lebensjahr war ich ein guter Jüngling. Dann erlag ich der Versuchung in den vielen Hafenstädten. Bis mich Gott in den Sternen – ich war damals 50 – von der sündigen Fleischeslust erlöste.« Die Sektenmitglieder stimmten den Choral an: »Halleluja, halleluja, der Herr ist gekommen ... jubelt, daß wir mit ihm verheiratet sind.«

Ein anderer Prediger hat eine besondere Verheißung: »Man sagte mir mal: Eine einzige Atombombe genügt, und alles ist aus. Da mußte ich lachen und antwortete: Im Gegenteil, da fängt es erst an.« – Das ist auch der »Wahlspruch«, den er uns heute »mitgeben möchte«: »Ertragt euer jetziges Leben in Not und Elend. Es zählt nicht. Freuet euch auf den Tag, da euch Christus zu sich holt, denn dann fängt das wirkliche Leben mit Jauchzen und in Herrlichkeit an!«

Als Attraktion wird uns Bruder Wolfgang vorgestellt. Er begrüßt uns: »Auch ich habe einst zu euch Elendigsten der Elendigen gehört«, und er sagt, daß er »elf Jahre fern vom Heiland im Knast gesessen« hat. – Einer von uns ruft: »Angeber, ich war 15 Jahre drin!« Bruder Wolfgang: »Jesus Christus hat mich reich gemacht, im wahrsten Sinne des Wortes reich gemacht, auch äußerlich«, und er spricht von seinem schwarzen Anzug, den er trägt und den er »gegen seinen blauen mit Streifen« tauschen durfte. Auf der Straße parkt sein Opel Kapitän, sein Dienstwagen. Er wurde ihm vom Staat für seine Missionstätigkeit in Zuchthäusern und Erziehungsanstalten zur Verfügung gestellt. Sein Rat, wie auch wir »den Weg des Heils finden« können: Wir sollten »nicht länger in der Grube der Gottlosigkeit hausen«, sondern wie er »in bedingungslosem Gehorsam vor dem Herrn und seinem Diener, dem Staate«, leben.

Er erzählt von einer Weihnachtsfeier in einem russischen Gefangenenlager, wo ein Studienrat »durch alle Filzungen hindurch, obwohl man ihm sämtliche Haare am Körper abrasiert hatte, eine Handvoll Blätter des Neuen Testaments rettete. An einer Stelle, liebe Männer und Frauen, wo man normalerweise kein Evangelium aufbewahrt. Sie wissen Bescheid, nicht wahr?« Er erinnert sich an andere »Mithäftlinge, die das gleich dünne Testamentpapier auf die gleiche Weise einschmuggelten und sich mit dem Papier der Heiligen Schrift Zigaretten gedreht haben«. Er folgert: »Zur Strafe holten sie sich dadurch die Schwindsucht an den Hals.« – »Diese zwei Möglichkeiten bestehen immer in bezug auf das Evangelium. Man kann zum Leben kommen oder zum Tod.« Dann bricht Bruder Wolfgang vorzeitig auf. Er muß noch zu weiteren Weihnachtsfeiern in geschlossene Anstalten, um »den Verdammten das Evangelium zu bringen«. Die Sektenmitglieder singen ihm nach: »Mein Herr, wir danken Dir. Wie groß bist Du. Wie groß bist Du.«

Zurück im *Pik As*. Am Schwarzen Brett hat der Hamburger Sozial- und Arbeitssenator eine Weihnachtsbotschaft aushängen lassen: »Weihnachten« steht dort und als Leitspruch: »Vertrauen in die Zukunft!« – »Liebe Bewohner«, nennt der Senator die hier Untergebrachten und fährt fort: »Sicherlich ist das Jahr, das nun seinem Ende entgegeneilt, für manche von Ihnen nicht nur eitel Freude gewesen«, und zum Trost: »Für unser ganzes Volk war es ein Jahr mit enormen negativen Vorzeichen.«

Überall im Asyl sind Plakate angebracht: die Rückseite eines gebeugten alten Mannes mit Stock. Darunter steht: *Sieh dir deinen Nachbarn an, ob man ihm nicht helfen kann.*

Sollen die Blinden den Blinden helfen!

1969

Napalm? Ja und Amen

»*Napalm ist ein chemisches Produkt, das unablässig brennt und nur schwer mit Erde oder Wasser zu löschen ist. Das Napalmopfer wird vor den Augen der vor Schrecken gelähmten Betrachter verzehrt, und der Zweck dieser Waffe ist sowohl die Peinigung des Opfers wie die Brechung des Widerstandswillens der Überlebenden. Die USA benutzen dieses Benzingelee, um in Vietnam ganze Dörfer zu verbrennen, und es dient seit langem als Routinewaffe gegen die Zivilbevölkerung. In Vietnam hat man Krankenhäuser, Schulen, Sanatorien und Polikliniken durch Napalm in Flammen aufgehen lassen.*«
Bertrand Russel: »Napalm und Massenmord«

»*Napalm haftet leicht an Menschenhaut, verbrennt dort unlöschbar und langsam (bis zu 15 Minuten) und erzeugt schwerste Brandwunden. Die Sterblichkeit bei Napalmverbrennungen ist hoch (im Durchschnitt beträgt sie 35 Prozent an den Brandherden und weitere 21,8 Prozent in den Krankenhäusern). Die Brandverletzungen durch Napalm sind Verletzungen dritten Grades, also tiefe Wunden. Napalm brennt langsam und entwickelt Temperaturen bis zu 1000 Grad Celsius. Brandwunden, die bis auf den Knochen reichen, sind ziemlich häufig. Napalm-Brandwunden heilen langsam und hinterlassen entstellende Narben.*«
Aus der schwedischen Dokumentation »Napalm«

»*Eine Bombe mit 500 Kilo Napalm erzeugt eine 60 Meter breite, rollende, dumpf dröhnende Feuerwand, die alles brät, was ihr in den Weg kommt. An der Peripherie des Feuers droht Erstickungstod, denn Napalm verbrennt mit solcher Hitze, daß der Luft aller Sauerstoff entzogen wird.*«
Prof. B. H. Franklin, Stanford-Universität, USA

»*Der Bedarf an künstlichen Armen und Beinen ist in Vietnam zur Zeit wohl größer als jemals in der Welt, aber der Vorrat ist beschränkt. Für Zivilisten reicht er jedenfalls nicht. Die schlimmsten Wunden, die ich sah, sind durch Napalm verursacht worden. Wo brennendes Napalm die Haut trifft, schmilzt das Fleisch und gerinnt zu dicken Klumpen. Es fehlen Medikamente und Personal, um diese Wunden zu behandeln ... Diese Waffe wur-*

de bei mehr als 1400 Dörfern verwendet ... Tausende Kinder werden jeden Monat durch Kriegseinwirkung getötet oder verwundet. Die Verwundeten liegen auf Holzpritschen, oft zu zweit, auf Bahren auf den Korridoren, überall ...«
M. Gellhorn in der amerikanischen Zeitschrift »Ladies' Home Journal«

Um die Gewissensfrage stellen zu können, konstruiere ich folgenden Fall. »Ich bin Chemiefabrikant und habe ein besonders billiges Verfahren der *Natriumpalmitat*-Herstellung (Hauptbestandteil der Napalmbombe) entwickelt. Ein Großauftrag der US-Armee liegt vor. Mit weiteren Großaufträgen ist zu rechnen. Ich habe Skrupel. Ich weiß von der schrecklichen Wirkung der Bombe. Als katholischer Unternehmer mit Gewissensbissen frage ich um Rat: Darf ich, soll ich oder muß ich Aufträge annehmen, auch wenn ich damit den Krieg unterstütze?«

Zuerst rufe ich bei der katholischen Telefonseelsorge in Frankfurt an. Der diensttuende Kaplan ist gefaßt. Er läßt mich den Fall schildern. Er unterbricht mich nicht. Seine erste Reaktion: »In Ihrer Haut möchte ich nicht stecken.« Ebenso spontan sein Rat: »Ich würde es nicht tun ..., bei dieser fürchterlichen Sache in Vietnam, wo die Amis so brutal vorgehen ...« Außerdem: da ich das Napalm billiger liefern würde als andere Firmen, wäre es sogar eine »finanzielle Unterstützung des Krieges«. Und »selbst wenn dieser Krieg gerechtfertigt wäre« – was er nicht annimmt –, »stellt sich diese moralische Frage bei einem Mittel, das derartige fürchterliche Verletzungen hervorruft«. Ich danke ihm und sage, daß ich es nicht liefern werde. Noch ein paar Stichproben mit gleichem Ergebnis und die mir selbst nicht ganz geheure Anfrage dürfte erledigt sein.

Es kommt anders. In der Kirche einer Kleinstadt bei Frankfurt stelle ich meine Frage zum zweitenmal. Ich knie im Beichtstuhl und sage, daß ich nicht beichten wolle, sondern nur einen Rat bräuchte. Ein junger Kaplan hört mir zu, und ich erzähle die Geschichte von dem Auftrag und von dem Bombengewinn, der dabei herausspringen würde. Zum Schluß: »Meinen Sie, daß ich mich mitschuldig mache?« Er sieht das Problem von einer anderen Seite: »Nein, von

Schuld kann keine Rede sein. Es ist lediglich eine Entscheidung, die man wirklich persönlich fällen muß und mit Gott beratschlagen muß.« Es ist auch ganz gleich,»wie ich mich entscheide, so oder so, die Hauptsache ist, es ist eine Entscheidung mit Gott.«

Mein Einwand, »jetzt könnte ich es vielleicht. Aber später, ich könnte mir vorstellen, daß dann die Gewissensbisse kommen. Wenn dann nachprüfbar wird, es war ebenso ein Angriffskrieg wie bei Hitler«, scheint ihn zu beeindrucken: »Schon, ja, ja, ja. Man muß ja vor allen Dingen auch berücksichtigen, welchen Eindruck das auf andere macht, nicht! Denn es ist ja so, daß es dann später heißt, der war auch katholisch, und der hat damals bei der schlechten Sache dafür gestimmt, und das kann dann leicht offiziell zum Ärgernis werden!«

Der einzige Grund, es nicht zu tun, ist nach seiner Ansicht keine moralische, sondern eine taktische Frage: »Man könnte später sagen, der als katholischer Unternehmer hat damals *nein* gesagt. Das kann wirklich dann einen blendenden Eindruck hinterlassen und die anderen spüren, hier hat ein Katholik mutig und aus Verantwortung gehandelt.«

Als ich sage: »Ich glaube nicht, daß das später eine Rolle spielen wird, die Aufträge sind ganz geheim«, besinnt er sich anders: »Nun ja, beten Sie zum Heiligen Geist um eine gerechte Erleuchtung.« Und wenn ich »mit seiner Hilfe eine Entscheidung gefällt habe – so oder so –, brauche ich mich nachher nicht zu beunruhigen«. Ich soll mir sagen, »ich hab's mit Gott gemacht, Gott um Rat gefragt, und ich habe es damals schließlich mit der Erleuchtung des Heiligen Geistes so für gut befunden ... was hinterher dann kommt an Gewissensbissen vielleicht oder so, das soll einen dann nicht mehr groß beunruhigen; denn es kommt moraltheologisch gesehen nur auf den Augenblick drauf an vor der Entscheidung und in der Entscheidung und eben vor allem, daß es eine Entscheidung mit Gott ist.« So einfach ist das, wenn man ein göttliches Alibi hat.

Ich will aufstehen und sage: »Ob ich's nun tun soll oder nicht, weiß ich nun immer noch nicht.« Er scheint weiterhin auf den Heiligen Geist zu vertrauen: »Warten Sie«, sagt er, »ich will Sie noch segnen: im Namen des Vaters, des Sohnes und des Heiligen Geistes, Amen.« – »Amen«, sage ich und gehe.

Im Kirchenvorraum steht ein Opferstock mit einer kleinen Negerfigur. Wenn jemand eine Münze hineinwirft, nickt der Kopf des Negers. Auf einem handgeschriebenen Schild steht: *Dieser Opferstock wird täglich geleert, das Aufbrechen und Berauben ist somit zwecklos!*

Am nächsten Tag gehe ich in ein Kloster in einer an der Autobahnstrecke Frankfurt–Köln gelegenen mittleren Stadt. In der Klosterkirche gibt es viele kerzenbeleuchtete Nischen mit Sonderaltären. Für den heiligen Judas Taddäus einen, den heiligen Joseph einen und für den heiligen Vincenz einen, und einen besonders prunkvoll ausgeschmückten für jemanden, der nicht genannt ist: eine steinerne Figur, gestützt auf ein Schwert, die auf dem Kopf einen Stahlhelm trägt: der unbekannte Soldat. *Zum Andenken an die gefallenen Brüder von 1914–1918*, ist in den steinernen Sockel gemeißelt.

Ich wende mich an den Bruder Pförtner: »Ich brauche einen Rat. Ich möchte gern einen Priester sprechen.« Er schickt mich in einen der Besuchsräume. Nach fünf Minuten erscheint ein etwa 70jähriger grauhaariger Mönch in schwarzer Kutte. Ich erzähle meine Geschichte.

Er: »Napalm, was ist das?« und »Vietnam, was geht denn da eigentlich vor sich?« Ich beschreibe ihm die Wirkung von Napalm: »Es ist schlimmer als Phosphor, brennt sich in das Fleisch ein und kann nicht gelöscht werden. Das Fleisch der Opfer schmilzt in Klumpen und eitert. Ich habe Bilder von Kindern gesehen, die Opfer eines Napalm-Angriffs geworden waren. Es waren die grauenvollsten Verstümmelungen, die man sich vorstellen kann.« Er zerstreut meine Bedenken: »Da brauchen Sie eigentlich keine Gewissensbisse zu haben, denn Sie setzen die Bombe ja nicht ein, und ob sie eingesetzt oder gelagert wird, ist dann noch eine zweite Frage.«

Er spricht sehr abgeklärt. »Nun, das ist genauso, wenn jetzt der einzelne Mann zum Militär muß. Da kann er ja auch nichts dran machen. Die Verantwortung ist immer bei den Großen, das ist klar!« Ich: »Weil wir es so viel billiger herstellen, könnte es sein, daß wir den Krieg verlängern helfen. Vielleicht auch nur einen Tag, aber ...« Er unterbricht: »Nun ja, mein Lieber, Sie könnten ihn dadurch aber auch beschleunigen helfen.« (Ein Argument, das auch den Einsatz der Hiroshima-Bombe rechtfertigen sollte.) Er entläßt mich mit der Versicherung: »Glauben Sie, der kleine Mann kann da wirklich überhaupt nichts tun. Da muß man einfach mit fertig werden. Die Gefahr einer Gewissensbelastung sehe ich in Ihrem Fall ganz bestimmt nicht.« Aber er fügt noch hinzu: »Sehen Sie zu, daß Sie nicht einseitig in den Gewinnsog hineinstrudeln. Mit dem Geld können Sie ja dann auch allerhand Gutes tun.«

Ich fahre zu einem der größten deutschen Dome mit ganztätiger Beichtgelegenheit. Die Beichtväter wechseln sich schichtweise ab. Ich knie in einem der Stühle. Hinter dem Korbgeflecht ein Jesuit, wie die Buchstaben *S. J.* auf seiner Namenskarte verraten. Er ist sehr sachlich, er sieht die Sache vom Kaufmännischen her: »Fragt sich, ob Sie, wenn Sie den Auftrag ablehnen, überhaupt etwas verhindern können. Außerdem setzen Sie das Zeug ja schließlich nicht ein, Sie bleiben im Hintergrund, das ist eine Regierungsentscheidung.«

Er bringt ein Gleichnis: »Das ist die Frage wie mit dem Messer! Wenn ich Messer verkaufe, und es kommt einer, von dem weiß ich, der bringt mit dem Messer einen um, gleichzeitig weiß ich aber, der ist so fanatisch, der klappert noch fünf weitere Geschäfte ab, bis er sein Messer bekommt, und wenn er den doppelten Preis dafür bezahlen muß, denn würd ich es ihm halt verkaufen. Ich bin schließlich Geschäftsmann.«

Mein Einwand »Wenn jeder so denkt ...« macht ihn etwas unsicher. »Nun ja, ich hätte auch Hemmungen, aber wieweit man sie sich ausreden kann, das ist eine Frage der Vernunft.« Den letzten Rat kann er mir auch nicht geben, »es sind so viele Rücksichten zu beachten«.

Er rät mir, einen »Fachmann auf diesem Gebiet, einen versierten Moraltheologen aufzusuchen, Professor Klomps, der hat was los in solchen Dingen«.

Ich gehe zur höheren Instanz. Am Telefon frage ich Professor Klomps, eine Kapazität in allen Fragen der Moral und Lehrer am Kölner Priesterseminar: »Was würden Sie machen, wenn Sie in meiner Haut steckten?« Klomps: »Es spielen da viele Erwägungen eine Rolle, aber ich würde es machen.«

Auch er hat gleich ein Beispiel zur Hand, nachdem ich ihm die verheerende Wirkung der Napalmbombe geschildert habe: »Die Bischöfliche Weinkellerei in Trier, die liefern ja auch den Wein in die ganze Welt, und die können ja auch nichts dafür, wenn er dann in sündhaften Nachtlokalen ausgeschenkt wird, wo auch Nackttänze stattfinden und was weiß ich davon. Dann kann man das doch auch nicht dem Konvikt in Trier in die Schuhe schieben. Wir werden ja immer in Dinge verstrickt, die wir im Grunde nicht gewollt haben.«

»Wenn das so ist«, sage ich, »kann ich den Auftrag ja beruhigt annehmen.« »Ja«, meint er, »es ist ja auch die Frage *Kommunismus oder Demokratie*, und daß die Amerikaner die Demokratie vertreten, darf man doch wohl sagen.« – »Wenn Sie noch mal was auf dem Herzen haben«, entläßt er mich, »bin ich gerne für Sie da.«

Professor Hirschmann, Jesuit aus dem Konvikt St. Georgen, Frankfurt, ist mir von mehreren Pfarrer als der Experte schlechthin auf diesem Gebiet genannt worden. Ich frage ihn: »Sie meinen also, daß ich da Schuld auf mich nehme, wenn ich das Napalm liefere?« Er: »Das kann man nicht unbedingt sagen. Das Entscheidende ist, wo wird es eingesetzt und wie wird es eingesetzt.« – Pater Hirschmann S. J. war Konzilsberater in diesen Dingen und ist maßgeblicher Berater der Fuldaer Bischofskonferenz. – Ich: »Wie kann ich als Unternehmer wissen, wie und wo es im speziellen Fall eingesetzt wird, für mich ist es eine grundsätzliche Frage.« Er ist anderer Ansicht. Für ihn ist das überhaupt keine moralische, sondern eine »militärtechnische« Frage. Deshalb verweist er mich ans

Militärbischofsamt Bonn. »Generalvikar Gritz ist ein Mann, der bei militärischer Planung genauer Bescheid weiß. Er kennt auch Offiziere, die bei militärischer Planung ein Wort mitzureden haben.«

Generalvikar Gritz befindet sich auf Bischofsvisitation bei der Bundeswehr. Sein Stellvertreter, Prälat Steeger, nimmt sich dafür meiner an. Er ist sehr vorsichtig: »Offen gestanden, am Telefon möchte ich nicht viel darüber sagen.« Aber dann sagt er es doch: »Für eine gerechte Sache darf man so etwas tun. Ob es eine gerechte Sache ist, das kann Ihnen der Moraltheologe mit seinem Handwerkszeug auch nicht sagen. Das ist eine politische Frage, ob ein Krieg gerecht ist oder nicht.« Und er verweist mich an die nächste Instanz. »Das müßte ein Bundestagsabgeordneter sein, der sich mit Außenpolitik ausführlich beschäftigt.« Ich: »Meinen Sie, da könnte ich eher einen Rat erhoffen als von einem Priester?«

Er wird etwas unsicher: »Es soll ein Abgeordneter sein, der einen weiten Blick hat.«

Dann verspricht er sich beinahe: »Die Frage des gerechten ... hm, der gerechten Verteidigung ist insofern schwierig, als man nicht ohne weiteres einwandfreie Unterlagen bekommt. Im heutigen Krieg behaupten beide Seiten, sie sind angegriffen worden. Es kann ja nicht der Priester entscheiden: wer hat angegriffen?« Ich erzähle von den Fotos mit den verstümmelten Kindern: »Ich frage mich, ob man diese Mittel überhaupt verkaufen darf. Ich meine, dann hört's auf!« Er: »Ich freue mich, daß Sie sich so ein Gewissen daraus machen. Wer hat Sie an uns verwiesen?« Ich: »Professor Hirschmann!« Er: »Das wundert mich ein bißchen, denn er ist ja Moraltheologe.« Ich: »Genau. Zuerst bin ich von meinem Pfarrer an Professor Hirschmann verwiesen worden, und er verweist mich nun an Sie, weil er sagt: das muß jemand entscheiden, der Einblick hat in die Materie.« Er: »Genau.«

Ich: »Und Sie verweisen mich wieder an den nächsten Spezialisten.« Er: »Also gut, ich hab auch von diesen Berichten gelesen, von diesem Napalm und so, habe mir aber – offen gestanden – nicht allzuviel darunter vorstellen können.«

Ich: »Es sind die schlimmsten Verbrennungen, unheilbar oft.«
Er: »Also, wenn es so ist, möchte man ja fast dazu neigen zu sagen, man möchte es nicht tun. Obwohl die Gefahr besteht, daß sie es sich eben woanders beschaffen.«
Ich: »Man könnte abstrakt sogar sagen, daß ich helfe, den Krieg zu verlängern, wenn es später um Riesenaufträge geht. Weil sie es bei uns sehr viel billiger bekommen.« Er: »Also, jetzt geht's wirklich über ein Telefongespräch raus. Sehen Sie, das ist natürlich auch oft die Frage wenn man sagt: grausige Waffen. Ja, es kann sein, daß grausige Waffen den Krieg abkürzen ... Aber wenn es stimmt, daß es keine Waffe im eigentlichen Sinn ist, möchte ich fast dazu neigen, ohne jetzt ein letztes Urteil fällen zu können, aber ich möchte sagen: tun Sie es doch lieber nicht. Aber wie gesagt, es soll nicht von mir ... das kann man nicht so, und wie gesagt, es ist furchtbar schwer zu sagen, stehen die Amerikaner dort zu Recht oder zu Unrecht. Wer möchte schon sagen, sie stehen dort zu Unrecht. Wissen Sie, die Jugend auf der Straße, die schimpft schon gegen den Krieg. So einfach geht's – glaub ich – nicht.«
Nach diesem Ringen und dem Augenblick der Schwäche widerruft er schließlich doch wieder: »Es geht dort um die Welt, es geht um die Welt, meines Erachtens um die Welt, ... und ein unfehlbares Urteil, eine letzte Sicherheit bekommen Sie hier nie. Und, wie gesagt, am Telefon, so was macht man nicht gern ...« Darauf sage ich: »Ich bin jetzt fast so weit, daß ich es nicht mache. Es ist alles so kompliziert.«
Er: »Ich würde sagen, sprechen Sie mit einem Außenpolitiker. Der davon was versteht.«
Zwei Tage später erreiche ich Generalvikar Gritz in seiner Privatwohnung. Auch er kann mir nicht mehr sagen als sein Stellvertreter, der ihn von unserem Gespräch unterrichtet hat. Ich sage: »Ich habe versucht, über Außenpolitiker etwas zu erfahren. Die meinen, ich müßte mich direkt an die Amerikaner wenden.«
Er paßt: »Gut, dann sind für Sie aber die Möglichkeiten, sich ein Urteil zu verschaffen, erschöpft und so können Sie sich meiner Ansicht nach auf guten Glauben berufen ... Denn jetzt ist es eine

so entfernte Wirkung, daß Sie praktisch nicht mehr mitwirken.«
Als ich noch zögere: »Sie können es ja noch mal am Auswärtigen Amt versuchen.«

Dann versuche ich es bei Professor Richard Egenter, München, auch Moraltheologe. Egenter wurde mir von einem Pfarrer im Beichtstuhl als »besonders gewissenhaft in derartigen Dingen« empfohlen.

Napalm kennt Egenter jedoch nicht: »Sind das denn Brandbomben?« Trotzdem urteilt er: »Ich meine, man kann eben Napalmbomben durchaus sicher in einer *menschlich korrekten Kriegsführung* anwenden ... Es ist ja auch eine Granate, auch ein Bajonett kein angenehmes Instrument ...« Er glaubt nicht, »daß die Amerikaner im wesentlichen die Napalmbomben gegen Zivilisten einsetzen.«

Aber: »Ich mein, daß so was immer mal wieder vorkommt, das liegt schließlich im Bereich des menschlichen Versagens.« Außerdem: »Die brauchen die Napalmbombe ja wahrscheinlich auch nur, um den Dschungel zu verbrennen.« »Ja«, sage ich, »ich glaube, *den Dschungel entlauben* nennen die Amerikaner das, obwohl immer wieder Dörfer mit dran glauben müssen.« Er: »Ich würd ja vor jedem Respekt haben, der sagt: ich kann's nicht auf mein Gewissen nehmen. Ich würde aber auch keinen verachten, der sagt: ich halt es unter diesen Umständen für richtig.«

Anschließend nennt er sich selbst als Beispiel: »Ich bin da schon sehr angegriffen worden wegen meiner Stellung zu den Atombomben.« Denn er »bringt es einfach nicht fertig zu sagen, sie sind schlechthin unerlaubt ... Wenn man bedenkt, was der Menschheit droht, wenn die freie Welt vom Kommunismus überfallen wird ...« In einem dreifachen Sinn erteilt er mir die Absolution im voraus: »1. der Zweck, zu dem es eingesetzt wird, ist, aufs Ganze gesehen, wieder ein guter, 2. es bewegt sich im Rahmen dessen, was man konventionelle Kriegsführung nennt, 3. wenn Sie es nicht herstellen, stellen es andere her.«

Professor Alfons Auer, Würzburg, ebenfalls ein prominenter Moraltheologe, gibt zu: »Das ist natürlich eine sehr schwierige

Frage«, schränkt aber gleich darauf ein, »obwohl es sich dabei ja nicht um Atomwaffen handelt, sondern um eine fast noch traditionelle Sache.«

Er: »Es ist übrigens kein Kriterium, daß die Sache unter Umständen auch gegen die Zivilbevölkerung eingesetzt wird. Das liegt ja nicht in Ihrer Hand. Sie können eine *harmlose* Pistole verkaufen und ein anderer bringt seine Frau damit um.« Weiter: »Das mit dem Napalm ist für mich besonders schwierig, weil ich mir über die Realitäten kein präzises Bild machen kann. Ich weiß zuwenig über die genaue Wirkung.« – Ich: »Das könnte man auch dann erst wissen, wenn man im speziellen Fall das Opfer selbst ist.«

Dann kommt er zum wesentlichen Kriterium. Er ist für ein sauberes, schmerzloses Töten. »Bei diesen neuen Dingen hat man eben immer ein sehr ungewisses Gefühl wegen der Wirkung. Mein Bedenken liegt jetzt hauptsächlich darin, daß also hier nicht die *unausbleiblichen* Verwundungen hervorgerufen werden, sondern daß zusätzliche Peinigung entsteht.«

Ich erinnere ihn an die Bergpredigt: »Wenn es dort heißt: liebet Eure Feinde, tuet Gutes denen, die Euch hassen, kann einem das schon imponieren.«

Er läßt die Bergpredigt aber für diesen Fall nicht gelten. Aus folgendem Grund. »Dann wäre ja überhaupt ein Krieg von vornherein unsinnig.« Die Bergpredigt gilt bei ihm nur »beim Verhalten von Mensch zu Mensch.«

Schließlich gerate ich doch noch an einen Moraltheologen, der in meiner Frage ein grundsätzliches Problem sieht: Professor Scholz aus Fulda. »Die Bereitstellung dieser Dinge kommt hart an die Grenze des Sittenwidrigen heran«, sagt er. Und er ist der Ansicht, daß es »heute höchstens noch in kleinen Situationen eine *gerechte Verteidigung* geben kann«. Darum hält er »auch die Kriegsdienstverweigerung für ein echtes Anliegen.«

Scholz: »Wir müssen Leute haben, die eine große Idee, wie zum Beispiel das Christentum oder die Demokratie prophetisch vorwärtstragen. Aber eben nicht mit Waffen.«

Der zweite Moraltheologe, der mir ebenfalls rät, das Napalm nicht zu liefern, ist Professor Böckle aus Bonn. Auch für ihn ist es keine militärische Frage, sondern »eine klare sittliche Entscheidung«, die er »im Schwersten mitempfindet«. Er ist verwundert: »Wo finde ich einen Industriechef, der sich überhaupt darüber Gedanken macht, wenn es um so ein Bombengeschäft geht?« Und er nennt die Ausführung des Auftrags »ein Verbrechen an der Menschheit ... Obwohl man da gewiß nach klassischer Moraltheologie herumlaborieren könnte.«

Ein »klassischer Moraltheologe« ist sein Kollege Professor Schöllgen: »Ich habe die beiden Weltkriege mitgemacht. Ich muß sagen: heute im modernen Krieg ist das praktisch egal, wie da jemand umgebracht wird. Wenn einer einen Bauchschuß mitbekommt oder ein Splitter die Wirbelsäule verletzt, dann ist er querschnittsgelähmt. Das kann schlimmer als Napalm sein: Deshalb muß man härteste Waffen einsetzen, denn wenn man darauf verzichtet, gibt man sich dem Aggressor preis.«

Der Aggressor ist in seinen Augen der Vietcong, vielmehr »das gesamte kommunistische Lager«, er sieht da »eine weltweite Verschwörung«.

Sehr imponiert hat ihm der Bericht des Militärberaters der *Frankfurter Allgemeinen Zeitung* Adalbert Weinstein in der Sonnabendbeilage. »Der Weinstein sagt, wenn die Amerikaner mit ihrer Taktik noch eine gewisse Zeit fortfahren, dann würde einfach der Partisanenkrieg austrocknen.« (*Ausbluten* wäre wahrscheinlich die realistischere Bezeichnung, aber er sagt *austrocknen*.) Er warnt mich davor, mit meinem Gewissenskonflikt einen *Gesinnungsmenschen* aufzusuchen: »Der würde Ihnen am Ende noch abraten.« Statt dessen müßte ich eine Haltung einnehmen, die er *Verantwortungsethik* nennt.

Er wirft den Amerikanern »eine große, sentimentale Dummheit« vor. »Man steht heute auf dem Standpunkt, der Amerikaner hätte damals nur eine einzige Atombombe auf die Chinesen in Nordkorea zu werfen brauchen. Dann wäre der Krieg zu Ende gewesen. Und die Chinesen hätten nicht die Möglichkeit gehabt, heute selber Atombomben herzustellen. Sie sind ja jetzt schon bei der H-Bombe angekommen. Die ganze Serie der vollkommenen Aggression wäre dann nicht vorgekommen. ...

So muß man sagen, daß jeder Krieg, der gegenwärtig tobt und der in Zukunft entsteht, zwei Seiten hat. Der hat eine Außenseite, die heute meist unehrlich ist und nur Tarnung ist, und eine Innenseite, und diese Innenseite ist die ideologische Auseinandersetzung.«

Ich: »Sie meinen, es geht um Christentum oder Kommunismus?« Er: »Ja, man muß noch weiter sagen, es geht vor allem um die Frage: totalitäre Diktatur oder Demokratie. Es geht also um die Frage einer freien Lebensführung. Da muß ich doch sagen, daß es ein Ideal ist, das verteidigt werden muß.«

Um mir die letzten Bedenken auszureden, sagt er: »Ob Sie nun diese Geschichte da an die Amerikaner liefern oder irgendwie sonst mit ihnen Handel treiben, es kommt auf das gleiche heraus.«

»Sie meinen, es ist ein Handel wie jeder andere?« – »Ja, genau das.«

»Wenn's so ist«, sage ich, »kann ich's ja mit ruhigem Gewissen machen. Ich kann ja von dem Gewinn eine Spende an unsere Pfarrei machen.«

Er, erfreut: »Ja, das ist eine Sache, über die sich reden läßt. Oder noch besser, wenn das Land befriedet ist, der Widerstand des Vietcong läßt ja schon spürbar nach, dann werden natürlich in der Form des Wiederaufbaus ungeheure Leistungen gefordert. Dann sollten Sie sich mal mit der Missionszentrale in Aachen in Verbindung setzen. Für uns Katholiken ist ja die ungeheure Tragödie, daß ein großer Teil der Bevölkerung gerade in Südvietnam gut katholisch ist. Und denen müssen wir dann wieder auf die Beine helfen!«

Jesus schickte Boten vor sich her und die gingen hin und kamen in ein Dorf der Samariter, um für ihn Vorbereitungen zu treffen. Aber man nahm ihn nicht auf, weil sein Antlitz auf den Weg nach Jeru-

salem gerichtet war. Als die Jünger Johannes und Jakobus das sahen, sprachen sie: »*Herr, willst du, daß wir sagen, es solle Feuer vom Himmel herabfallen und sie verzehren, wie auch Elias tat?*« *Er wandte sich um und verwies es ihnen streng und sprach.* »*Ihr wißt nicht, wessen Geistes ihr seid. Der Menschensohn ist nicht gekommen, Menschenleben zu vernichten, sondern zu retten.*« *Und sie gingen in ein anderes Dorf.*

(Lukas 9, 52–54)

1969

»Baun wir doch aufs neue das alte Haus« oder Die Judenehrung von Paderborn*

Um eine »kurze teuflische Zeit« zwischen 1933–45 dem endgültigen Vergessen zu entreißen, machten sich die Stadtväter von Paderborn daran, ihr Stück Vergangenheit zu bewältigen.

20 bis 30 Jahre, nachdem es geschehen, sah man die Zeit gekommen, »die Erinnerung an unsere Paderborner jüdischen Mitbürger, die Opfer der Verfolgung wurden, ehrend wachzuhalten«. Also veranstaltete man die alljährlichen Kulturtage auch einmal als »Jüdische Kulturtage«, die »aufhorchen« lassen sollten. Vom Stadtrat wurde dazu ein bleibendes Dokument in Auftrag gegeben, das zeigen sollte, »in welch grausamer, satanischer Weise geschah, was nur wenige wußten«.

Der Archivrat der Stadt, Ferdinand Molinski, wird vom 1. Stadtdirektor, Wilhelm Sasse, angewiesen, die erforderlichen Unterlagen herbeizuschaffen.

Mit der entsprechenden Sorgfalt und wissenschaftlicher Genauigkeit macht Molinski sich ans Werk: Er durchforscht die Archive Paderborns und anderer Städte, korrespondiert mit den wenigen Überlebenden im Ausland, treibt Quellenstudium in der Monumenta und Bibliotheca Judaica in Köln und besorgt die notwendige Literatur. So trägt er allmählich eine umfassende Dokumentation zusammen über die Vorgänge in Paderborn während des Dritten Reichs, über die einzelnen Verfolgten und ihre Verfolger. Er begnügt sich nicht mit dem allgemein »Schicksalhaften«, er benennt Schuldige. Er beläßt es nicht bei dem Hinweis, daß die Synagoge vollständig niedergebrannt wurde, er stellt dabei die Rolle der damals noch freiwilligen Feuerwehr fest, die zwar löschte, doch vorsorglich nur die umliegenden städtischen Gebäude. Außerdem

* unter Mitarbeit von Irma Reblitz

findet er heraus, was bisher in keiner Lokalzeitung berichtet worden war: daß neben dem Stadtheiligen Liborius noch ein unheiliger Schutzpatron mit Paderborn verknüpft ist: Josef Klehr, der lange in der Stadt Paderborn gelebt hat und in Auschwitz einen Rekord aufstellte im eigenhändigen Massenmord durch Phenolspritzen ins Herz. Bilanz (lt. Zeugenaussagen im Auschwitzprozeß): 20000 bis 30000 Tote. Und Molinski zeigt, daß gerade im Landkreis Paderborn das Rüstzeug für die Endlösung vermittelt wurde: in der Wewelsburg, die der SS des gesamten Reichsgebietes als zentrale Mörderschule diente. Doch bald muß Molinski erkennen, daß seine Gewissenhaftigkeit bei den Auftraggebern wenig Anklang findet. So hatten sie es nicht gemeint: »Den genannten Herren (Bürgermeister, Stadtdirektoren, Amtmännern) kam es darauf an, keine angeblich vernarbten Wunden aufzureißen.« Seine Vorgesetzten gaben ihm zu verstehen, daß seine Gedenkschrift nicht nur für die Toten verfaßt sein dürfe, sondern ebenso im Interesse der Lebenden. Und damit sich der Archivrat wieder stärker den Aufgaben des Tages zuwende, streichen ihm seine Vorgesetzten die Gelder für Buchanschaffungen und diesbezügliche Reisen.

Molinski, der kurz vor Abschluß der Bestandsaufnahme steht, bestreitet die Kosten aus eigener Tasche. Dennoch kürzt ihm der Stadtrat seinen allgemeinen Archivetat zunächst um 15 %, zuletzt um 70 %. Sein unverständliches Engagement und der »östliche« Name haben zur Folge, daß man ihn im Amt »Jude«, auch »drekkiger Jude« nennt und ihm nahelegt, doch »in die Wüste Negew auszuwandern«. Als Molinski weiterforscht, zwingen ihn Sasse und Leidinger, alles erarbeitete Material herauszugeben – ca. 5 kg Papier.

»Dann hat man mir verboten, dienstlich oder privat weiterhin über das Thema zu arbeiten und zu veröffentlichen ..., obwohl ich mich auf die im Grundgesetz garantierte Freiheit der wissenschaftlichen Forschung berufen habe.«

Zur Absicherung verlangen 1. und 2. Stadtdirektor (Sasse und Leidinger) mit Hinweis auf Beförderungssperre auch noch eine schriftliche Erklärung:

»daß ich gar nicht bereit sei, eine Judenschrift herauszugeben«.
Als Molinski ablehnt, versucht man ihm das Geständnis mit einem inhaltlich verfälschten Protokoll unterzuschieben:

»Auf weiteres Befragen des Herrn Bürgermeisters Tölle und beider Stadtdirektoren erklärte Molinski, daß er persönlich gewünscht habe, mit der Abfassung der Schrift, wie sie jetzt vorliegt, nicht betraut zu werden, und daß er seine Mitarbeit damals aus eigenen freien Stücken zurückgezogen habe.«

Molinski reagierte nicht, wie es von einem Beamten erwartet wird. Er zeigt seine Vorgesetzten wegen »Falschbeurkundung im Amt« an. Dieser zweifache Ungehorsam hat zur Folge, daß er aus dem Amt entfernt wird unter Weiterzahlung seiner Bezüge, die man um 25 Prozent kürzt. In der Presseerklärung der Stadtverwaltung heißt es:

»Archivrat Molinski mußte vom Dienst suspendiert werden, weil sein Verbleiben im Dienst für die Stadt untragbar ist.«

Die von ihm Beschuldigten drehen den Spieß um: Die Institution im Rücken, stellen sie gegen Molinski Strafantrag wegen Beleidigung und Verleumdung.

Als Molinski ankündigt, den Fall an die Öffentlichkeit zu bringen, versucht man die Öffentlichkeit vor ihm zu schützen: Man erklärt ihn für unzurechnungsfähig und betreibt seine Zwangsvorführung in die Landesheilanstalt Niedermarsberg. (Und falls der Arzt ihn »als Gefahr für sich selbst und die Allgemeinheit« ansehen würde, ließe sich schnell ein richterlicher Einweisungsbeschluß nachholen.)

Am 12. Januar 1968 klingeln kurz nach 6 Uhr früh zwei Polizisten mit Handschellen bei Molinski, um den Archivrat in psychiatrische Obhut zu überführen. Vorabsprachen zwischen den Behörden waren schon getroffen worden, wie aus Polizeiberichten über die Nacht-und-Nebelaktion ersichtlich wird:

»Der Vorführungstermin war bereits mit Herrn Dr. Jahn abgestimmt worden und sollte am heutigen Vormittag erfolgen.
Um dieser Vorführung wenig Aufsehen zu verleihen, wurde von uns Zivilkleidung getragen, und die Fahrt zur Wohnung des Mo-

linski erfolgte mit einem Dienstfahrzeug – neutraler Farbanstrich. Herr Molinski, notdürftig angezogen ..., begrüßte uns kurz ... schrieb sich nicht nur unsere Namen auf, sondern notierte sich auch die Unterschrift des Richters sowie den Namen des Herrn 1. StA Bechthold. Herr Molinski erkannte den Beschluß vom 4.9.1967 nicht an und erklärte, daß dieser seiner Meinung nach zu Unrecht bestehen würde. Auch den Vorführungsbefehl erkannte Herr Molinski nicht an. Er macht uns aufmerksam, daß wir bei einer eventuellen Gewaltanwendung wegen Freiheitsberaubung im Amt zur Anzeige gebracht würden. Desgleichen würde er auch Strafanzeige gegen den AGR Ewers und Herrn 1. StA Bechthold erstatten ... Als ihm dann unmißverständlich mitgeteilt wurde, daß er in jedem Falle von uns vorgeführt würde und selbst unter Gewaltanwendung, lenkte er ein und verhielt sich so, als ob er mitkommen wollte. Vorher führte er noch aus, ob wir auch unter gleichen Voraussetzungen – wie vor 30 Jahren – Juden festgenommen hätten, um sie dem Tode auszuliefern. Ihm wurde daraufhin mitgeteilt, daß wir nur die jetzige Anordnung durchführen würden. In ein politisches Gespräch wurde sich mit Herrn Molinski nicht eingelassen. Ihm wurde beschieden, daß uns seine Angelegenheit nichts anginge ...«

Molinski entkommt der Zwangseinlieferung. Unter dem Vorwand, sich noch Schuhe anziehen zu müssen, flüchtet er durch eine Nebentür. Zuerst sucht er als gläubiger Katholik in einer Kirche vorläufigen Schutz und Asyl, doch der Pfarrer hat Bedenken. Er will nicht mit der weltlichen Ordnung in Konflikt geraten, kann auch für nichts garantieren.

Molinski gelingt es, sich ins Ausland abzusetzen. Von dort erbringt er psychiatrische Gutachten, daß er zurechnungsfähig ist, und erwirkt einen Beschluß des Landgerichts, der die damals angeordnete Zwangseinweisung in eine Irrenanstalt als nicht gerechtfertigt aufhebt.

Nach dem Verschwinden Molinskis durchsuchen die Polizisten nicht nur dessen Wohnung, sondern auch die abgeschlossenen Räume seines Bruders, Prof. Waldemar Molinski, sowie zwei an Studenten vermietete Zimmer. Ohne Hausdurchsuchungsbefehl wurde diese Inspektion wenige Tage später wiederholt. Tagelang war das Haus von einem uniformierten Polizeiaufgebot mit Streifenwagen umstellt und bewacht.

Molinski hat sein Fleiß viel freie Zeit eingebracht. Seit zweieinhalb Jahren zahlt Paderborn ihm sein Gehalt (wenn auch vermindert) – ohne Gegenleistung in Anspruch zu nehmen. Molinski nennt es Korruption und Veruntreuung von Steuergeldern.

Die Schrift, die ihn zu Fall brachte, ist inzwischen ohne seine Mitwirkung erschienen. Unter dem sinnigen Titel:

»BAU'N WIR DOCH AUFS NEUE DAS ALTE HAUS«. Herausgeber: die Stadt Paderborn. Man fand für die Verantwortlichkeit den rechten Mann, einen Kurdirektor aus dem Schwarzwald, der sich schon immer zum Schreiben berufen fühlte und dem in Paderborn das Kultur- und Pressereferat anvertraut worden war. Dieser übernahm es gern, die Vergangenheit im Sinne der Stadtväter aufzubereiten, auf daß das Ansehen Paderborns keinen Schaden nehme. Innerhalb von sechs Wochen legte er das Werk vor, wobei er das von Molinski erarbeitete Material nicht einmal zu berücksichtigen brauchte.

»Wir wollen damit einer uns Deutsche in besonderer Weise angehenden Frage nicht ausweichen«, bekennt Paderborns Altbürgermeister Christoph Tölle (MdL) »zum Geleit«. Man dürfe »nicht mit leichter Hand über dieses dunkle Kapitel deutscher Geschichte hinweggehen«, »vielmehr solle die Schrift, die nun in alle Welt gehen wird, ihren Teil dazu beitragen ..., daß jetzt noch Unbekanntes bekannt und Dunkles erhellt wird«.

Die erste Hälfte der Schrift »erhellt« nur die (Vor-)Geschichte des Paderborner Judentums, wobei sich bereits hier wie ein roter Faden das Thema der bevorzugten Behandlung der »jüdischen Mitbürger« durch geistliche und weltliche Macht durchzieht.

Schon im 13. Jahrhundert, so wird behauptet, hielten die »Paderborner Fürstbischöfe, deren ›Kammerknechte‹ die Juden waren, schützend ihre Hand über sie.«

Selbst wenn es zu unkontrollierten Ausschreitungen kam, stellte die Obrigkeit die Juden unter ihren besonderen Schutz, so will es die Schrift:

»*Im Jahre 1627 führte die Paderborner Judenschaft einstimmig Beschwerde über Ausschreitungen, die zum Stürmen von Judenhäusern, Einschlagen von Fenstern und Türen und Zerstörung des Mobiliars geführt hatten. Der Paderborner Fürstbischof befahl daraufhin dem Magistrat der Stadt, bei der Bestrafung der Übeltäter äußerste Strenge walten zu lassen.*«

Nach einer Pestzeit, für die die Juden nach allgemeinem Brauch verantwortlich gemacht und vertrieben oder ausgerottet wurden, ließen die Paderborner aus christlicher Nächstenliebe doch einige am Leben, und da »den Juden (wiederum) menschliche Lebensbedingungen gewährt wurden, vermehrte sich die Zahl der Judenfamilien ziemlich schnell«.

Aus jüngerer Zeit wird lobend hervorgehoben, daß die Juden im 1. Weltkrieg mit »in den Krieg ziehen, Auszeichnungen für ihre Tapferkeit empfangen, verwundet werden oder im Kampfe fallen« durften. Der Prozentsatz der Toten war »im Vergleich zur jüdischen Bevölkerung zumindest so hoch …, wie der Prozentsatz der christlichen deutschen Mitbürger«.

Und aus der NS-Zeit, die in der Ablaßschrift gleich einem Naturereignis als »sichtbare Geißel« oder »Braune Pest« bezeichnet wird, werden die an den Juden begangenen Verbrechen kaum benannt, vielmehr geht es um »das gute Wort, das damals gesprochen, die gute Tat, die getan wurde«.

So z.B. die gute Tat des Generalvikars Prälat Rhode, der zwar keine jüdischen Menschenleben, dafür aber eine Thora-Rolle aus der abgebrannten Synagoge der Nachwelt erhielt und diese 1959 (!) der winzigen jüdischen Gemeinde feierlich zurückgab.

Sichtbares Zeichen für den auch in Paderborn lebendigen Widerstandsgeist:

»*Anfang 1933 erkletterte ein Nazi das Rathaus über die Giebelsprossen der Fassade und brachte oben am Gesims die Hakenkreuzfahne an. Oberbürgermeister Philipp Haerten war mutig genug, durch die Paderborner Feuerwehr die Fahne wieder entfernen zu lassen ... Man wehrte sich noch in den Kreisen der Bürgerschaft gegen das totalitäre System, aber wie überall in Deutschland wurde jeder Widerstand mit Gewalt zerbrochen.«*

Vom Paderborner Widerstand war nichts mehr zu spüren, als einige Jahre später »das Jüdische Waisenhaus im Zuge der teuflischen sogenannten ›Endlösung der Judenfrage‹ aufgelöst« wurde. Hat einer protestiert?

Erwähnt wird zwar ein Lager in Paderborn, das junge Juden aus ganz Deutschland sammelte und umliegenden Firmen als Arbeitskräftereservoir diente. Nichts gesagt wird von der inneren Struktur, den Verbrechen und eventuellen Todesarten in diesem Lager, das als »Vorstufe« für die Deportation nach Auschwitz diente. Dafür ist von einem Dr. med. Heinrich Schmidt die Rede, der dort »ärztlich betreute« und »versuchte, gesundheitliche Schäden weitgehend abzuwenden«. Als weiteres Alibi verweist man auf »das humane Verhalten von einigen Paderborner Firmen«, wodurch »der Wert des Essens verbessert« worden sei. Und wieder die einzigartige Judenfreundlichkeit der Stadt, die besonders früh als »judenfrei« galt und es bis heute nicht übers Herz brachte, die Ehrenbürgerschaft Adolf Hitlers offiziell zu tilgen:

»Viele Paderborner Bürger zeigten den Lagerinsassen gegenüber eine tolerante Haltung, indem sie ihnen in versteckter Weise Nahrungsmittel zukommen ließen.«

Die Broschüre erhebt für sich den Anspruch, »ein Beitrag zur Stärkung der jungen deutschen Demokratie« zu sein, »ein Schritt nach vorn, diktiert von der Verantwortung und menschlicher Verpflichtung«. Das schafft sie, indem sie z. B. die Zahl der ermordeten Paderborner Juden auf ein Sechstel reduziert. Statt der mindestens 450 Umgebrachten, wie sie in dem vom Stadtdirektor beschlagnahmten Material Molinskis belegt sind, gesteht die Stadt »nur« 79 Opfer zu. In der »Schicksals«-Liste »jüdischer Paderborner Mitbürger« (DEN TOTEN ZUM GEDENKEN, DEN LEBENDEN ZUM GRUSS) heißt es nie: In ›Paderborn erschlagen‹, ›erschossen‹, ›im KZ Auschwitz oder Bergen-Belsen vergast‹, ›verhungert‹, ›zu Tode gefoltert‹, wird kein Verantwortlicher genannt, nicht der Richter, der das Urteil wegen ›Rassenschande‹ sprach, nicht die Firmen, die Zwangsarbeiter verschlissen.

Stereotyp taucht statt dessen die Wendung auf: »deportiert und im Osten umgekommen«, man schiebt die Schuld an diesen Morden weit von sich, in eine barbarische Zone, wo die Eigenverantwortung aufhört.

In der Hauptsache ist von »Mitbürgern die Rede, die wie durch ein Wunder der Hölle entgingen«. Der christliche Begriff »Hölle« dient ebenfalls der Verschleierung und Entschuldigung. Hölle untersteht nicht der menschlichen Gerichtsbarkeit, ist etwas Ewiges, gerecht Sühnendes, Unumstürzliches. Hölle wird in der Chronik manchmal auch durch »Teufelswerk«, »blinder Haß« oder »alles zerstörender Schrecken« ersetzt. So umgeht man es, die konkreten Ursachen und Auswirkungen von Faschismus und Rassismus aufzuzeigen.

Die Mehrzahl der in der Namensliste aufgeführten Juden hat überlebt. Bei diesen Überlebenden spart die Schrift nicht mit positiven Beiworten wie »hoch geachtet und beliebt«, »sehr gekannt«, »rührig«, »angesehen«, »aktiv in der Feuerwehr tätig«, »allgemein geschätzt«, »im stillen Gutes tuend«, »rührig und gesellig«, »ehrenamtlich tätig«, »beispielhaft«, »erfolgreich und tüchtig«, »originell und geschickt«, »einfach und rührig«, »umsichtig«, »weitbekannt«, »schöngeistig«.

Den anderen, »im Osten Umgekommenen« wird – von ein paar Ausnahmen abgesehen – solche Anerkennung versagt. Folglich waren es keine wertvollen Menschen, keine dem Gemeinwohl dienenden Bürger. Waren sie am Ende doch zu Recht umgekommen, als sogenannte Volksschädlinge?

Die wahren Volksschädlinge, die heute wieder das politische Leben in Paderborn mitbestimmen, unterschlägt die »Judenschrift«. Molinskis sichergestelltes Material – das leider in keiner Kopie vorhanden ist – könnte einige Fälle aufdecken.

Es wäre z. B. interessant, zu erfahren, welche Rolle der Paderborner Landgerichtsrat Paul Wolff, der 1959 wieder in den Justizdienst eingestellt wurde, seinerzeit als Landgerichtsrat am Sondergericht in Oppeln (Polen) hatte.

Auch die Aufklärung der Vergangenheit des Landgerichtsrats Dr. Ernst Beismann könnte evtl. dazu beitragen, daß ein *»Licht in die Nacht kommt«* (aus dem Nachwort zu BAU'N WIR DOCH AUFS NEUE DAS ALTE HAUS). Landgerichtsrat Dr. Beismann stellt heute wieder seine als Kriegsgerichtsrat bei der NS-Wehrmacht erworbenen Fähigkeiten Paderborn zur Verfügung.

Echte Vergangenheitsbewältigung im Sinne von Schuldnachweis hätte man leisten können, wenn man einem zugezogenen großen Sohn der Stadt einige Seiten gewidmet hätte: dem Landgerichtsdirektor Dr. *Amedick, der* beispielsweise 1941 als beisitzender Richter einen Juden wegen »Rassenschande« mit seiner arischen Verlobten zu acht Jahren Zuchthaus verurteilte.

Aus der Urteilsbegründung: »Bei der Strafzumessung war zu berücksichtigen, daß der Angeklagte das Gastrecht, das er als Jude im deutschen Reich genoß, schwer mißbraucht hat ... Der große Umfang seines strafbaren Verhaltens kennzeichnet die Hartnäckigkeit seines verbrecherischen Willens, mit der er sich bewußt über wichtigste nationalsozialistische Gesetze hinweggesetzt hat. Er hat über lange Zeit hin mit der Templin Geschlechtsverkehr gepflogen, und zwar zur Hauptsache noch dann, als das nationalsozialistische Deutschland im November 1938 dem Judentum letztmalig schärfsten Kampf angesagt hatte und insbesondere noch nach Ausbruch des jetzigen, vom Judentum zur Vernichtung des deutschen Volkes entfesselten Krieges ...«

März 1944 zeichnete Dr. Amedick sich aus durch sechs Todesurteile gegen holländische Widerstandskämpfer und Juden – wegen Heraugabe der illegalen Zeitung »Waarheid«.

Diese Fakten verschweigt die Schrift, die besonders an den Schulen des Paderborner Kreises kostenlos verteilt wurde und an viele Botschaften, an in- und ausländische Städte ging – um für eine schönere Vergangenheit und Gegenwart zu sorgen. Denn so will es die Schrift:

»*In der mit der Zeit wachsenden Stille wird gehört und gefühlt, was einmal in all dem Bösen Gutes war.*«

Der 1. Stadtdirektor Paderborns, Wilhelm *Sasse,* wohnt im Villenviertel. Seine SA-Vergangenheit (Altbürgermeister Tölle: »Davon weiß hier nur ein kleiner eingeweihter Kreis«) hat ihn in den ersten Nachkriegsjahren für den Kommunaldienst untauglich gemacht und der freien Wirtschaft zugeführt. Die dort erworbene Praxis stellt er nun seit 1952 der Stadt bei Landankäufen zur Verfügung und auch sich selbst: Er hat vier Häuser in den Besitz seiner Familie gebracht und ist Makler aus Leidenschaft.

Wir suchen ihn auf in seiner Villa. Wir kommen aus Israel, sagen wir und bieten ihm die »Jakob-Goldmann-Versöhnungsmedaille« des Kulturzentrums Tel Aviv an. Für »besondere Verdienste in Sachen Vergangenheitsbewältigung«. Sasse, dessen unbewältigte Vergangenheit die Stadt zu ihrer eigenen gemacht hat, indem sie das Geschichtsbild fälschte, ist hier zuständig.

Sasse ist gerührt: »Ist uns eine Freude, wirklich ... Gott sei Dank ... Schön, daß Sie da sind.« Er feiert gerade seinen 62. Geburtstag. Er bittet uns in den Garten, wo alle versammelt sitzen, bei Sekt und Orangensaft. Er schüttet uns ein, hebt das Glas: »Darauf stoßen wir erst einmal an!«

Er sieht es als ganz selbstverständlich an, daß die »Gäste aus Israel« sich bei ihm einfinden, ihm zu der Schrift BAU'N WIR DOCH AUFS NEUE DAS ALTE HAUS gratulieren, ihm dafür eine Auszeichnung antragen und ihn gleich nach Israel einladen. (Es scheint, als habe er die ganze Zeit auf solche Vorzeigejuden gewartet, die bereit sind, ihm einen »Persilschein« auszustellen.)

Sieht man ihn vor sich – groß, breitschultrig, blauäugig, einst blond, jetzt ergraut –, kann man sich gut vorstellen, daß er in der NS-Zeit freiwillig und stolz die Uniform auch auf dem Stadtamt in Münster trug. Heute empfängt er uns in schwarzer Anzugshose mit schmalen schwarzseidenen Hosenträgern.

Er hat dem Alkohol schon etwas zugesprochen. Dennoch wählt

er seine Worte bedächtig und voll Selbstbewußtsein wie zu einer offiziellen Rede:

»Es ist mir eine Ehre, wer hätte das gedacht, aber wie gesagt, wir haben uns ehrlich bemüht, alles, was wir irgendwie in Erfahrung bringen konnten, rein objektiv darzustellen ... Wir haben alle Quellen, die uns zugänglich wurden, ausgeforscht und aufgefunden, so daß wir eine umfassende Darstellung von allen Schicksalen geben konnten ... Wir sind der Auffassung, daß wir uns verpflichtet fühlen, unsern Bürgern, die hier in Paderborn gelebt haben, auch nach dem Schrecklichen, was geschehen ist, dieses Gedenken, dieses Erinnern, dieses Dartun schuldig sind, weil wir meinen, es sind *unsere* Bürger, denen wir diesen Dienst erweisen.

Wir in Paderborn sind eine alte historische, wirklich wohlbekannte Stadt. In unseren Räumen lebten seit Jahrhunderten unsere jüdischen Mitbürger in Eintracht und Frieden, und ich darf wohl sagen, es gibt auch einige von ihnen, die in besonderen kommunalen höheren Ämtern hervorgetreten sind, die also Mitglied des Rates beziehungsweise besonderer Organisationen waren und ein sehr hohes Ansehen gewannen. Ich könnte einzelne Namen nennen, das will ich jetzt nicht tun. Das ist aber Wirklichkeit und Wahrheit.«

Er gesteht den Juden zu, dem Gemeinwohl gedient zu haben, und entbindet sie von der Schuld, für ihren Untergang selbst verantwortlich zu sein:

»Wir hatten damals ganz prächtige jüdische Mitbürger, die damals schon mitgeholfen haben, das moderne Gesicht unserer Stadt vorzubereiten – ich denke z. B. an den Bau des ersten Stadthallenbades –, als Hauptaktionäre und Spender und Interessenten und Aufrufer. Wir sind schuldig, auch rein der Gerechtigkeit wegen, dieses anzuerkennen.«

Er ist der Ansicht, daß mit Schuldbekenntnissen der Deutschen nichts gewonnen ist:

»Das ist doch uninteressant, von ständigen Schuldbeweisen haben Sie doch gar nichts. Wir leben schließlich in der Gegenwart. Es kommt auf die Überlebenden an, sind das Bürger von uns, die, wenn sie hier sind, sich wohl fühlen und mit denen wir ein gutes Verhältnis haben ...«

Auf die Frage nach Pogromen und Boykotts in Paderborn:
»Das wird sicherlich gewesen sein. Das kann ich nicht bestreiten, das weiß ich nicht ... Aber was heißt schon Boykott? Boykott ist ja, wenn ich es veranlasse, eine allgemeine amtliche Verordnung ... Sie wissen ja, wenn so was angedreht ist, dann läuft die Sache. Das ist überall so.«
Hat er von KZs gewußt?
»Das ist also hundertprozentig sicher, daß bis auf einen verschwindend geringen Prozentsatz kein Mensch etwas gewußt hat, das kann man also hundertprozentig sagen. Die Tatsache haben wir nicht gewußt.«
Obwohl der SA-Mann mehr wußte als die meisten, schlägt er sich jetzt auf die Seite der Nichtwisser:
»Die wurden in Deutschland doch deportiert, nicht etwa um getötet zu werden oder so etwas, sondern nur um außerhalb des Staatsgebietes angesiedelt zu werden, in Polen, in der Ukraine usw. Da gibt es keinen, dem gesagt wurde, der wird rausgebracht, damit er ... das gibt es überhaupt nicht.«
Er macht auf Völkerverständigung: gute Deutsche damals sind wie gute Israeliten heute.
»Sie folgen ja auch einer politischen Idee, und Sie können ja deswegen nicht persönlich für jeden Mißgriff der politischen Idee verantwortlich gemacht werden ... Sie wären doch schlechte Israeliten, wenn Sie das nicht täten, was man von Ihnen verlangt. Sie werden es aus wahrer Überzeugung tun. Das war damals auch so: man hat ja auch nur getan, was Sie auch tun, nämlich gemeint, für sein Volk das Richtige zu tun, dann kann man das ja nicht verurteilen ...
Ja, bitte schön, daß das nachher schiefgegangen ist, daß das falsch geleitet worden ist, da kann man doch nicht den Einzelnen für verantwortlich machen, nicht, das ist doch das Problem. Ich meine, Sie können schließlich auch nicht dafür verantwortlich gemacht werden, daß Sie die Araber bekämpfen oder so was ...«

»Doch sind die Deutschen schließlich in andere Länder eingefallen, ohne bedroht worden zu sein.« Darauf Sasse:

»Ja, wie soll ich sagen ... Das ist ein solches psychologisches Moment, das kaum zu erklären ist ...«

Er ist stolz darauf, wie man hier in Paderborn die junge Demokratie hingekriegt hat:

»Genauso wie Sie neu anfangen mußten, haben wir hier neu angefangen. Ja, es ging hart zu. Trotzdem, es ist erstaunlich, was die Leute nach der Niederlage politisch geleistet haben ... was die aufgepickt haben an Steinen aus den Trümmern und Staub, und neue Häuser entstanden, und nun geht es uns durch den bekannten deutschen Fleiß wieder sehr gut mit der politischen Vorsorge ...

Wir sind heute eine moderne Stadt, hoffen wir wenigstens, daß wir's hingekriegt haben, haben wir hingekriegt.

Wir sind zu 85 % eine katholische Stadt. Die CDU hat schon immer die absolute Mehrheit, aber selbst wenn das nicht wäre, die andern Parteien sind ja bei uns der gleichen Auffassung, die Fraktionen sind bei uns aus einem Guß. Darüber sind wir alle glücklich bei uns im Rat. Deswegen ist die erfreuliche Entwicklung in unserer Stadt überhaupt möglich gewesen, weil wir uns in den Sachen so vollkommen einig sind. Hier gibt es keine politische Minderheit oder Opposition.

Bei uns kommt es darauf an: ist einer für Paderborn oder ist er nicht für Paderborn ...«

P. S.: 1993 wird offenkundig, daß Ex-Stadtdirektor Sasse an Judendeportationen beteiligt war. Die »Neue Westfälische«, Paderborn, zitiert aus Akten, wonach sich Sasse 1941 als städtischer Rechtsrat in Münster mit seiner Unterschrift persönlich dafür einsetzte, die Liste der für den Abtransport ins Vernichtungslager bestimmten Münsteraner Juden um 16 Namen zu erweitern, und jüdische Frauen und Kinder denunzierte, um die noch in Münster verbliebenen »Reste von Juden« (so Sasse) deportieren zu lassen und ihre Vermögenswerte zu »arisieren«.

Brauner Sud im Filterwerk
Melitta-Report

»Hygienische und saubere Fabrikations- und Verwaltungstrakte rufen immer wieder bei den Besuchern aus dem In- und Ausland Erstaunen hervor. ›Das hätten wir hinter dem Namen Melitta nicht erwartet!‹ hören wir immer wieder. Der Satz ›außen hui, innen pfui‹ trifft bestimmt nicht zu.« (aus der Melitta-Werkzeitschrift »Rund um Melitta«, Dezember 1969)

Davon wollte ich mich überzeugen, jedoch nicht als »Besucher«. Ich borgte mir von einem Arbeiter die Arbeitspapiere und fuhr nach Minden.

Der Melitta-Konzern zählt mit seinen insgesamt 8500 Beschäftigten zu den 100 größten Firmengiganten der Bundesrepublik, mit Filialen in Schweden, Dänemark, Holland, Belgien, Frankreich, Schweiz, Österreich, Großbritannien, Kanada, USA, Brasilien, Kolumbien, Mexiko. In über 90 Länder wird exportiert. Der Jahresumsatz der »Melitta-Gruppe« liegt bei 650 Millionen DM. Das Firmengebäude macht von außen nicht den Eindruck einer düsteren Industrielandschaft, der übermannshohe Drahtzaun führt nur um die Produktionsstätte herum, den Angestelltentrakt umfriedet eine gepflegte Hecke. Von außen entsteht auf den ersten Blick nicht unbedingt der Eindruck einer Fabrik, eine Altenheimstätte einer Großstadt oder der neugebaute Teil des »Heims zum guten Hirten« in Aachen etwa (ein Heim für sogenannte schwererziehbare Mädchen) könnte es ebenfalls sein.

Als ich den Werkschutzmann an der Pforte nach der Personalabteilung frage, versteht er mich nicht. Als ich sage, daß ich mich als Arbeiter bewerben will, schickt er mich zur »Sozialabteilung«. Der Dame auf der Sozialabteilung sage ich, daß ich eine Stelle als Arbeiter suche. Sie sagt, daß es am einfachsten sei, als »Hilfswerker« anzufangen, um dann nach 10jähriger Melitta-Zugehörigkeit »Stammarbeiter« zu werden.

Bevor sie mich einstellen könne, müsse ich am nächsten Tag zum Vertragsarzt des Werkes, gesund müsse ich sein, dann könne man weitersehen. Der Vertragsarzt untersucht mich, als ob er im Akkord arbeite. Er schaut mir ins Maul, befühlt die Festigkeit der Muskulatur und sucht das Knochengerüst in einer durchgehenden Bewegung nach schadhaften Stellen ab. Dann quetscht er mich in ein Durchleuchtungsgerät. Innerhalb weniger Minuten hat er meine Verwendungsfähigkeit herausgefunden. »Keine Bedenken«, sagt er und schickt mich wieder zur »Sozialabteilung.«

Die Dame in der Sozialabteilung sagt, »50 Mark« koste das Werk die Untersuchung, im Versand sei noch was frei. Der Leiter des Versands, ein Herr Ostermeyer, wird über Lautsprecher herbeigerufen, um mich in »Augenschein zu nehmen«. Er will wissen, was ich vorher gemacht habe, und als ich die Ausrede vorbringe, ich hätte bisher Kunst studiert, könnte davon jedoch nicht meine Familie ernähren und wolle nun auf einen soliden Beruf umsatteln, schüttelt er nur bedenklich den Kopf. »Das kenn ich, das kenn ich. Die Maler, Maurer und Seeleute sind die schlimmsten. Die kommen und versprechen, daß sie bleiben wollen, und im Frühjahr, wenn's wärmer wird, türmen sie wieder.« Er hat ernsthafte Bedenken gegen meine Einstellung. Ich muß ihm versprechen, daß ich hier wirklich eine Lebensstellung antreten will, dann will er's mit mir versuchen. Stundenlohn »4,71«, sagt er noch und »morgen Beginn mit Frühschicht 6.00 Uhr.«

Wer bei »Melitta« arbeitet, unterwirft sich einem Gesetz, das mit »Block und Blei« überschrieben ist.

Der Verfasser dieses Gesetzes verkündet darin vorweg, daß es »nach eigenen, besonderen Grundsätzen aufgebaut« sei, um alles »noch straffer zu gestalten«. Er »verlangt«, daß »alle« jenes Gesetz »restlos beherrschen und immer danach handeln«. »Ordnung und Disziplin« schreibt dieses Gesetz in der Einleitung vor, und später in den Ausführungsbestimmungen ist von »Erziehung« und »gründlichem Generalräumen« die Rede, von »Anmarsch« und

»Anmarschwegen« und von einem »besonderen Appell«, den man den Neueinrückenden angedeihen läßt.

Von Tätigkeitsworten kommt »zwingen« besonders häufig vor, ebenso wie »kontrollieren«, jedoch auch die Kombination »zwingende Kontrolle« wird einige Male verwandt.

»Melden« kommt in vielen Variationen vor; wie z. B. »sich melden müssen«, »Meldung erstatten«, bis hin zur Forderung: »Nichts selbst einführen, sondern melden.«

Weiter im Sprachgebrauch dieses Gesetzes sind: »scharf prüfen«, »Ruhe gebieten«, »ohne Rücksicht«, »kein Kompromiß«, »kameradschaftlich«, »tadellos«, »unantastbar«, »sauber«, »gründlich«, »ordentlich«, »streng«, »Arbeitseinsatz«, »Abkommandierung«, »überwachen«, (auch gebräuchlich mit der Verstärkung: »laufend überwachen«), »bestraft werden«.

Verlangt wird: »Alles strikt befolgen, bis anders angewiesen«, und noch unmißverständlicher: »Jede Anweisung ist strikt zu befolgen! Niemand darf von sich aus Anweisungen ändern, selbst wenn sie ihm völlig sinnlos erscheinen.«

Das Gesetz gebietet: »Jeder soll immer auf seinem Platz sein«, und wenn das einmal nicht der Fall ist, fragt der Vorgesetzte Untergebene, »die er unterwegs, d. h. nicht an ihrem Platz antrifft, nach ihrem Weg und Auftrag«.

Ansonsten sorgen Lautsprecher dafür, daß jeder jederzeit überall auffindbar ist: »Wir legen Lautsprecher in alle Arbeitsräume, in Gemeinschaftsräume, auf die Grünplätze, auf die Höfe«, um so alles »innen und außen besprechen zu können«.

Die »Führung« des Territoriums macht die ihr Unterstellten ausdrücklich darauf aufmerksam: »Wie alles überwachen wir auch das Telefonieren. Es geschieht durch Mithörer, die an einigen Plätzen angebracht sind. Vorurteile hiergegen sind vollkommen unberechtigt.« Mehrmals weist die »Leitung« die Untergebenen darauf hin, daß die Anordnungen des Gesetzes dazu da seien, die »Schlagfertigkeit« der Organisation zu »erhöhen«.

»Ein Passierschein kontrolliert, so daß keinerlei Lücken in der Kontrolle aller Beschäftigten entstehen können.«

Darüber hinaus »muß der Pförtner mit aufpassen«, wenn wir »unabgemeldet zu ›türmen‹ versuchen«.

Die Betriebsordnung, Ausgabe Mai 1970, ist gültig für die 8500 Beschäftigten des Melitta-Konzerns, Minden. Verantwortlich: Konzernherr Horst Bentz, 66, Alleinherrscher der Unternehmensgruppe.

»Wir alle können stolz darauf sein, durch diese Organisationsanweisung (›Block und Blei‹) nicht nur eine so ausgezeichnete Ordnung in unserem Betrieb erreicht zu haben, sondern auch eine außerordentliche Schlagkraft. Damit verdanken wir ›Block und Blei‹ einen erheblichen Teil unseres wirtschaftlichen Erfolges.« (Horst Bentz in der hauseigenen Zeitschrift »Rund um Melitta«, 15. Oktober 1970)

Die ersten 14 Tage transportiere ich mit zwei anderen Arbeitern mit Hubwagen Lagerbestände aus dem Keller in den Versand. Nach einer Woche wird mir bewußt, daß unsere Arbeit mit den Preissteigerungen zu tun hat, die Melitta für Anfang des neuen Jahres angekündigt hat und die mit gestiegenen Produktions- und Lohnkosten motiviert werden. Wir müssen die zu alten Produktions- und Lohnbedingungen hergestellte Ware zu einem Sammelplatz befördern, wo die Packungen einzeln mit neuen Preisen versehen werden, um dann wieder auf Lager zu kommen.

Lange Zeit warb Bentz für sein ständig in der Expansion befindliches Unternehmen neue Beschäftigte mit scheinbar verlockenden Angeboten, verlangte dafür allerdings auch überdurchschnittliche Leistungen. Durch ein besonderes Punktsystem animierte er zu besonders hohen Arbeitsleistungen, forderte zu besonders niedrigen Fehlerquoten auf und drückte außerdem noch beträchtlich den Krankenstand. Er machte seine Arbeiter glauben, sie seien am Gewinn beteiligt und der Mehrwert, den sie erarbeiteten, käme ihnen selbst zugute, was indirekt sogar zutraf, allerdings nur zu einem mikroskopisch kleinen Teil. Den Bärenanteil des Gewinns der so herausgeforderten Mehrarbeit schluckte er, und Arbeiter, die krank wurden, überlegten sich, ob sie sich nicht dennoch gesund melden sollten: bei Erkrankung entfiel die Ertragsbeteiligung, die im Monat bis zu 150 DM betragen konnte. Damit nicht genug, mußte die gleiche Zeit, die man gewagt hatte, krank zu sein, auch noch ohne Ertragsbeteiligung gearbeitet werden. »Nach Fehlzeiten infolge Erkrankung muß eine gleich lange Zeit gearbeitet werden, in der keine Stundenpunktzahlen gutgeschrieben werden.«

»Nur stärkste Selbstdisziplin bei dir, deinen Angehörigen, deinen Mitarbeitern kann Erhöhung der Beiträge oder Minderung der Leistungen vermeiden.« (Beilage zu »Rund um Melitta« 1965)

»Der Arzt schrieb mich krank. Das tun sie mal nicht, sagte ich«, berichtet eine Arbeiterin. Weil man ihr zuvor unbezahlten Urlaub verweigert hatte, befürchtete sie, Arbeitsunfähigkeit könne ihr als »Bummeln« ausgelegt werden. Aber der Arzt schrieb die Frau dennoch krank; und was sie befürchtet hatte, trat ein.

»Ich komme jetzt nicht als Krankenbesucher«, erklärte der Werkskontrolleur der Arbeiterin bei seiner Visite, »sondern von Ihrem Schichtbüro. Sie haben keinen Urlaub gekriegt, und jetzt ist man der Meinung, daß Sie bummeln.« Der schlechte Gesundheitszustand der Frau war jedoch so offensichtlich, daß selbst der Kontrolleur einräumte: »Ich glaube, daß Sie krank sind; aber wenn ich denen in der Firma das mal klarmachen könnte ...«

Als die Arbeiterin ihre Tätigkeit wiederaufnahm, fühlte sie sich von ihrem Schichtleiter schikaniert. Von sitzender Arbeit an der Maschine wurde sie – kaum zurück und von der Krankheit noch geschwächt – in Akkord ans Packband versetzt, wo sie stehen mußte. »Als es hieß, die sortieren schon wieder aus im Büro, die schmeißen die raus, die viel krank gewesen sind«, erzählt die Arbeiterin, »konnte ich mir denken, jetzt bist du auch dabei, falls du nicht vorher selbst kündigst.« Sie war dabei. »Aus betrieblichen Gründen«, hieß es im Entlassungsbescheid.

»Das Ende der Arbeitsunfähigkeit sollte nicht davon abhängen, daß einem etwa das ›Krankfeiern‹ auf die Dauer schließlich zu langweilig wird ... Die Lohnfortzahlung kann und darf nicht dazu führen, die Zügel schleifen zu lassen.« (Aus »Rund um Melitta« – Beilage »Der Krankenbesucher bittet um Aufmerksamkeit«)

Da es ein patriarchalisch geführtes Unternehmen ist, erhalten die im Konzern beschäftigten ca. 70 Prozent Frauen häufig für die gleiche Arbeit weniger Lohn als die Männer – bis zu 50 Pfennig weniger pro Stunde. Dafür gestattet man den Frauen 12-Stunden-Nachtschichten von abends 6 bis morgens 6, auch 17jährige Mädchen darunter und ältere Frauen, die bis zu drei Wochen hintereinander nach diesem Marathonrhythmus schuften.

Nicht selten tut sich Melittachef Bentz als Mäzen hervor. Als ehemaliger Fußballspieler unterstützt er Sportvereine und hat aktive Sportler unter besonders günstigen Bedingungen bei sich eingestellt. So wurde bei einem aktiven Fußballspieler, der nur als Hilfsarbeiter bei ihm arbeitete, ein Lohnstreifen mit der beachtlichen Monatsabrechnung von 1750 DM gefunden.

Unter dem Motto »Einer für alle, alle für einen« erwartet Bentz von seinen Getreuen Opfersinn, wenn es ihm nützlich erscheint. Als das »Melitta-Bad« gebaut wurde, sollte sich jeder Arbeiter mit einer »Spende« in Form eines Stundenlohnes daran beteiligen. Wer sich ausschließen wollte, hatte das schriftlich zu begründen. Der Arbeiter Wilhelm P., der nichts spendete, weil er gerade sein Haus baute und mit dem Pfennig rechnen mußte, bekam sein »unsoziales Verhalten« sehr bald zurückgezahlt. Als er 25jähriges Jubiläum hatte, war der Jubel nur noch halb so groß. Das zu diesem Anlaß übliche Firmengeschenk in Höhe von 700 DM wurde bei ihm um die Hälfte gekürzt.

Die Arbeit ist körperlich ziemlich anstrengend. Es kommt vor, daß bei allzu heftigem Ziehen ein Podest mit Filtern oder Filterpapier umkippt; da ist ein Spanier, mit dem ich zusammenarbeite, der sagt, »ist mir am Anfang auch schon passiert«, und mir beim Aufstapeln hilft. Er macht mich auch auf die Unfallgefahren, die die Karren mit den Eisenrädern mit sich bringen, aufmerksam.

Ich hole mir einige Prellungen an den Füßen; und die meisten hier haben schon Fußverletzungen gehabt, wenn ihnen ein schwer beladener Hubwagen über den Fuß gerollt ist. Sicherheitsschuhe mit Eisenkappen, die das verhindern würden, werden vom

Werk nicht gestellt, darum trägt sie auch keiner. Dafür hängt jedoch ein Aushang aus, in dem die Firma die steigende Unfallquote beklagt: »Bei Verstößen gegen die allgemeinen Unfallverhütungsvorschriften durch Unternehmer oder Versicherte werden die Strafbestimmungen des § 710 RVO angewendet. Die Ordnungsstrafen können bis 10000 DM betragen ... Die Berufsgenossenschaft Druck und Papier hat in zwei Schreiben auf das Tragen von Sicherheitsschuhen hingewiesen. Es darf zumindest erwartet werden, daß festes Schuhwerk grundsätzlich bei der Arbeit getragen wird.« Die Praxis beweist, daß »festes Schuhwerk« kein Ersatz für Sicherheitsschuhe ist.

Der Spanier, von einigen »Amigo«, von anderen »Ganove« genannt, ist sieben Jahre bei Melitta. Seine Frau auch. Sie bewohnen zwar dieselbe Wohnung, sind aber nur sonntags wirklich zusammen. Wenn er Frühschicht hat, macht seine Frau Spätschicht. Wenn er nachts um halb zwölf von der Spätschicht kommt, muß er leise sein, um seine Frau nicht zu wecken. Sie muß vor 5 Uhr aufstehen, um pünktlich zur Frühschicht zu erscheinen. Ihr Problem: sie finden für ihr Kleinkind keinen Kindergarten und müssen darum in Wechselschicht selber darauf aufpassen.

»Pflicht« wird großgeschrieben bei »Melitta«. Der militärische Leitsatz: »Ein guter Soldat vergißt über seinen Pflichten seine Rechte« scheint hier verinnerlicht.

Ein älterer Arbeiter an der Ballenpresse z. B. erscheint täglich eine Stunde früher zum Dienst, um durch Säuberung und Wartung seine Maschine in den Bestzustand zu versetzen: Das macht er ohne Bezahlung. 1970 zahlte Bentz seinen »Melittanern« ca. 230 DM Weihnachtsgeld bar aus. Angeblich soll ein weiterer Teil des Weihnachts- ebenso wie des Urlaubsgeldes im normalen Lohn versteckt sein, der, von diesen angeblichen Extras befreit, jedoch äußerst kläglich wäre.

»Urlaub habe ich nie gekannt. Während meiner 50jährigen Tätigkeit – die nur durch meinen Wehrdienst unterbrochen war – habe ich nicht einen einzigen Tag gefehlt«, und mit einem Augenzwinkern fügte er hinzu: »Ich will mal ehrlich sein, einen halben Tag habe ich mir einmal frei genommen. Das war der Tag, an dem ich heiratete.« (Aus: »Rund um Melitta«, August 1970, Aufmacher S. 1 zum 50jährigen Betriebsjubiläum des Arbeiters Friedrich Dirksmeier.)

Obwohl die 40-Stunden-Woche bei vollem Lohnausgleich in der Branche längst üblich ist, hält Bentz noch die 42-Stunden-Woche aufrecht. Bentz in einem Schreiben vom 25.8.1970 an die IG Druck und Papier: »Hier sehe ich praktisch überhaupt keine Möglichkeit, in der nächsten Zeit etwas zu ändern; denn wenn wir zwei Stunden weniger arbeiten, das sind fünf Prozent, würde das bei 4000 Mitarbeitern eine zusätzliche Neueinstellung von 200 Mitarbeitern bedeuten, was überhaupt nicht zur Debatte steht.«

Der »Betriebsrat« der Melittawerke wird von den wenigen Arbeitern, die es wagen, weiterhin der Gewerkschaft anzugehören, spöttisch »Geschäftsrat« genannt. Die Leiterin der »Sozialabteilung«, eine Cousine von Bentz, gehört ihm an und u.a. einige höhere Angestellte. Zweimal wöchentlich empfängt dieser Betriebsrat für jeweils zwei Stunden in der Bücherei der »Sozialabteilung«.

In einem Interview in der neuesten »Rund um Melitta«, vom 21.12.1970, gesteht der Betriebsrat seine Funktionslosigkeit ein. »Seit ich im Mai gewählt worden bin, waren ganze fünf Leute bei mir.« Er scheint das so in Ordnung zu finden und preist die »Sozialabteilung«, die angeblich »viele Aufgaben« erfüllt, die in anderen Betrieben der Betriebsrat wahrnähme.

Wenn es eben geht, hält Bentz von seiner Belegschaft »Ungemach« fern. Als die Gewerkschaft vor den Fabriktoren Flugblätter verteilte, hatte Bentz die besseren Argumente, indem er seine Arbeiter beschenkte. An den Werksausgängen ließ er Melitta-Erzeugnisse 2. Wahl aufstapeln; jeder konnte so viel mitnehmen, wie er tragen konnte, und die meisten waren so bepackt, daß sie ihre Hände nicht auch noch nach Flugblättern ausstrecken konnten.

Sie waren gemeinsam von Dresden nach Westdeutschland übergesiedelt, die Familien Bentz und Winkler. Ab 1950 traten sie in enge Geschäftsbeziehungen. Bentz-Freund Winkler lieferte »Melitta« das Papier. Das Geschäft blühte. Winkler: »Bentz hatte uns schließlich eröffnet, wir brauchen immer mehr.« In Koppenheim bei Rastatt entstand ein neues Werk. »Bentz hatte uns zu diesem Neubau ermutigt. 1958 ließ er mich unvermittelt auf Neubau und Papier sitzen.« »Melitta« hatte über Nacht eine eigene Papierfabrik in Ostfriesland errichtet. Winkler ging in Konkurs. In Liebenzell im Schwarzwald stieg er später in die Kaffee-Filter-Herstellung ein. Nach seiner Frau benannte er die Filtertüten »Brigitte-Filter«. Kaum war das neue Produkt auf dem Markt, leitete Bentz gegen die Winklers gerichtliche Schritte ein. Winkler: »Er hatte seinerzeit circa 120 Warenzeichen gehortet, darunter war auch der Name ›Brigitta‹. Er wollte uns die Produktion unter diesem Zeichen untersagen lassen.« Vor Gericht wurde dem Antrag von Bentz stattgegeben; in einem Vergleich blieb Winkler nichts anderes übrig, als sich mit 5000 DM abfinden zu lassen.

»Die Geschichte der ersten 50 Jahre unseres Werks zeigen, daß es nicht Glück, Zufälle oder Tricks sind, wodurch schließlich ein großer Erfolg erzielt wird. Entscheidend ist allein, daß das Werk eine Idee hat ...« (Horst Bentz anläßlich des 50jährigen Firmenjubiläums)

Zur Jahreswende 1970 erwarb die »Melitta-Gruppe« im Röstkaffee-Bereich nach »Ronning und Faber-Kaffee« das kurz vor seinem 50jährigen Jubiläum stehende Familienunternehmen »Vox-Kaffee Groneweg und Meintrup« aus Münster. Trotz steigender Umsätze (65 Millionen DM für 1970) mußte sich das Unternehmen von »Melitta« schlucken lassen. In vornehmer Zurückhaltung kaschierte Bentz den erbarmungslosen Konkurrenzkampf, in dem der Stärkere dem Schwächeren die Bedingungen diktiert, der Öffentlichkeit gegenüber als »gedeihliche Zusammenarbeit«. »Durch gezieltes Marketing und Wettbewerbsmaßnahmen soll den Erfordernissen moderner Absatzplanung Rechnung getragen werden.« Die Vox-Außendienstmitarbeiter, die bisher das Kontaktnetz zur Geschäftswelt hielten, wurden von Bentz voll übernommen. Der Großteil der 220 beschäftigten Arbeiter mußte sich nach neuen

Arbeitsplätzen umsehen. Bentz zur Pressemitteilung: »Also juristisch haben wir die Firma nicht gekauft ... Zusammenarbeit ist vielleicht etwas zu wenig gesagt, wir haben sozusagen die Federführung ...«

Ebenfalls zum Jahresende 1970 setzte Horst Bentz die 250 Beschäftigten des vor fünf Jahren von ihm erworbenen Porzellanwerks Rehau in Oberfranken unter Mißachtung gesetzlicher Vorschriften in einer Massenentlassungsaktion auf die Straße. Weder wurde ein Sozialplan erstellt, noch der Betriebsrat um Zustimmung gebeten. Eine Diskussion über einen Interessenausgleich zwischen Belegschaft und Arbeitgeber erschien Bentz als »völlig indiskutabel«. Für die Weiterbeschäftigung der Maschinen war gesorgt. Sie wurden vom Zweigwerk Rahling in Oldenburg übernommen. Gleichzeitig mit der Werkstillegung in Rehau wurde die Anlagenkapazität im »Melitta«-Porzellan-Zweigwerk Rahling/Oldenburg erheblich ausgeweitet.

»Diesen beispiellosen Aufstieg erreichte Bentz mit recht unorthodoxen Mitteln«, schrieb die *Bild*-Zeitung am 11. Dezember 1970 und zeigte im selten Artikel ein Foto: »Entspannung beim Skat; ›Melitta‹-Chef Horst Bentz spielt mit seinen Angestellten«. Das Foto soll die Eintracht zwischen Arbeitgeber und Angestellten dokumentieren. Nur ist dieses Dokument eine der üblichen *Bild*-Fälschungen: Bentz spielt mit seinesgleichen Skat: mit Bäckereibesitzer Buchheister, Stadtbaumeister Dessauer und dem ehemaligen »Schriftwalter« des »Melitta-Echos« aus der NS-Zeit, Altkamerad Walter Herfurth, dem Bentz eine monatliche Betriebsrente von ca. 1000 DM zahlt.

Im Januar 1968 erfand der Arbeiter R. eine neue Fertigungsmethode zur qualitativen Verbesserung der Kaffee-Filtertüten. Der Betriebsleiter trug die neue Idee – an der R. in seiner Freizeit anderthalb Monate zu Hause getüftelt hatte – Firmenchef Bentz vor. »Ingenieur Wilking sagte mir«, erzählte R., »das sei ein Patent. Er sagte, auf diese Idee wäre noch keiner gekommen.« Nach fünf Monaten eröffneten der Betriebsleiter und der Werks-Justitiar dem Arbeiter, sein Vorschlag sei zwar ohne Zweifel »patentreif«, seine Verwirklichung allerdings würde »Melitta« große Kosten verursachen. Und falls er selbst seine Erfindung als Patent anmelden wolle, müsse man erst nachsehen, ob »Melitta« nicht schon vor Jahren etwas Ähnliches entwickelt hätte. R.: »Man bot mir schließlich an, meine Idee für 400 Mark abzutreten; und später, wenn sie verwirklicht würde, sollte ich auf Prozentbasis an der Produktion beteiligt werden. Für mich war der Fall erledigt, nach ein paar Wochen habe ich dann selbst gekündigt.«

»Melitta« hätte die Idee des Arbeiters R. wahrscheinlich nie in die Tat umgesetzt, ihre Durchführung hätte die Umstellung eines Teils der Produktionsanlagen bedingt. Aber eine für eine kleinere oder neuzugründende Firma völlig umwälzende Fertigungstechnik zur Herstellung von Kaffee-Filtertüten sollte um den Preis eines Trinkgeldes vor dem Zugriff einer möglichen Konkurrenz geschützt werden.

Auch der Arbeiter A. hatte einen brauchbaren Verbesserungsvorschlag, der seiner Meinung nach dem Werk ca. 3000 bis 4000 DM Kosten ersparen würde, eingereicht, 150 DM wurden ihm dafür geboten, die er sich noch mit einem Kollegen teilen sollte. A., dem das zu wenig war, gab das Geld aus Protest zurück. Daraufhin wurde er von der Verlosung ausgeschlossen, die für alle betrieblichen Ideenspender und Erfinder durchgeführt wurde.

Und so rollte die Kugel, rollte das Glück bei der »Auslosung« der Preise, und wie es der Zufall so wollte, fielen die Haupttreffer – eine Urlaubsreise, ein VW, ein Fernsehgerät – ausschließlich an Angestellte der höchsten Gehaltsstufe. Eine Kaffeemaschine, ein Fotoapparat, eine Bohrmaschine und einen Grillautomaten spielte das Los Vorarbeitern und Schichtleitern zu. Selbst Arbeiter und Hilfswerker ließ das Glück nicht im Stich; einige gewannen als Trostpreise ein Kaffeeservice.

Mehreren SS-Rängen, die der ehemalige Obersturmbannführer Bentz nach Kriegsende in Sold nahm, fühlt er sich durch gemeinsame Vergangenheit verbunden. Wenn die teilweise angeschlagenen Kriegsveteranen intelligenz- und leistungsmäßig auch nicht mehr so auf der Höhe sind und teilweise aus ihren Spitzenpositionen von jüngeren Kräften verdrängt wurden, garantieren sie durch ihr militärisch straffes Auftreten Zucht und Ordnung bei Melitta. Der ehemalige Obersturmbannführer Tarneden z. B., jetzt Hauswachtleiter, hat von seinem militärischen Schliff nichts eingebüßt. Wenn er strammen Schritts durch die Werkshallen patrouilliert, kann es vorkommen, daß er Nachwuchs-Melittaner zusammenstaucht: »Stellen Sie sich erst mal grade hin.«

Ein anderer, ein ehemaliger Obertruppführer der Waffen-SS, zeigt den »Arbeitskameraden« (Anrede von Bentz) in sentimentalen Minuten hin und wieder ein liebgewonnenes Kleinod vor: ein ihm von Heinrich Himmler verehrter Totenkopfring mit der Widmung »Für besondere Verdienste«.

Bentz selbst, wegen seiner militärischen Hausordnung »Block und Blei« öffentlicher Kritik ausgesetzt, beruft sich in dieser Situation vorzugsweise auf die »Kapazität« Prof. Reinhard Höhn, Leiter der »Akademie für Führungskräfte der deutschen Wirtschaft« in Bad Harzburg, der Deutschlands Manager nach den gleichen Prinzipien ausrichte und auch auf Lehrgängen seinen Spitzenkräften den letzten Schliff verleihe. Bentz: »Den kenne ich gut, der ist oft hier, der ist ganz begeistert von ›Block und Blei‹«. Als Prof. Höhn einmal den »Musterbetrieb« von Bentz inspizierte, meinte er, daß sich hier innerhalb von anderthalb Jahren nach seinen Wirtschaftsführungsprinzipien das Werk zur Höchstproduktivität organisieren lasse.

Bentz verblüffte den Wirtschaftsspezialisten mit der Feststellung, das Plansoll nicht erst in anderthalb Jahren, vielmehr »in bewährtem Melittatempo bereits in einem halben Jahr« erfüllt zu haben.

Aus dem Schulungsprogramm des Prof. Höhn, im Dritten Reich Berater von Heinrich Himmler, als Generalleutnant der Waffen-SS mit dem Ehrendegen des Reichsführers-SS ausgezeichnet: »Großunternehmen lassen sich durchaus mit Armeekorps, mittlere Unternehmen mit Bataillonen vergleichen. Da sowohl der militärische wie auch der wirtschaftliche Führer mit einem Gegner zu tun hat, dort der Feind, hier die Konkurrenz, treten stets Umstände und Gegenzüge des Gegners auf, die nicht vorauszuberechnen sind.«

Bentz eigene Vergangenheit wurzelt gleichfalls in der NS-Zeit: er war Obersturmbannführer der SS, sein Betrieb wurde im Dritten Reich als besonders stramm und vorbildlich mit der »Goldenen Fahne« ausgezeichnet. Er führte Rüstungsaufträge aus, u. a. Teile von Gasmaskenfiltern, Teile von Patronenkästen und Maschinengewehrgurte, und er beschäftigte Polen und Russen als Zwangsarbeiter. Nach 2 1/2 Jahren aus dem Internierungslager der Engländer entlassen, konnte er erst 1958 wieder seine Firma übernehmen.

Wie Prof. Höhn legte auch Bentz sich in jener Zeit mit Treueschwüren auf das faschistische System fest: »Führer, wir gehören Dir!« (»Melitta-Echo«, 1941)

Am 1. Mai 1941 wurde ihm von den Parteispitzen die damals begehrte Auszeichnung »Nationalsozialistischer Musterbetrieb« verliehen, die zuvor im »Gau Westfalen-Nord« nur die Oetker-Werke »für sich buchen« konnten. Mit dem »Melitta-Lied« auf den Lippen: »Gleicher Sinn bringt Gewinn, überwindet auch den schlimmsten Berg, Einigkeit alle Zeit, Heil Melitta-Werk« wurde die mit diesem Prädikat verbundene »Goldene Fahne« im Triumphzug von Augsburg ins Mindener Werk heimgeführt. »Sauber ausgerichtet, stand die Gefolgschaft am Bahnhof, um die Goldene Fahne zu empfangen. Einige zackige Kommandos unseres Betriebsführers (Horst Bentz), die jedem alten Soldaten alle Ehre gemacht hätten, und mit Schingbumm ging's durch die Stadt.« (»Melitta-Echo«, 1941)

Mit nazistischen Haß- und Hetzparolen sollte die damalige Melitta-Werkszeitung die Gefolgschaft auf Vordermann bringen. Das Betriebskampfblatt von Bentz beschränkte sich keineswegs auf die betrieblichen Belange. Da war der Aufmacher auf Seite 1 den »armen Juden« gewidmet: »… in der Judenfrage hat das Herz zu schweigen! Auch das zieht nicht, wenn man uns sagt: denkt an die armen Kinder. Jeder Judenlümmel wird einmal ein ausgewachsener Jude …« (»Melitta-Echo«, 1938). Da ist von »Judengesocks«

und »Bestien« die Rede, und auf dem Betriebsappell am 5.7.1938 läßt es sich Horst Bentz nicht nehmen, noch vor der »Reichskristallnacht« zum Boykott jüdischer Geschäfte aufzurufen: »Über die Judenfrage heute noch sprechen zu müssen, erscheint überflüssig und ist es doch nicht. Wir haben neulich eine Arbeitskameradin erwischt, als sie ein jüdisches Geschäft betrat. Sie erzählte uns nachher, daß sie lediglich eine dort beschäftigte Verkäuferin besucht habe. Ob das stimmt, ist leider nicht nachprüfbar. In Werkszeitung Nr. 5 dieses Jahres haben wir bekanntgemacht, daß jeder, der beim Juden kauft, fristlos entlassen wird. Der vorerwähnte Fall macht es erforderlich, die Grenzen enger zu ziehen. Wer künftig überhaupt noch in jüdischen Geschäften gesehen wird, einerlei ob er kauft oder nicht, gehört nicht zu uns und muß fristlos entlassen werden.«

In der Melitta-Werkszeitung Nr. 5: »Damit keiner kommen kann, er habe nicht gewußt usw., führen wir nachstehend alle Juden in Minden, die ein Geschäft ausüben, auf.« Es folgen 30 Namen, mit Berufsangabe und genauer Anschrift. – Von den 30 Genannten hat keiner das Dritte Reich überlebt.

Bentz heute zu dem Vorwurf, er habe neben seinen SS-Leuten auch einen Kriegsverbrecher auf Abteilungsleiterebene bei sich beschäftigt (Bentz): »Der ist begnadigt worden, sonst wäre er gehängt worden in Landsberg ... Ich habe immer, nicht nur in diesem Fall, früher Dutzende, da gibt es sogar so eine Organisation, die Leute, die straffällig geworden sind, vermittelt. Und ich habe Dutzende von diesen Leuten im Hause eingestellt, ich habe also immer doch die Tendenz gehabt, zu helfen.«

Nach dem Leitspruch »Führer befiehl, wir folgen« wurde von jeher bei Bentz gehandelt. So wie in den 50er Jahren die »Gefolgschaft« auf eine Verärgerung von Bentz hin geschlossen aus der Gewerkschaft austrat und man die Mitgliedsbücher widerstandslos dem Betriebsrat (seitdem »Geschäftsrat« genannt) aushändigte, trat in den 30er Jahren die damalige »Gefolgschaft« auf Geheiß des Betriebsführers und SS-Sturmmannes Bentz einer anderen

Organisation bei: der NSDAP. Eintrittsgebühren und Mitgliedsbeiträge für die bis dahin noch Parteilosen zahlte Bentz aus eigener Tasche. Der Bleischneider Otto Haar, der sich der damaligen Anweisung widersetzte, mußte die Konsequenzen ziehen und den Betrieb verlassen.

Der Pensionär K. H., damals Schriftsetzer bei Bentz und überzeugter Sozialdemokrat, unterwarf sich seinerzeit dem Bentz-Diktat: »Wir als Drucker, von der Tradition her links, waren ohnehin damals bei Bentz als schwarze Schafe verschrieen und bekamen darum auch zwei Pfennig unter Tarif bezahlt. Stellen Sie sich vor, Sie müssen für Ihre Familie das Geld reinbringen und bekommen dann derartig die Pistole auf die Brust gesetzt.«

Daß der NS-Geist bei »Melitta« keine Ausnahmeerscheinung ist, sondern durchaus üblich in der bundesdeutschen Industrie, kann man auch der Einschätzung des bekannten Industrieberaters M. Schubart entnehmen: »Ich kann natürlich keine Namen nennen ... Aber ich habe ein paar Elitegruppen festgestellt, die tatsächlich – zwar unsichtbar, aber doch evident – bis in die heutige Zeit hinein existieren. Da ist einmal die Mars-Merkur-Gruppe der ehemaligen Generalstäbler, die heute zum Teil führende Rollen in der Wirtschaft spielen. Dann Abkömmlinge der Adolf-Hitler-Schulen, der Reiter-SS und der Waffen-SS. Ich würde sagen, in der Altersgruppe von 45 bis 60 stammen 65 bis 70 Prozent aller heutigen Führungskräfte aus solchen Organisationen. Und die überwiegende Zahl – sagen wir 98 Prozent – jener Altersgruppe stammt aus einer Erziehung, die eigentlich im Dritten Reich ihre Grundlage findet.«

Als der Alterspräsident des Bundestages William Borm (FDP) die Öffentlichkeit erstmalig über Finanziers und Hintermänner der neuen rechten Sammlungsbewegung »NLA«* informierte und sich auf in seinem Besitz befindliche Dokumente berief, war unter anderem von einem bekannten Mindener Kaffee-Filterproduzenten die Rede.

---

* Neues rechtes Sammelbecken »National-liberale Aktion«, später als »Deutsche Union« von F. J. Strauß als außer-bayerische CSU mit initiert.

Als dann die »Monitor«-Fernsehsendung, wie zuvor schon Zeitungen, den Verdacht aussprach, Bentz habe der »NLA« 140 000 DM gespendet und gehöre ihr als Vorstandsmitglied an – »Diese Behauptung stützt sich auf die in Bild und Ton festgehaltenen Aussagen des Notars Franz Mader. Mader ist NLA-Bundesvorstandsmitglied und Landtagsabgeordneter. Er hat seine Erklärung abgegeben in Gegenwart des Landtagsabgeordneten Wilhelm Maas« –, ihm außerdem unsoziales Verhalten und Unterdrückung jeder gewerkschaftlichen Betätigung im Betrieb vorwarf, fürchtete Bentz eine Beeinträchtigung seiner Geschäfte. Ehemals gute Kunden stornierten Aufträge, so die Kantinen der Dürrkoppwerke in Bielefeld und der Städtischen Betriebe in Berlin. Helmut Brade, Betriebsrat der Berliner Stadtreinigung: »Bislang haben wir bei ›Melitta‹ für 500 000 DM Kaffee und Filter gekauft. Das ist nun vorbei.«

Bei »Monitor« bekundeten Hunderte Fernsehzuschauer in Zuschriften, daß sie von jetzt an keine Artikel dieses Unternehmens mehr zu kaufen gedächten, und Bentz erhielt nach eigenen Angaben Tausende Briefe, in denen ihm Verbraucher das gleiche mitteilten.

Bentz schritt zur Tat.

Im Wissen, daß die Öffentlichkeit nicht über die besondere Funktion oder besser Funktionslosigkeit seines Betriebsrats informiert sein würde, ließ er ihn dafür herhalten, in einer großangelegten Anzeigenkampagne die angeblich »unwahren Behauptungen von ›Monitor‹ richtigzustellen«. Die 350 000 DM, die die ganzseitigen Anzeigen – u. a. in *Bild* – kosteten, zahlte Bentz.

Bereits anläßlich früherer Presseangriffe hatte Bentz gedroht »zurückzuschlagen«, sobald damit eine »wirtschaftliche Schädigung unserer Werke« verbunden sein sollte. Dieser Zeitpunkt schien gekommen. Mit seinen Rechtsberatern machte er sich zum WDR auf, konferierte mit Fernsehdirektor Scholl-Latour und »Monitor«-Chef Casdorff und drohte mit einem Schadenersatzprozeß, der in die Millionen gehen könne. Die »Monitor«-Redaktion, die bereits eine neue »Melitta«-Sendung fast sendefertig hatte (u. a.

sollten wegen gewerkschaftlicher Betätigung mit Repressalien bedrohte ehemalige Belegschaftsmitglieder zu Wort kommen), wurde durch den prozeßentschlossenen Milliardär in die Knie gezwungen.

Ein neuer Beitrag fiel unter den Tisch, dafür durfte sich Bentz in der folgenden »Monitor«-Sendung lang und breit auslassen, er hatte das letzte Wort und pries sich so sehr, daß sich am nächsten Tag im Betrieb sogar sonst treu ergebene Melittaner kritisch über ihren Chef äußerten: Sie hätten sich bei seiner Gegendarstellung des Eindrucks nicht erwehren können, daß Bentz manches selbst nicht geglaubt hätte und es ihm peinlich sei, was er da verzapft habe.

Bentz bestritt in der »Monitor«-Sendung mit der Maske eines Biedermanns, daß in seinem Betrieb jemals ein Gewerkschafter mit Repressalien bedroht worden sei. »Wenn das wirklich wahr wäre, dann habe ich eine Frage: Warum hat die Gewerkschaft bis heute nicht einen einzigen Namen genannt ...«

Die Betriebswirklichkeit bei »Melitta« sieht so aus: »Seien Sie ja vorsichtig, wir überwachen Sie!« hatte Prokurist Herziger dem Mustermacher Günter Bender angedroht. »Sie sind mir kein Unbekannter mehr und schon das dritte Mal bei mir«, herrschte Betriebsleiter Runte den Mustermacher an, weil der sich über eine Lohneinbuße beklagte, die ihm durch eine seiner Meinung nach schikanöse Versetzung ohne Änderungskündigung entstanden war.

Gewerkschafter Bender kündigte: »Es war mir klargeworden, daß meine Einstellung zur Gewerkschaft nicht in das Konzept dieser Herren paßte und man es darauf anlegte, mich fertigzumachen.«

Gewerkschafter Fischer wurde von seinem Abteilungsleiter Schmidt mit körperlicher Gewalt aus dem Betrieb entfernt. Der Arzt bescheinigte ihm Kratzwunden, die ihm von seinem Vorgesetzten beigebracht worden seien. Dreher Fischer: »Seit ich auf einer Gewerkschaftsversammlung war, wo die Firmenleitung wahrscheinlich Spitzel hin entsandt hatte, war es um mich geschehen. Ich konnte mir noch so Mühe geben, habe täglich von morgens

7 bis abends 5 nach 6 gearbeitet und jeden Samstag von 6 bis 20 vor 3, ich kam auf keinen grünen Zweig mehr. Kollegen, die neu waren und keine Überstunden machten, bekamen plötzlich 20 Pfennig mehr die Stunde. Als die Gewerkschaft vor dem Tor Flugblätter verteilte, habe ich dann noch mal den Fehler gemacht, dem Bezirksvorsitzenden, der mitverteilte, die Hand zu geben, und das hatte die Betriebsleitung beobachtet. Obwohl ich später, wenn noch mal Aktionen der Gewerkschaft stattfanden, immer bewußt in entgegengesetzter Richtung ging, war ich bekannt wie ein bunter Hund. Ich hatte zuvor schon einen Warnbrief vom Abteilungsleiter bekommen, ich sei ein Störenfried und mache mir laufend Notizen; und zu guter Letzt kam's so, daß mich Abteilungsleiter Schmidt in den Klammergriff nahm und mich anschrie, sofort diesen Laden zu verlassen.

Als er mich zum Ausgang hinzerrte, taten sich noch einige ›Kollegen‹ bei ihm dicke, indem sie mir ›Verräter‹ und ›Lump‹ nachschrien. Ich wollte von der Pförtnerei wegen des tätlichen Angriffs die Polizei anrufen, aber der Abteilungsleiter Schmidt war ständig hinter mir, hat mir den Telefonhörer aus der Hand gerissen und gesagt: ›Da müssen Sie schon zu Fuß hingehen‹.«

»Man kann nur hoffen, daß diese ungerechtfertigten Angriffe nicht von anderer Seite unterstützt werden und daß man uns endlich wieder unseren Betriebsfrieden läßt, der 40 Jahre lang niemals gestört war.« (Horst Bentz:»Dank zum Jahresende«, in »Rund um Melitta«, Dezember 1970)

Im Werk selbst ist es kaum möglich, mit Arbeitern über die Firma zu sprechen. Sie blicken sich um, ob auch keiner zuhört, und wenn überhaupt, sprechen sie nur, wenn kein anderer Kollege in der Nähe ist. Einer scheint im anderen einen potentiellen Spitzel der Firmenleitung zu sehen. Einige sagen das auch offen: »Du kannst hier nie genau wissen, wo du bei wem dran bist.«

Nach zweimonatiger Zugehörigkeit zur Melitta-Belegschaft wird mein Name plötzlich über Lautsprecher ausgerufen: »Herr G. zur Sozialabteilung.«

In der Sozialabteilung erwartet mich eine Art Firmengericht. Die Cousine von Horst Bentz, Frau Melitta Feistkorn, Leiterin der Sozialabteilung, blickt mißbilligend zu mir herüber. Herr Ostermeyer, der mich einstellte, sitzt mit in der Runde, ein noch Jüngerer im grauen Kittel blättert gelangweilt in einem Büchlein, das die Aufschrift »Betriebsverfassungsgesetz« hat. Ein graues, gewitztes Männlein mit scharfer, befehlsgewohnter Stimme fordert mich mit einer Handbewegung auf, mich auf den noch freien, von den anderen etwas entfernt stehenden Stuhl zu setzen. Dann wendet er sich an die versammelte Runde. »Jetzt werde ich Ihnen das mal vorführen.« Und er beginnt eine Art Verhör. Keiner hat sich mir vorgestellt, das scheint hier so üblich zu sein, Standgericht.

Der kleine Graue, Betriebsleiter Runte, wie ich später erfahre, leitet die Vernehmung. Er wirft mir Disziplinlosigkeit und fehlende Arbeitsmoral vor. Ich hatte gewagt, mir einige Tage unbezahlten Urlaub zu nehmen. Zwei Tage war ich krank und lag mit Fieber im Bett, ließ mich jedoch nicht krank schreiben, sondern zog es vor, den das Werk nicht belastenden unbezahlten Urlaub zu nehmen. Kollegen hatten mir dazu geraten, da »Krankfeiern« auch mit ärztlichem Attest in der Probezeit Entlassung bedeuten würde. Einige Tage hatte ich mir freigenommen, indem ich einen Umzug von Köln nach Minden vorschob, verbunden mit Wohnungsrenovierung. Die direkten Vorgesetzten, zwei Schichtführer, hatten Verständnis und bewilligten das Fehlen unter Verzicht auf Bezahlung. Betriebsleiter Runte, dessen Aufgabe es ist, alle Belange des Betriebs pedantisch wahrzunehmen, schien den entgangenen Mehrwert meiner dem Werk vorenthaltenen Arbeitsleistung als eine Art Diebstahl zu empfinden. Er sagte, schon aus Abschreckungsgründen den anderen Kollegen gegenüber sei ich für das Werk ab sofort untragbar. Ich sei ein Bummelant, wer schon so anfange, was sei dann erst später von dem zu erwarten. Als ich mich zu rechtfertigen versuche, gerade der Anfang, die Umstellung, verbunden mit dem Umzug und Wohnungswechsel, müsse in einem Betrieb, der sich »sozial« nenne, doch Verständnis hervorrufen, werde ich ausgelacht. Herr Runte ist nicht umzustimmen; er nimmt meine Argumente lediglich als Bestätigung seines einmal gefaßten Entschlusses auf.

Routinemäßig stellt er an den Mann mit dem kleinen Büchlein, der während des ganzen Verhörs nicht ein Wort gesagt hat – und der Betriebsratsvorsitzende Sinock ist, wie ich nach meinem Rausschmiß erfahre –, die Frage: »Von hier noch Einwände?« Wie abwesend antwortete der Betriebsratsvorsitzende mit einer verneinenden Kopfbewegung.

Zuletzt sagt Herr Runte noch, man sei hier bei Melitta zwar hart, aber gerecht ... Vor Weihnachten schmeiße man keinen auf die Straße. Also sei mein letzter Arbeitstag der 28. Ich hätte die Großzügigkeit dem Werk nicht gedankt, immerhin hätte ich doch auch sogar schon Weihnachtsgeld erhalten. Als ich das verneine, tritt Herr Runte in Aktion. Er demonstriert allen die Macht seines Amtes, indem er den Leiter der Lohnabteilung über Telefon anbrüllt, was das für eine Schlamperei sei, die 50 Mark Weihnachtsgeld, die jedem zustünden, an mich noch nicht ausgezahlt zu haben. »Händigen Sie das dem Mann zustehende Geld sofort aus«, brüllt er in den Hörer. Und Meister Ostermeyer erhält den Befehl, mich zur ordnungsgemäßen Auszahlung zu begleiten. »Sehen Sie, so sind wir hier, selbst das Weihnachtsgeld zahlen wir Ihnen noch«, sagt Runte vorwurfsvoll. Ich bin sehr verunsichert, beinah gerührt und komme nicht umhin, mich bei ihm zu bedanken. Um so erstaunter bin ich, als ich bei Empfang der Endabrechnung die 50 Mark wieder abgezogen finde.

Für Betriebsleiter Runte war es eine Demonstration seiner Macht – und was nicht nur für Melitta gilt: Gnade ist kein Recht!

»Natürlich kann die Stadt stolz darauf sein, daß die ›Melitta‹-Erzeugnisse den Namen Mindens in alle Welt hinausgetragen haben und täglich hinaustragen. Sicher ist es ein wesentlicher Faktor für die Volkstümlichkeit von Melitta, daß heute 3600 Menschen der über 8000 Belegschaftsmitglieder in Stadt und Land Minden zu Hause sind! Rechnet man die Familienangehörigen dazu, dann ergibt sich, daß rund ein Viertel der Bevölkerung Mindens in direktem Kontakt zu dem Melitta-Werk steht.« (Aus der Melitta-Werbeschrift: »Minden und die Melitta-Werke«)

»Sagen Sie um Gottes willen keinem, daß ich Ihnen Auskünfte über Herrn Bentz gegeben habe, ich wäre hier für immer erledigt.« (Ein führendes Mindener SPD-Mitglied, Mitglied im Stadtrat. Die SPD ist die stärkste Partei Mindens.)

1970

Gerling-Konzern
Als Portier und Bote*

>*»Um Erfolg zu haben, braucht man Kopf, Genie und Ellenbogen.«* Konzerngründer Robert Gerling

Am Telefon macht mich der Mann vom Personalbüro darauf aufmerksam, daß man eigentlich im Augenblick nicht unbedingt einen Portier oder Boten sucht, ich könne jedoch trotzdem einmal vorsprechen; falls ich die geeigneten Voraussetzungen mitbrächte, ließe sich darüber reden.

Mit entsprechenden Papieren und einem dazugehörenden Lebenslauf ausgestattet, mache ich im achten Stockwerk des Gerling-Hochhauses meine Aufwartung. Alles an mir wirkt vertrauenseinflößend, die Akzente des Lebenslaufs sind so gesetzt, daß ich für so einen Posten geradezu prädestiniert erscheine.

In der ersten Zeit werde ich an die Pforte des »GFK« (Gerling-Konzern-Friedrich-Wilhelm-Magdeburger) gesetzt. Zusammen mit zwei Kollegen sitze ich in einer »Loge«, wie die Pforte hier genannt wird. Wir haben den Kunden den Weg zu weisen, zu spät Kommende zu registrieren und interne Hauspost weiterzuleiten. Als Portier oder Bote ist man ein Stück lebendes Inventar des Konzerns. Betritt man ein Büro, um Hauspost zu überbringen, ist man angehalten, nicht anzuklopfen, um Arbeits- und Gedankengänge nicht zu unterbrechen. In der internen »Dienstanweisung für Pförtner, Boten und Notdienst« ist unter dem Punkt »Allgemeines Verhalten während des Dienstes« vermerkt: »Es ist Aufgabe des Pförtners, alles zu sehen, zu hören und zu wissen, was in seinem Dienstbereich vorgeht. Er ist korrekt, höflich und aufmerksam.«

Unsere Portiersloge in »GFK« ist in der Weite des Entrees

* Auszüge aus dem Anfangs- und Schlußkapitel

so plaziert, daß der Kunde, der vom Eingang her kommt, in der Vehemenz seiner möglichen Beschwerdegründe erst mal gedämpft und durch die weihevolle Umgebung vom Beschwerdeführer womöglich zum Bittsteller umgestimmt wird. Der Baustil hat eindeutig sakralen Charakter. Erbaut wurde das Hochhaus – in der Nachkriegszeit von den Angestellten »Neue Reichskanzlei« oder auch »Palazzo prozo« genannt – von Hitlers Lieblingsbildhauer, Arno Breker.

Der mit schwarzem Marmor verkleidete lange Korridor, der zu Gerlings Residenz führt, ist rechts und links mit Messingschalen bestückt, aus denen wie aus Opferschalen mattes elektrisches Licht sickert. Neben dem Eingang zu seinem Allerheiligsten ist ein holzgeschnitzter lebensgroßer Löwe postiert, der in »Metro-Goldwyn-Meyer«-Manier furchteinflößend sein Maul aufreißt.

Nach einigen Wochen werde ich zur Poststelle versetzt; ich erhalte eine braune Uniform; nach und nach soll ich durch alle Abteilungen durch. Dreimal täglich ziehe ich mit einem Wägelchen los, teile Post aus und kassiere welche ein, dazwischen noch kleinere Touren nach Bedarf. Zur »Tour 2«, die ich mache, gehören auch einige Vorstandsdirektoren und Gerling selbst. Viele an ihn gerichtete Briefe sind mit »vertraulich« oder »streng vertraulich« adressiert.

Je dicker die Teppiche werden, je größer die Empfangszimmer, je unübersehbarer die Statussymbole, um so schemenhafter, fader und ihrer Umgebung angepaßter werden in der Regel die Sekretärinnen. Einige sind bereits so von der Vornehmheit ihrer Umgebung durchtränkt, daß sie kaum aufblicken, wenn ich ihnen die Post überbringe, überhaupt nicht oder nur widerwillig den Gruß eines Boten erwidern. – Ein Kollege stellt einmal fest: »Wenn sie als Sekretärinnen in die Chefetage neu hinkommen, benehmen sie sich meist noch unbefangen und normal und sind sich auch nicht zu schade, einen zu grüßen oder sich sogar mit einem zu unterhalten. Sehr bald aber färbt das Klima hier auf sie ab, und sie dünken sich etwas Besseres.«

Ein Ausdruck für die Klassenstruktur im Gerling-Konzern ist das nach Rang und Stellung gestaffelte Kantinenessen. Dem »gemeinen Volk« ist der »Jahrhundertsaal« vorbehalten, ein eindrucksvoll und pompös gestalteter Eßsaal, in dem, durch die Expansion des Konzerns bedingt, die Tische immer enger gerückt wurden. Wenn man sich im Gedränge einen freien Platz sucht, muß man schon darauf achten, daß man seine Suppe nicht einem Kollegen in den Nacken schüttet. Hier muß man sich selbst bedienen, bis zu zehn Minuten in der Schlange stehen, bis einem das Essen zugeteilt wird.

Bevollmächtigte und Prokuristen haben ihre eigenen Speiseräume im Souterrain, ein Gartenkasino ist für sie reserviert. Die Vorstandsdirektoren wiederum haben ihren gesonderten exklusiv-feudalen Speisetrakt. Sie dinieren an festlich gedeckten Tischen, lassen sich erlesene Gerichte servieren.

Zu ihnen geselle ich mich unvermittelt während der Mittagspause in meiner Botenuniform, um es mir einmal richtig schmecken zu lassen. Ich trete ins Kasino ein, ein gutes Dutzend Gerling-Bosse sitzt an mehreren Tischen verteilt. Es ist reichlich Platz hier, meine Kollegen von der Poststelle würden es sich hier auch noch bequem machen können, ohne daß die Herren zusammenrücken müßten. Ich steuere auf den Tisch am Kopfende des Saales zu. Ich habe etwas Herzklopfen, denn einige der Herren blicken schon auf; es muß schon etwas Außerordentliches geschehen sein, wenn ein Bote sie hier in ihrem intimen Speisebereich aufsucht. Jedoch kein Telegramm oder eiliges Fernschreiben, mit dem ich dienen könnte. Statt dessen setze ich mich zu drei Direktoren an den Tisch. »Mahlzeit«, sage ich. Der jüngere von ihnen, in Gedanken versunken, erwidert meinen Tischgruß noch, erschrickt jedoch, als er die beunruhigt bis entsetzt dreinschauenden Gesichter seiner Tischnachbarn entdeckt.

Die Gespräche an den umliegenden Tischen geraten ins Stokken, zuvor schwirrten noch Zahlen im Raum, angeregtes bis hektisches Plaudern; jetzt heißt's für die Herren »Haltung bewahren«, nur ja nicht ihr Gesicht verlieren, sich auch außergewöhnlichen

Situationen gewachsen zeigen. Einige nehmen das Gespräch, leise und dezent, wieder auf, nicht ohne mir dabei verstohlen lauernde Blicke zuzuwerfen. Ich nehme an, auf die abgeklärteren und würdigeren unter ihnen wirkt mein Eindringen so, als ob die neue Zeit angebrochen sei, jetzt ist es soweit, jetzt brechen die Dämme auf, jetzt strömt das Volk an unsere Tische und Tröge.

Keiner wagt aufzustehen, um mich des Saales zu verweisen, dafür hat man seine Leute. Ein befrackter jüngerer Kellner, von ihnen herbeizitiert, ist dazu ausersehen, die alte Ordnung wiederherzustellen. Auch er diskret, nur ja jedes Aufsehen vermeiden. Außerdem: man kann ja nie wissen! Handelt es sich hier um einen harmlosen naiven Deppen, der das in letzter Zeit zunehmende Gerede über »Demokratie«, »Qualität des Lebens« und so weiter allzu wörtlich genommen hat und auf seine Art in die Tat umsetzen möchte, oder hat man es hier am Ende mit einem gemeingefährlichen Irren zu tun, den ein unbedachtes Wort oder allzu abruptes Vorgehen zum Amoklauf reizen könnte!? Jedenfalls, man läßt mich jetzt nicht mehr aus den Augen, gebannt starrt jetzt alles auf mich.

Der jüngere Kellner beugt sich an mein Ohr, und bevor er mir etwas zuflüstert, sage ich laut und vernehmbar, auf den Teller meines neben mir sitzenden Direktors zeigend: »Das sieht aber lecker aus. Bringen Sie mir das auch, und ebenso Champagner bitte.« – Der junge Kellner, mit gedämpfter Stimme und fast flehend: »Sie sind falsch hier, hier ist nur für Direktoren gedeckt ...« – »Ich bin genau richtig hier«, unterbreche ich ihn, »bringen Sie mir jetzt das Menü, so lange Pause hab ich nicht.« – Der junge Kellner scheint immer noch zu glauben, ich hätte mich am Ende nur in der Tür vertan. »Bestimmt, glauben Sie mir, Sie sind falsch hier, bitte kommen Sie mit, ich zeige Ihnen ...« Als ich ihn nur verständnislos ansehe: »Kommen Sie mit mir in die Küche ...« – Jetzt halte ich es doch für erforderlich, deutlicher zu werden, um nicht zu Mißverständnissen Anlaß zu geben. Auf die Direktoren zeigend sage ich: »Was soll das dann. Die werden doch auch bedient. Sind die denn was Besseres!« – Der Kellner gibt auf, mit einer Geste wie »Ich habe meine Pflicht getan, ich bin mit meinem Latein am Ende« wendet er sich an die Direktoren und entfernt sich.

Nun gut, man weigert sich, mich zu bedienen. Ich habe vorgesorgt. Aus einem Butterbrotpaket, das ich neben meinen Stuhl gelegt habe, packe ich meine Ration aus. Knäckebrot, mit Schinken belegt, einen Apfel. Als ich ein mitgebrachtes Messer in die Hand nehme, um den Apfel zu schälen, gespannte, beunruhigte Wachsamkeit bei den Direktoren. Aber ich fange mit dem Messer wirklich an, meinen Apfel zu schälen. Ich stelle ein mitgebrachtes Schnapsglas auf den Tisch. Inzwischen sind einige Minuten vergangen. Die Direktoren, darum bemüht, ihr Gesicht zu wahren, halten die Stellung. Am Anfang war ich ziemlich aufgeregt und nervös. In Anbetracht der ablehnenden Haltung einer Gruppe, die einen als einzelnen ungebetenen Gast so feindselig empfängt, ist es gar nicht so einfach, cool und unbefangen zu bleiben. Jedoch, je irritierter und nervöser die Herren des Vorstandes werden, um so gelassener und ruhiger werde ich.

Außer Atem spurtet Herr Klein ins Kasino. Mit federnden Schritten, den anwesenden Direktoren mit leichter Verbeugung zugrüßend, nähert er sich meinem Platz. Herr Klein, ein ehemaliger Kriminalbeamter, ist mein Vorgesetzter. Er ist für die Portiers und Boten zuständig und für die Werksicherheit. Klein ist mit einem Miniatursprechgerät ausgestattet, das fortwährend aufgeregt piepst und über das er Anweisungen empfängt, während er auf mich einredet.

Ich habe ihm den freien Stuhl neben mir angeboten, auf dessen vorderer Kante er Balance haltend Platz genommen hat. Er scheint den Anwesenden gegenüber dokumentieren zu wollen, daß es ihm nicht ansteht, es sich hier in einem Sessel der Konzernspitze bequem zu machen, und daß er sich rein aus dienstlichen Gründen zu ihnen auf die gleiche Sitzhöhe begibt, um mich besser ins Auge fassen und um so zwingender hinauskomplimentieren zu können.

Klein versucht's zuerst mit pragmatischen Argumenten, mich zum Aufgeben zu bringen: »Herr Gies, es ist hier das Vorstandskasino, Sie können sich das Essen hier nicht leisten.« – Ich zücke mein Portemonnaie und antworte: »Ich will es nicht geschenkt haben, ich kann's ja auch bezahlen.« Klein (besänftigend): »Hier wird auch nichts verkauft, Herr Gies ... Wer hat Sie überhaupt auf die Idee gebracht ...?«

Ich antworte: »Da brauchte mich keiner drauf zu bringen, da bin ich ganz von selbst drauf gekommen, das ist doch was ganz Selbstverständliches, längst überfällig ...« Klein: »Also, Herr Gies, ich bin jetzt 13 Jahre im Konzern, und das habe ich wirklich noch nie ...« – Ich: »Aber einer muß ja schließlich mal den Anfang machen.«

Klein wird zusehends nervöser. Mich sanft am Arm fassend und hilfesuchend zu den Direktoren blickend: »Kommen Sie mit, Herr Gies, dann unterhalten wir uns draußen weiter.« Ich (mich nicht vom Platz rührend): »Ja, aber erst, wenn ich mein Essen bekommen habe. Ich kann ja nicht mit leerem Magen wieder an die Arbeit zurück.«

Klein (ratlos): »Herr Gies, sind Sie jetzt mal ehrlich, haben Sie heute morgen Alkohol zu sich genommen?«

Ich: »Nein, wieso? Ich bin stocknüchtern.« Ich schütte das mitgebrachte Gläschen voll Korn und schiebe es Herrn Klein hin. »... Trinken Sie erst mal, Sie können einen Schluck gut vertragen. Kommen Sie, das tut gut, da beruhigen Sie sich.« Klein wehrt erschrocken ab. Darauf nehme ich das Glas und kippe es, ihm zuprostend, runter. Klein verliert die Fassung: »Das ist ein Entlassungsgrund, Herr Gies, Sie wissen, daß es für uns verboten ist, im Dienst Alkohol zu trinken.« Jetzt halte ich den Zeitpunkt für gekommen, auf die Direktoren zeigend, auf Widersprüche hinzuweisen: »Was soll das denn?« sage ich. »Die trinken doch alle hier ihren Champagner und scheinen nicht befürchten zu müssen, deshalb ihren Job zu verlieren.« Ein Direktor, der soeben sein Glas zum Trinken anhebt, läßt es erschrocken wieder sinken, wohl um mich nicht weiter herauszufordern. Er wirft einem jüngeren Kollegen einen strafenden Blick zu, der sich ein Grinsen nicht verkneifen kann.

Der Kasinochef, Herr Rüssel, erscheint. Klein springt auf; und um mich erst mal von meinem Sessel, auf dem ich wie angewachsen sitze, hochzubringen, sagt er: »Herr Gies, darf ich Ihnen den Kasinochef vorstellen, Herrn Rüssel.« – Ich erhebe mich, wie es die Höflichkeit verlangt, reiche ihm die Hand, sage »angenehm« und setze mich wieder auf meinen Platz. »Können Sie nicht dafür sorgen, daß ich endlich zu meinem Essen komme«, komme ich dem Kasinochef zuvor, »ich hab nämlich nur 30 Minuten Pause und muß gleich wieder die Post austragen, sonst kommt der gesamte Arbeitsablauf im Konzern noch durcheinander, da greift schließlich eins ins andere.« Der Kasinochef steht verdattert da. Ein Vorstandsdirektor gibt ihm und Klein mit einem Wink zu verstehen, daß sie sich entfernen sollen. Man hat wohl begriffen, daß mich ihre Argumente nicht überzeugen, im Gegenteil, zu um so beharrlicherem und hartnäckigerem Verbleiben bewegen; jetzt scheint man's mit der »Leerlaufen-lassen«-Taktik zu versuchen. Die Direktoren an meinem Tisch erheben sich, und grußlos verlassen sie den Raum.

In die Runde der Direktoren fragend: »Können Sie das verstehen, daß man mich hier einfach nicht bedient? Sie haben doch Ihr Essen auch anstandslos bekommen.« Auf die Speisekarte schauend: »*Menu*, Hühnerkraftbrühe mit Einlage, Orangensaft, Chateaubriand, Kopf- und Selleriesalat, Herrencreme, Kaffee, Cognac«, sage ich: »Sind Sie im allgemeinen zufrieden mit dem Essen hier?« – Der Jüngere am Tisch will zu einer Erklärung ansetzen, jedoch die beiden anderen geben ihm ein Zeichen, sich zu erheben, und wortlos räumen die drei das Feld. Sie haben ihre vollen Champagnergläser zurückgelassen, und freundlich der Runde der noch Verbliebenen zuprostend, genehmige ich mir den edlen Tropfen.

Nun sitze ich wieder allein am Tisch. Nur noch sechs Direktoren sind, der Dinge harrend, die noch kommen mögen, auf ihren Plätzen verblieben. Ihretwegen bleibe ich auch. – Ein Herr kommt zielstrebig auf meinen Tisch zu. Ein tatendurstig dreinschauender und forsch auftretender Jüngerer, der sich als Personalchef vorstellt.

Personalchef: »Ich weiß nicht, was Sie veranlaßt hat, sich hier zu plazieren?!«

Ich: »Och, dafür gibt es viele Gründe. Daß ich es nicht tun sollte, dafür gibt's eigentlich keinen. Ein Grund ist, daß mein Arzt mir empfohlen hat, diese Dampfkost im Jahrhundertsaal zu meiden und dieses als Schonkost viel besser geeignete Essen hier zu mir zu nehmen, ich hab nämlich einen nervösen Magen.«

Personalchef: »Sehen Sie mal, hier hat jeder seinen eigenen Bereich, seinen bestimmten Arbeitsplatz in seinem jeweiligen Büro. Sie können sich ja auch nicht einfach auf einen anderen Arbeitsplatz setzen und sagen, ›die Arbeit hier gefällt mir besser, die mach ich jetzt. Ich will hier sitzen und nicht da‹.«

Ich: »Aber das ist doch etwas ganz anderes. Das hat mit Einarbeitung, einer gewissen Qualifikation und so zu tun. Aber essen, das kann doch wohl jeder. Um ein Glas Champagner zu trinken, brauch ich doch keine besondere Ausbildung.«

Personalchef: »Von einem Vorstand kann man eben erwarten, wenn er mittags seinen Sekt trinkt, daß ihm das nichts ausmacht ... In jedem Unternehmen gibt es Ordnungsvorstellungen und Unterschiede, die ihren Sinn haben und ihren Zweck erfüllen.

Unterschiede gibt es überall. Das fängt bei der Bezahlung an. Sie leisten Ihre Arbeit, Herr S. leistet seine Arbeit, ich leiste meine Arbeit, warum kriegen wir alle unterschiedliche Bezahlung?«

Ich: »Ja, da fängt die Ungerechtigkeit an. Ich bekomm 746 Mark raus, verheiratet, ein Kind, kämen Sie damit aus?«

Personalchef: »Dann muß man sich eben einen anderen Beruf aussuchen, wo man mehr bekommt, wenn Ihnen das hier nicht paßt.

Sehen Sie mal, das sind Ordnungsstrukturen und Prinzipien, die sind Jahrhunderte und Jahrtausende alt, die sind gewachsen, die können Sie doch nicht über den Haufen schmeißen. Diese Rangunterschiede, die findet man, wenn man bis ins Tierreich zurückgeht. Da frißt erst der männliche Löwe, und was der übrigläßt, das kriegt die Löwin mit den Jungen und dann kommen die Schakale dran, ich will sagen, das ist gewachsen, das ist Natur ...«

Ich: »Und da sollen wir die Rolle der Schakale übernehmen. Das würde Ihnen so passen. Im Grunde ist's nur konsequent, was Sie da von sich geben. Sie berufen sich auf die Gesetze der freien Wildbahn, nach denen hier ja auch gehandelt wird.«

Personalchef: »Aber Sie können das mit Ihrer wilden Demonstration hier doch nicht aus den Angeln heben. Da brechen Sie sich das Genick bei. Was Sie da wollen, da müssen Sie versuchen, in einer klassenlosen Gesellschaft eine Arbeit zu bekommen, da können Sie lange drauf warten. Da sind Sie bei uns absolut fehl am Platz!«

Wie ein Lauffeuer spricht sich die Kasino-Entweihung und -Besetzung im Konzern herum. Ich habe die Lacher auf meiner Seite, und wenn ein Vorstandsdirektor eine Gruppe von Angestellten passiert, bricht Gelächter aus.

Ich gestatte es mir noch, im Allerheiligsten des Dr. Gerling Platz zu nehmen.

Einem Pförtner-Kollegen gebe ich einen Hinweis: »Falls mich

jemand suchen sollte, ich bin während der Mittagspause im Büro von Dr. Gerling. Es ist an der Zeit, daß das endlich mal einem sinnvollen Zweck zugeführt wird, da es ständig unbesetzt ist. Die anderen Kollegen von der Poststelle sollen nachkommen.«

Gerlings Büro hat saalartigen Umfang. Eine Fläche, wie sie sonst einem Großraumbüro zukommt, und die doppelte Höhe der üblichen Etagen, in denen Angestellte arbeiten. Ein lederbezogener Schreibtisch und Sitzgruppen aus Leder. Auf einer Empore Gerlings Bronzeschädel und der seines Vaters. Auf dem Schreibtisch wieder Gerlings Machtanspruchssymbol, gleich in zweifacher Ausfertigung. Ein Globus, einmal vergoldet, einmal in Kristall, beide von einem »G« umschlungen. Exakt senkrecht liegend und genau gleichmäßigen Seitenabstand haltend sind goldene Füllfederhalter und Kugelschreiber postiert. Dann Gerlings Leitspruch in goldenen Buchstaben gestanzt: »FORTES FORTUNA ADJUVET« (Den Starken steht das Glück bei!). Auf einen Zettel, den ich daneben lege, schreibe ich: »Aber nicht mehr lange! Die Schwachen vereint sind stärker!« Ein Strauß frischer Nelken steht auf seinem Schreibtisch. Eine von den zwei Dutzend erlaube ich mir abzubrechen und ins Knopfloch meiner Botenuniform zu stecken.

Ich sitze auf seinem Sessel hinter dem Schreibtisch, als im Laufschritt zwei Bevollmächtigte erscheinen. Ich bin gerade dabei, einen Apfel zu essen. Sie führen mich zu einem Empfangssaal parterre und versuchen, mich über die Motive meines Handelns auszufragen. Der eine bietet mir bei dem Verhör sogar eine Zigarette an.

Ich sage, das sei doch die selbstverständlichste Sache der Welt, und die Kollegen kämen demnächst auch. Sie müßten sich halt damit abfinden, es sei ein ziemliches Umdenken im Gange, und so etwas seien nur die äußeren Zeichen für die beginnende Vergesellschaftung derartiger feudaler Konzerne. Man geleitet mich zu dem Raum, wo meine Einstellung erfolgte. Der Bevollmächtigte sagt, er hätte in letzter Zeit beobachtet, wie sich meine Gesichtszüge verändert hätten, es sei für mich sicher an der Zeit, einmal rundum auszuspannen, am besten gleich einen Arzt zu konsultieren. Jetzt solle ich erst mal nach Hause gehen, ich würde dann von ihnen hören. –

Am nächsten Morgen wird mir durch einen Gerling-Boten die Kündigung überbracht; und zwar an die Adresse, die ich als Deckadresse angegeben hatte.

»Unter Bezugnahme auf den Dienstvertrag«, heißt es da mit vorsichtiger Höflichkeit, »müssen wir Ihnen leider mitteilen, daß wir nicht beabsichtigen, das Dienstverhältnis ... fortzusetzen.

Im übrigen nehmen wir Bezug auf das mit unserem Prokuristen geführte Gespräch, wonach Sie mit sofortiger Wirkung von der Dienstleistung freigestellt sind ...

Mit freundlichen Grüßen
Gerling-Konzern«

PS: In der örtlichen Boulevard-Zeitung »Express« erschien am Tag darauf die rührende Geschichte vom »Botenjungen, der einmal mit den Chefs speisen« wollte (siehe folgende Seite).

1973

Traum des Bote[n]

Einmal mit den Chefs speisen

Jetzt ist er vom Dienst suspendiert

Von VOLKER NEUSS

exp **Köln** — Einmal im Leben speisen wie ein Generaldirektor, das war der Traum des Botenjungen Victor V. Bewaffnet mit einem Butterbrotpaket, setzte er sich in den Direktorenspeisesaal seiner Firma und aß seelenruhig seine Mittagsmahlzeit. Niemand konnte ihn von seinem Tisch vertreiben. Da kapitulierten die Manager, die am Nebentisch einen Geburtstag feierten und verließen den Saal. Der Botenjunge wurde vorläufig von seinem Dienst suspendiert.

Höchst erstaunt waren mehrere Gerling-Bosse, als sie in ihrem Speisesaal plötzlich einen livrierten Hausboten vorfanden. Viktor V. bat die Serviererin: „Bringen Sie mir bitte ein Menü. Ich will es nicht geschenkt haben, sondern zahle."

Für den Michael Kohlhaas des Gerling-Konzerns gab es jedoch kein Essen. Da packte er seine mitgebrachte Tüte aus, aß seinen Apfel und trank ein Schnäpschen aus einer mitgebrachten Flasche.

„Wenn die Direktoren hier Alkohol trinken dürfen, kann ich das auch", erklärt er der fassungslosen Serviererin. Am Nebentisch feierten mehrere Direktoren den Geburtstag eines ihrer Kollegen mit Sekt.

Nach und nach verließen die Gerling-Bosse verärgert das Kasino. Der nicht eingeladene Bote blieb hingegen sitzen — bis ein Betriebsrat und ein Personalsachbearbeiter auftauchten.

Am nächsten Tag sollte er ein Gespräch mit dem Leiter der Personalabteilung haben — doch so weit kam es nicht. Viktor V. wollte auch einmal im Zimmer des Firmenchefs, Dr. Hans Gerling, sitzen.

Die Gelegenheit war für ihn günstig — Gerlings Sekretärinnen waren nicht im Chef-Zimmer.

Doch auch hier konnte er nicht lange bleiben.

Vom Gerling-Konzern war keine offizielle Stellungnahme über die Schmonzette zu erfahren. Ein langjähriger Pförtner zu EXPRESS: „Unser ganzes Haus schmunzelt. So etwas haben wir noch nicht erlebt."

Auszüge aus der Verteidigungsrede vor dem Kölner Amtsgericht am 10.12.1975

Verhandlung wegen Gebrauch falscher Ausweispapiere im Fall Gerling

Vorweg etwas Grundsätzliches: Ich komme mir hier doch ziemlich deplaziert vor. Warum sitzt hier anstatt meiner nicht Herr Gerling auf der Anklagebank? Warum ist da nie ein Verfahren gegen ihn wegen betrügerischen Bankrotts eingeleitet worden? Aber das ist ... (Vom Richter unterbrochen)

Man macht mir heute von seiten der Öffentlichkeit bereits Vorwürfe, daß ich meine Dienste im Gerling-Konzern nicht dazu genutzt habe, Einblicke zu nehmen in »streng vertrauliche« Korrespondenz, die zwischen Hans Gerling und Ivan D. Herstatt als Hauspost kursierte und die z.T. von mir als Kurier überbracht wurde: Vor dem Herstatt-Bank-Krach! Hätte ich da die Courage gehabt, das Postgeheimnis zu verletzen, wären unter Umständen die betrügerischen Manipulationen rechtzeitig an die Öffentlichkeit gekommen, und der unermeßliche Schaden, der Kleinsparern und Geschäftsleuten entstanden ist – ganz zu schweigen von dem Imageverlust des Bankgewerbes –, wäre womöglich abgewendet worden.

Ich habe einen Anwalt konsultiert, der mir sagte, daß es straffrei sei, falls dem Urheber der Papiere kein Schaden entsteht und der Urheber der Papiere grundsätzlich einverstanden ist ...

Im übrigen habe ich im hier zur Verhandlung stehenden Fall – im Gerling-Konzern – auch meine Arbeitsleistung erbracht, im wörtlichen Sinne der Boten- und Portiersarbeiterordnung, in der es heißt: »Es ist Aufgabe des Pförtners und Boten, alles zu sehen, zu hören und zu wissen, was in seinem Dienstbereich vorgeht ... er ist korrekt, höflich und aufmerksam.« ...

Die Anklagepunkte erwecken in der Öffentlichkeit doch stark den Eindruck, daß ich in betrügerischer Absicht aus »schnöder Gewinnsucht« gehandelt hätte, da differenziert man nicht mehr ... und genau dieser Eindruck soll ja auch entstehen. Einmal mit dem Stempel des »Kriminellen« versehen, braucht man sich mit den Fakten gar nicht mehr auseinanderzusetzen. Ich erlebe es doch schon im engsten Umkreis, wie die beabsichtigte Wirkung sich einstellt. Meine eigene Mutter, 74 Jahre alt, hat den *Express* gelesen, ruft mich schluchzend an und sagt: »Um Gottes willen, was wirft man dir da vor: ›Unterschlagung‹! Das kann doch nicht wahr sein, das ist doch nicht mein Sohn.«

... Das ist der Eindruck, der in einer breiteren Öffentlichkeit entsteht ...»Ausweispapiermißbrauch«, »Urkundenfälschung«, »Unterschlagung«, da sind die Grenzen fließend, so was tut man doch nur, wenn handfeste Gewinn- und Bereicherungsabsichten dahinterstecken. Der Anzeigeerstatter, Kurt Ziesel*, hätte die Assoziation gern noch ausgeweitet auf »Hausfriedensbruch«, »Betriebsspionage«, »Volksverhetzung« ...(Protest vom Richter)

Aber so weit kooperierte die Staatsanwaltschaft nun doch nicht. Wo leben wir denn, doch nicht mehr im Dritten Reich, wo der Anzeigeerstatter seinen Ausgangspunkt hat ... (Richter protestiert) ...

Über zwei Jahre ist nun das Verfahren gegen mich anhängig, obwohl es eigentlich nichts zu ermitteln gab, ich habe immer zu der Methode gestanden und sie auch in den Reportagen genau dargestellt. Das Verfahren paßt plötzlich so gut in die neue politische Landschaft.

Es spricht viel dafür, daß Ziesel im Auftrag des Rechtskartells agiert. Bereits vor einem Jahr hatte Ziesel zusammen mit dem jetzigen Leiter der Gerling-Pressestelle, David, wegen derselben Sache Beschwerde eingelegt vor dem Deutschen Presserat. Der

---

* Kurt Ziesel hatte sich bereits im »Dritten Reich« als Denunziant hervorgetan: Er wollte die Köchin in seinem Gut in Oberösterreich wegen »deutschfeindlicher Äußerungen« ins KZ befördern lassen. Ziesel: »Es ist notwendig, daß die Heimat rücksichtslos gegen solche gesinnungslosen Elemente einschreitet ... Sie hat eine Gesinnung verraten, die reif fürs KZ ist.«

hatte sich jedoch geweigert, eine Rüge auszusprechen und sich so zum verlängerten Arm von Unternehmerinteressen machen zu lassen. Er hatte grundsätzlich festgestellt, daß es unter Umständen zur Wahrheitsfindung für einen Journalisten notwendig sei, unter anderer Identität aufzutreten.

Man sollte vielleicht wissen, daß Gerling und Strauß politisch befreundet sind, daß Ziesel wiederum Freund und Intimus von Strauß ist und daß das am äußersten rechten Rand der deutschen Presse angesiedelte *Deutschland-Magazin* Ziesels aus Kreisen der Großindustrie finanziert wird, die wohl auch als geistige Mäzene den Inhalt mitbestimmen.

Es gab schon einmal eine konzertierte Aktion zwischen *Deutschland-Magazin* und Unternehmerinteressen, als nämlich der fünfseitige Aufmacher erschien: »Die abnorme Persönlichkeit des Günter Wallraff, Methoden und Maskeraden eines linksextremen Klassenkämpfers«, (Protest vom Richter) ... in dem versucht wurde, mich als psychisch krank zu stempeln. Wörtliche Passagen ... (Unterbrechung vom Richter)

Nachdem all diese Aktionen nicht den gewünschten Erfolg hatten, wurde Ziesel mehrmals bei der Staatsanwaltschaft vorstellig, um, wie er sich ausdrückte, dem »fortgesetzten kriminellen Treiben Wallraffs« Einhalt zu gebieten. Kein anderer als dieser ehemalige Nazi-Schriftsteller hat sich offensichtlich bereit gefunden, mich anzuklagen und sich damit zum Handlanger Gerlings zu machen ...

Im Namen der arbeitenden Bevölkerung habe ich meine schriftstellerischen Arbeiten entwickelt und letztlich auch die fragwürdige Prominenz meines Namens aufgebaut, von ihr erhalte ich nach wie vor Rückendeckung und Legitimation. Das drückt sich z. B. darin aus, wenn Kollegen aus Betrieben zu mir kommen oder mich anschreiben, mir ihre Arbeitspapiere anbieten, mir damit vorübergehend ihre eigene Existenz ausleihen, mich ausdrücklich dazu auffordern, diesen oder jenen Konzern, dem sie ausgeliefert sind, von innen her als einer der ihren zu untersuchen, um dadurch vielleicht mithelfen zu können, Machtverhältnisse zu verändern.

Die Gefahren und Versuchungen, diesem Anspruch entrückt

und entfremdet zu werden, sind in dieser Gesellschaft sehr groß. Dieser gefräßige – alles Unangepaßte und Querliegende – verschlingende Verdauungsapparat der bürgerlichen Öffentlichkeit! Was sich nicht kaputt- und unterkriegen läßt, wird eben geradegebogen. Prominenz hat meist schon etwas von Prostitution an sich. Als prominenter Schriftsteller kommt man doch – ob man will oder nicht – in den Genuß etlicher Privilegien, erlebt die Welt aus einem anderen Blickwinkel, wird automatisch milder gestimmt, wird zu denen herübergezogen, für die Demokratie doch schon weitgehend verwirklicht ist, rückt aus der Frontexistenz des Proletariers in einen gesellschaftlichen Schonbereich hinein.

Auch diese Verhandlung heute ist Ausdruck dafür. Ich erlebe einen höflichen und sittsamen Staatsanwalt und einen Richter, die ihre Anklage behutsam, fast milde vorbringen, angesichts des Aufgebots der Presse und Öffentlichkeit, die als demokratische Kontrollinstanzen hier Anteil nehmen. Ich muß offen zugeben, es ist mir etwas unwohl dabei, wenn ich mir vorstelle, wie ohne Öffentlichkeit mit einem anonymen Arbeiter verfahren würde, der sich aus gleichem Anlaß hier zu verantworten hätte; mit dem würde kurzer Prozeß gemacht!

Ich hätte mir gewünscht, hier wäre als Justizvollstrecker ein Richter vom Schlage des Somoskoys' – dieser Scharfmacher vom Dienst – (Protest des Richters) aufgeboten worden. Der hätte Ihnen hier ein Lehrstück von Klassenjustiz bieten können. – Aber der verhandelt seit Wochen – hier im gleichen Gebäude zwei Säle weiter – fast unter Ausschluß der Öffentlichkeit gegen namenlose Türken, denen er abwechselnd den Mund verbietet. – Ich fordere die hier versammelten Kollegen der Presse eindringlich auf, nehmen Sie mit dem gleichen Engagement Anteil an dieser Aburteilung der türkischen Kollegen, denen langjährige Haftstrafen drohen, ausgeliefert einem Richter, der, mit dem Zynismus und der Arroganz eines Junkers und Herrenmenschen ausgestattet – man sollte den Begriff »Faschist« nicht überstrapazieren –, Arbeiter und Nicht-Akademiker abkanzelt und runterputzt ... (Protest- und Ordnungsruf des Richters)

Ich komme zur Sache, ich spreche gerade von Privilegien. Ich bitte den Richter, sich bei der Urteilsfindung nicht von der hier versammelten Öffentlichkeit beeindrucken zu lassen, vielmehr so zu verfahren, wie bei jedem anonymen Arbeiter, der ihm ausgeliefert wäre.

Ich lehne es ab, unter der Schutzbezeichnung »Künstler« oder »Schriftsteller« zu firmieren. Von daher ist es für mich lebensnotwendig und unverzichtbar, immer wieder und bei sich einstellendem äußerem Erfolg um so langfristiger und nachhaltiger aus der Rolle des akzeptierten Autors auszubrechen, der leicht eine Alibifunktion zugestanden bekommt, in dem Sinne, daß man sagt, »was sind wir doch für eine freie demokratische Gesellschaft, da gibt's einen, der macht nach wie vor solche gewagten provozierenden Sachen und läuft immer noch frei rum!«

Damit wird darüber hinweggetäuscht, daß jeder Arbeiter, der das gleiche unternimmt, nicht nur seine Existenz verliert, sondern bei Wiederholung Gefängnis und Psychiatrisierung riskiert. Es mag an einem Mangel an Abstraktionsvermögen liegen, daß ich nur darüber aussagestark und glaubwürdig berichten kann, was ich zuvor selbst erlebt habe. Würde ich diesen meinen Hauptwesenszug durch Wegloben oder Bedrohung und Kriminalisierung verleugnen oder ablegen, käme es einer Selbstaufgabe oder bei Verurteilung dem Versuch eines Berufsverbotes gleich.

Wir leben in einer Gesellschaft, in der das Normale, Selbstverständliche mit dem Geruch des Außergewöhnlichen, Verbotenen behaftet ist. Eine wirklich offene, durchdemokratisierte Gesellschaft, in der diese imaginären Warnschilder vor den Fabriktoren »Vorsicht, Sie verlassen den demokratischen Sektor der BRD« entfernt wären, würde sich der Kontrolle ja nicht entziehen, sondern geradezu dazu auffordern ... In dieser Gesellschaft, die es zäh und Schritt für Schritt zu verwirklichen gilt, würde eine Arbeit wie die meine sich langfristig erübrigen. Dort würde diese Kontrolle ganz legal und selbstverständlich von den dort Arbeitenden selbst von innen und unten her wahrgenommen. Obwohl es dieses »unten« dann bereits nicht mehr gäbe.

Man kann es steuern, sich experimentell dahinrücken, von wo aus man seinen Standort definiert. Einige Autoren haben begonnen, nicht als Lehrende zu kommen, sondern als Lernende. Sie haben begriffen, daß, bevor sie »die Wahrheit über die schlimmen Zustände denen sagen, für die die Zustände am schlimmsten sind« (Brecht), sie zuerst einmal diese Zustände von ihnen erfahren müssen.

Diese Notwendigkeit stellt sich nicht allein den Autoren! Dem Richter täte es gut, bevor er seine Urteile im »Namen des Volkes« fällt, z. B. Sozialarbeit im Dienste des Volkes in einem Rehabilitierungszentrum zu leisten; dem Lehrer, bevor er seine Zensuren erteilt, z. B. Nachhilfeunterricht den Kindern der Unterschicht zu vermitteln; dem Volksvertreter im Parlament, bevor er Gesetze schafft, sich den Gesetzen z. B. in den Produktionsstätten, in der Armee und anderen Trainingsräumen der Gesellschaft selbst langfristig und wiederholt von unten her auszusetzen.

Dieses neue Selbstverständnis ist bei einzelnen jüngeren Abgeordneten, Lehrern und sogar Richtern neuerdings hier und da anzutreffen.

Statt behindert und eingeschüchtert zu werden; statt mit Berufsverbot bedroht, müßte dieses Prinzip geradezu institutionalisiert werden, damit es Schule machen kann!

1975

In erster Instanz Verurteilung zu 560,– DM Geldbuße; in zweiter Instanz Freispruch mit der Begründung »Tatbestandsirrtum«; der Angeklagte hätte in »blindem Drange« irrend gehandelt.

Special guests

Es gibt Situationen im Leben, da lernst du einen Menschen in einem Augenblick besser kennen als in jahrelangem Gedankenaustausch oder in noch so vertraulichen und übereinstimmenden Gesprächen.

So ein erkennendes Moment ergab sich in doppelter Hinsicht Mitte Oktober 1973 anläßlich eines Verlagsempfangs im Nobelhotel Hessischer Hof in Frankfurt. »Ihr da oben – wir da unten« war soeben erschienen und in kürzester Zeit – für mich überraschend – zum Bestseller geworden.

So war es unvermeidlich, mich damit auch auf der Frankfurter Buchmesse präsentieren zu müssen. Das kostet mich immer einiges an Überwindung. Denn als Autor in der Koje des Verlags hockend, bist du in der klassischen »Kof-mich-Situation« der Prostituierten. Noch unbefriedigender empfinde ich es, im Gewühl des Messetrubels ständig Menschen zu begegnen, die du lange nicht gesehen hast und mit denen du dich gerne unterhalten möchtest, aber schon faßt dich der nächste am Arm. Das ist übrigens mit ein Grund, warum ich Parties meide, statt dessen Gelegenheiten schaffe, im kleinen Kreis zu feiern.

Jedenfalls auf dem Verlagsempfang im Hessischen Hof fühlte ich mich total fehl am Platz. Es war das Feinste aufgetischt, auf silbernen Tabletts und von allem zu viel. Ich hatte auch den Eindruck, daß die Mehrheit der geladenen Gäste eher übersättigt war. Ich war in Begleitung einer Freundin, die, so hatte sie mir gestanden, solche Empfänge geradezu genoß, shake hands hier, Küßchen dort, um so Menschen kennenzulernen, die ihr beruflich von Nutzen sein konnten.

Mich überkommt zu solchen Anlässen oft eine depressive Stimmung. Entweder trinke ich dann zu viel oder versuche mich anderweitig zu entziehen. So habe ich einmal ein Gartenfest des Verlages Jahre später unbeschadet überstanden, indem ich von Anfang an unbemerkt den höchsten Baum erklomm, um von oben herab als stiller Beobachter dabeizusein.

»Ich hau hier ab«, flüstere ich meiner Freundin im Hessischen Hof, als Reinhold Neven Du Mont, der Verleger von Kiepenheuer & Witsch, zu einer kurzen Begrüßungsrede ansetzte. »Amüsier dich gut.«

Der livrierte Portier riß mir die schwere Glastür auf. Ich gab ihm einen 10-Mark-Schein als Trinkgeld und bedankte mich mit Handschlag völlig unpassend von Kollege zu Kollege. (Es war schließlich gerade drei Monate her, daß ich als Portier und Bote den Gerling-Konzern heimgesucht und verunsichert hatte.)

Ich war erst mal froh, es geschafft zu haben, unbemerkt ins Freie zu gelangen. Ziellos schlenderte ich durch die Stadt und steuerte – wie es mir in fremden Städten oft passiert – automatisch den Bahnhof an. Dort streckte mir eine abgerissene Gestalt – ein hagerer etwa 70jähriger – die Hand entgegen und fragte eher schüchtern, ob ich ihm eine Mark geben könne, er habe den ganzen Tag noch nichts gegessen. Ich wollte ihm schon das Geldstück in die Hand drücken, als mir einfiel, daß ich selber Kohldampf hatte, da ich auf dem Empfang nichts angerührt hatte.

So kam ich auf die Idee, ihn zum Essen ins Bahnhofsrestaurant einzuladen, es reizte mich auch, sein Schicksal zu erfahren. Sofort ging er auf meine Einladung ein, daraus schloß ich, daß es nicht der übliche Alkoholikertrick war, Hunger nur vorzutäuschen. »Gestatten Sie mir, zuvor noch einem Bekannten Bescheid zu geben, der im Rot-Kreuz-Wartesaal sitzt, der auch seine Wohnung verloren hat und mit dem ich meine Einnahmen teile. Er würde eher verrecken als zu betteln.«

Um es abzukürzen: In dem Wartesaal saßen über ein Dutzend Menschen, die von Not gezeichnet waren, eine etwa 30jährige Hochschwangere dabei und ein Einbeiniger mit Krücken.

Da kam mir die Idee ganz spontan: Ich lud sie alle ein, mit zu dem Empfang zu kommen, erzählte von meiner Arbeit in Fabriken, daß ich auch schon in Obdachlosenheimen gelebt hätte und aus Anlaß des großen Bucherfolges nun dieses Fest stattfände. Es verlangte einiges an Suggestivkraft, sie von der Ernsthaftigkeit meiner Einladung zu überzeugen, denn ich war für sie ein Unbekannter. Mit der Straßenbahn erreichten wir schließlich den Hessischen Hof, das damals und wohl heute noch exklusivste Hotel der Messestadt.

Und wir hielten Einzug.

Ich muß zugeben, es kostete mich einiges an Selbstüberwindung, an der Spitze der Bettler und Obdachlosen das Nobelhotel zu betreten. Einige trugen ihr Hab und Gut in Plastiktüten und Kartons mit sich. Der Portier, vor Schreck erstarrt, stellte sich uns entgegen und verwehrte den Eintritt. Erst, als ich mich zu erkennen gab, und ihn mit festentschlossener Stimme und weichen Knien anherrschte: »Wir werden erwartet, das sind alles geladene Gäste!«, wich er zur Seite und ich habe das Bild heute noch – nach 28 Jahren – wie in einem Film zeitlupenhaft präsent, wie wir auf dicken Teppichen gemessenen Schrittes schweigend Einzug hielten. Hotelgäste im Foyer wichen erschrocken zur Seite.

Im Festsaal angelangt starrte mich meine zurückgelassene Begleiterin fassungslos an. Sie plauderte gerade angeregt mit einem sehr einflußreichen Zeitungsverleger. Der war mir einen wütenden Blick zu und verließ fluchtartig den Saal. Meine Freundin machte mir anschließend eine Szene, da sie »die Aktion total unmöglich fand«, so daß es mir nicht allzu schwer fiel, mich augenblicklich von ihr zu trennen.

Einigen merke ich an, daß sie unser Erscheinen auch als störend bis provokant empfanden, sie beherrschten sich aber und versuchten, sich nichts anmerken zu lassen. Ganz anders die Reaktion des Gastgebers. Reinhold Neven Du Mont erkannte die Angemessenheit und Symbolik sofort, ging spontan und mit der ihm eigenen Herzlichkeit auf uns zu und hieß uns willkommen.

Da war nichts an Verkrampfung und Verstellung und so wurde das Fest umfunktioniert zum Abend und Nachtmahl der Bettler.

Anschließend mieteten wir einen Saal bei einem in der Nähe liegenden italienischen Restaurant und feierten mit unseren

Überraschungsgästen im Mittelpunkt bis tief in die Nacht. Danach besorgten wir ihnen Hotelzimmer und gaben ihnen noch Geld für die nächsten Tage.

Die Zeche teilte ich mit meinem Verleger.

2001

Fürstmönch Emmeram
und sein Knecht Wallraff*

Der Bruder des Regierenden Fürsten von Thurn und Taxis, Seine Durchlaucht Fürst Emanuel, jetzt schlicht Pater Emmeram genannt, ist Schloßherr und Prior zugleich. Seit 20 Jahren bewohnt er ein an die hundert Zimmer großes Schloß, eins der mehr als 20 Schlösser des fürstlichen Besitzes. Er ist Verwalter des fürstlichen Familienbesitzes und Diener Gottes in einer Person. In einem kirchlichen Klosterführer ist das »Kloster Prüfening« mit aufgeführt, Zahl der Mönche, neben ihm, dem Prior: 1. Aber auch dieser eine Getreue hat sich inzwischen abgesetzt. Pater Emmeram hat das Reich für sich, ein von einer hohen Mauer umschlossenes elf Hektar großes Terrain am westlichen Stadtrand von Regensburg.

Eine hagere schwarze Gestalt steht winzig vor dem Eingang eines gewaltigen Schlosses mit 90 dunklen Fensteröffnungen an der Vorderfront. Auf der knirschenden Kiesauffahrt nähern wir uns dem Schloßherrn. Als wir nach ein- bis zweiminütigem Aufihnzugehen auf Begrüßungsnähe heran sind, reicht er jedem zwei Finger seiner rechten Hand, und als wir – voreilig – unser Anliegen vorbringen wollen, bringt er uns mit einer kurzen Handbewegung zum Schweigen und weist auf die eben hinter dem Klosterpark versinkende Sonne.

Nach kurzer Andacht fragt er nach unserem Begehren. Ich erkläre, mein Begleiter und ich seien fest entschlossen, der Welt zu entsagen, um in ein Kloster einzutreten. Wir hätten uns bereits einige angesehen, hofften hier jedoch die günstigsten Bedingungen

---

* In das Klosterschloß begleitete mich mein Freund, der Pädagoge Wolfgang Erdle, ohne dessen profundes klerikales Wissen ich dieser Rolle nicht gewachsen gewesen wäre. Mit Rat und Tat stand er mir zur Seite.

anzutreffen, da bei ihm, wie wir gehört hätten, ja alles leerstünde. Er scheint unserer »Berufung« nicht so recht zu trauen, bittet uns nicht herein und meint, Übernachtungsquartiere habe er nicht. Es sei ungewöhnlich, da er seit Jahren vergeblich um Nachwuchs bemüht sei, daß da plötzlich gleich zwei Bewerber »hereingeschneit« kämen. Es habe zwar schon einmal jemand auf ungewöhnliche Weise bei ihm um Aufnahme als Mönch nachgesucht, indem er morgens vor seiner Klostertür gelegen habe, der auch später für niedere Arbeiten getaugt habe, aber das sei schon lange her. Mit dem Hinweis, daß er noch seine Komplet zu beten habe, bevor es ganz dunkel sei, schickt er uns wieder fort. Wir sollen kirchliche Führungszeugnisse und sonstige Unterlagen über unsere bisherige Tätigkeit in der Welt beibringen und dann wiederkommen.

Zwei Tage später, sonntags zur Frühmesse, finden wir uns erneut bei ihm ein.

Er führt uns zur näheren Prüfung in die Bibliothek. Die verlangten Papiere sind zwar noch nicht beigebracht, jedoch die Ausforschung des religiösen Lebens tritt in den Hintergrund, als ich durchblicken lasse, daß ich eine 100000-Mark-Erbschaft gemacht hätte. »Das wären ja denn 600–700 Mark Zinsen im Monat«, beginnt er zu rechnen, »da brauchte man das Vermögen vorerst gar nicht angreifen, da könnte man von den Zinsen …, bei unserer Sparsamkeit.«

Dann stellt er uns seine Erfolgsbilanz auf: »Wir haben hier schon ganz nett aufgebaut, und es gedeiht mit Hilfe der göttlichen Vorsehung und mit eigenem aktivem persönlichem Mitwirken immer mehr. Mit acht Mark bin ich hierhingekommen, jetzt haben wir schon einen ganz prächtigen Grundbesitz und Gelder, die nett Zinsen werfen. Ich habe geschaut, daß wir Waldgrundstücke erben, und da haben wir jetzt schon 50 Hektar zusammen, zum Teil neu aufgeforstet. Dann haben wir noch einige Erbschaften in letzter Zeit bekommen. Häuser, bei denen Mieten rauskommen und Grundstücke dabei sind, die sehr wertvoll jetzt allmählich werden, sie liegen am Randgebiet der Stadt, da kostet der Quadratmeter jetzt schon 40 Mark. Wir wollen zwar nicht wuchern, aber sollen mit den Talenten, die Gott uns geboten hat, schon wuchern, wir wollen das göttlich verwerten. Da ist eine gute Frau, die uns ihr Vermächtnis schon lange vermacht hat.«

Er redet pausenlos, sein blasses Asketengesicht rötet sich, sein meistgebrauchtes Wort ist »aufbauen«. »Ich nehme mir halt die Zeit, die notwendig ist zum Aufbauen, und ich baue da auf, wo es möglich ist, ich kann nicht da aufbauen, wo es momentan nicht möglich ist, aber wir haben schon manches so aufgebaut, mit Gottes Hilfe werde ich schon einiges zusammentragen. Habe z. B. vor acht Jahren ein Haus geerbt von einer Frau, die ich vorher gar nicht gekannt habe, voriges Jahr auch. Dann sag ich dann zu anderen Äbten, die mich fragen, wie machen Sie das, wir kriegen nie was? ›Ja, da sieht man den Willen Gottes sich kundtun, hier soll halt was aufgebaut werden.‹«

Direkt zu mir zugewandt: »Man muß sich halt wie ein Geschäftsmann, der neu anfängt, hineinknien in die Sache«, und dann noch ein Spruch aus seiner Unternehmermoral, aus dem Stammbuch derer von Thurn und Taxis, ein Leitsatz des Kapitalismus: »Es muß vorwärtsgehen, denn wenn es nicht vorwärtsgeht, dann geht es zurück!«

»Wir nehmen nur solche auf, die wirklich Gott dienen wollen und bewegt von einem Ideal sind und Ganzeinsatz leisten. Wir sind keine Versorgungsanstalt für Arbeitslose und für solche, die vielleicht draußen in der Welt nicht zurechtkommen.«

Meine Aktentasche, die ich neben mir stehen habe, hat es ihm angetan, mehrmals fragt er nach der Bewandtnis dieser Tasche. Ich sage ihm, es sei unsere Proviantasche. Als er uns das Gästebuch zum Eintragen vorlegt und ich die Tasche auf den Tisch stelle, erwacht erneut sein Mißtrauen. »Sie tragen da immer diese Tasche mit sich herum. Nicht, daß da ein zerlegtes Maschinengewehr drinsteckt und zuletzt sind Sie noch von dieser ›Roten Truppe‹ da!« Wir beruhigen ihn, und schließlich lacht er mit über diesen makabren Scherz. Seine unterschwellige Angst, womöglich mit Waffengewalt um seinen zusammengerafften Besitz gebracht zu werden, mündet später in eine besondere Drohung: Am Ende unserer zweiten Vorsprache sagt er, einer, der es mit der »treuen observanten Haltung« nicht ernst gemeint und sich später »als Intrigant« und sein Feind herausgestellt habe, sei bald darauf »von Gott sehr prompt und ganz eigenartig abberufen« worden.

Dann nimmt er uns noch einzeln ins Gebet, wobei ihn neben den Gründen für unsere Berufung »zum monastischen Leben« das Sexuelle interessiert. Mein Begleiter Wolfgang gesteht eine Liebschaft mit einer Kirchenchorsopranistin, und bei mir ist er nach einigem vergeblichen Nachbohren sichtlich enttäuscht, als ich angebe, daß ich es nur bis »zu dem, was man heute Petting nennt«, gebracht hätte.

Um uns von Anfang an in unsere Aufgaben und auch Grenzen zu weisen, spricht er davon, daß wir unseren Weg als Laienmönche machen sollten. Denn, um Priester zu werden, müßten wir zu lange außer Haus sein und nachstudieren, und das sei dem Aufbau des Klosters abträglich, so etwas könne er sich hier nicht leisten. (So sind wir für ihn für alle Drecksarbeiten zu gebrauchen.)

Bevor er auf dem Umweg über Gott unsere Arbeitskraft jedoch endgültig für sich in Anspruch nehmen will, möchte er unsere Gesundheit noch bescheinigt haben. Nicht von irgendeinem Arzt, am besten von seinem Leibarzt persönlich, »der ist da besonders gewissenhaft«. Er erwähnt auch, daß wir ihm später eine Bescheinigung unterschreiben sollen, daß wir damit einverstanden sind, nicht kranken- und sozialversichert zu sein: »Überhaupt, die ganzen Versicherungen heute bei den jungen Leuten. Auf den Himmel gibt es ja auch keine Versicherung.«

Die Verpflegung ist noch ein Hindernis für unsere Aufnahme ins Kloster. Er jammert uns vor, daß »die brave Frau, die ihm immer kostenlos das Essen bringe«, nicht auch noch für uns mitkochen könne. Wir beruhigen ihn damit, unsere Verpflegung selbst mitbringen zu wollen und daß wir in der Lage wären, für alle drei gut kochen zu können.

Am nächsten Tag rücken wir, schwer mit Gepäck und Lebensmittelkartons im Wert von 100 Mark bepackt, ins Prüfeninger

Schloß zum Klosterleben ein. Die kirchlichen Führungszeugnisse stehen zwar noch aus, aber mit einem wohlgefälligen »Ist schon recht« schließt er unseren Proviant in der Küche ein. Mit dem Bibelspruch »Wer einmal an den Pflug gefaßt, der schau' nicht mehr zurück« weist er uns unsere Zelle in einem Seitentrakt des Schlosses zu. Im Raum, sicher seit Jahren nicht mehr gelüftet, schlägt uns Modergeruch entgegen. Der weiß lackierte Tisch wimmelt von kleinen Tierchen. Die Doppelfenster sind mit Spinngeweben verhängt. Beim Hochnehmen des klammen Plumeaus wirbeln tote Motten hoch, alle Wolldecken sind von Motten zerfressen und durchlöchert. Beim Kopfkissenbezug fallen bei der ersten Berührung die Knöpfe ab. Pater Emmeram öffnet die Fenster und gibt den Blick frei auf einen chinesischen Pavillon im Schloßpark. Einer seiner fürstlichen Vorfahren habe ihn sich hier errichten lassen, heute diene er als Holzschuppen.

Ein Stück abseits davon steht düster die »alte Sternwarte«, ein hochgestrecktes fünfstöckiges Gebäude, völlig leerstehend. Fünf bis sechs Familien könnten darin wohnen. Pater Emmeram: »Die letzte Familie habe ich vor einigen Jahren da rausgestellt, damit wir hier im Klostergarten unter uns sind und in unserer Kontemplation nicht gestört werden.«

Unseren Spontaneinfall, diese Menge ungenutzten Raumes durch ein paar hundert Mönche (falsche) zu nutzen und zum Leben zu erwecken, bremst er ungehalten: »Wir sind doch kein Massenbetrieb. Wir müssen eine Elite (er spricht's französisch ›Elitt‹ aus) sein, die unter sich bleibt und ihre Kraft behält und ausbaut. Nur wenige Auserwählte aus dem Volk dürfen wir zu uns heranlassen, die es dann in die Welt tragen können, damit wir nicht verweltlichen und ›vermassen‹. Man muß sich entscheiden, ob man sich mit Menschen unterhält oder auf dem Weg zur Heiligkeit den Dialog mit Gott führt.« Der »Kavaliersbau«, ein besonders gut hergerichteter separat stehender Gebäudekomplex mit ca. 70 Fenstern, Fernsehantennen auf dem Dach, auch leerstehend, soll dann irgendwann die weltliche »Elitt« beherbergen, die dann, von der monastischen »Elitt« befruchtet, die Welt beglücken soll.

Nun geht er zu den praktischen Demutsübungen über, auf daß wir uns als würdige »Postulanten« erweisen. Zuerst bringt er uns Handfeger und Dreckschaufel, unter seiner Anleitung fegen wir Staub und Spinngewebe von Jahrzehnten zusammen. Anschließend führt er uns in den Klosterpark und tastet mit seinem Fuß im wuchernden Unkraut nach Kanten früherer Wege. Mit bloßen Händen läßt er uns Grasbüschel, Efeuranken und Brennesseln ausrupfen. Er kontrolliert das Ausschütteln der einzelnen Büschel. »Ihr müßt es in jedem Loch so ausklopfen, daß der Kies auch restlos aus den Wurzeln herausfällt, damit nichts verlorengeht. Ich selbst kann mich leider nicht mehr so gut bücken wegen meines Bandscheibenschadens.«

Während unseres zweiwöchigen Aufenthaltes rupfen wir ihm gut hundert Meter Weg frei, nachher mit Hacke, Harke, Mistgabel und Schubkarre, weil es so effektiver für ihn ist.

»Die Frische, die ihr euch bei der Arbeit holt, könnt ihr später wieder in die geistige Betätigung miteinbringen. Das hat Gott so wunderbar eingerichtet, daß alles in Harmonie geschieht.«

Die »Frische«, die wir uns bei der körperlichen Arbeit geholt haben, dürfen wir unter Pater Emmerams Aufsicht in seiner Bibliothek in geistige Kraft umsetzen. Wir haben Bücher auf ihre Vollständigkeit hin zu überprüfen, das heißt, müssen Seite für Seite durchblättern, ob auch keine fehlt. Lesen ist uns nicht gestattet, da das ablenke und ins »Uferlose führe«. Unsere Tätigkeit macht er gewichtig, indem er sie »Kollationieren« nennt.

Auch die Bibliothek, von Pater Emmeram auf den stolzen Bestand von 20000 Bänden zum Teil zusammengeerbt, ist um ihrer Selbst willen da. Neben alter Mönchsliteratur, angefangen von kolorierten gotischen Bibelhandschriften, beherbergt sie auch das einschlägige Schrifttum der Adelschroniken und Kriegs- und faschistische Literatur, wie z.B. ca. 20 Bände »Depeschen aus dem 1. Weltkrieg«, »Volk ohne Raum« und »Als Feldkurat in Sibirien«.

Hier scheint Emmeram einschlägig vorbelastet: »Es nützt uns nichts, wenn wir da so judenfreundliche Sachen reinstellen, obwohl Christus ja auch jüdisches Blut hatte, wir müssen uns auf unsere eigene Vergangenheit und beste Tradition zurückbesinnen, z. B. auf Religion, Kultur usw. der Germanen und die ganzen Gründerväter unserer Klöster.«

Einige Aufregung gibt's, als Emmeram erfährt, daß sich Spaziergänger mit Kindern durch ein offengelassenes Seitentörchen in den Klosterpark verirrt haben. »Ich will nicht, daß hier überall rumgeschnüffelt wird, nachher reden die Leute darüber, und dann heißt es gleich wieder, auf Prüfening sind Räume leer und ungenutzt, das geht niemanden was an. Da wirft man mir von draußen vor, ich bewohne hier alles ganz allein, und dabei sehen diese Schwachköpfe gar nicht, daß ich erst mal schaffen mußte, die Familien, die nach dem Krieg drinsaßen, wieder rauszubekommen.«

Er bereitet uns auf unsere Einkleidung vor. Ein- und ausgehende Post soll von ihm geöffnet und gelesen werden, die Privatsachen von uns will er wegschließen.

Wir dürfen uns – obwohl wir angaben, uns acht Jahre zu kennen – nicht mehr duzen, sondern müssen uns mit »Frater« und Sie anreden, ihn sollen wir schlicht »Ehrwürdiger Vater« nennen. In den Klostergärten untersagt er uns lautes Reden, falls wir uns einmal äußerst Wichtiges mitzuteilen hätten, sollen wir uns in die Fensternischen beugen und es uns zuflüstern. Auch unser Gehen müssen wir verändern; keine normalen Schritte mehr, sondern gedämpftes schallschluckendes Schlurfen ist von nun an die Vorschrift. Abends nach der »Komplet« (Abendgebet) ist uns absolutes Schweigen auferlegt, falls sich jetzt noch eine unerläßliche Mitteilung ergibt, ist die Verständigung nur durch Aufschreiben auf Zettel erlaubt. Der Kontakt mit der Außenwelt soll endgültig abgebrochen werden. Falls wir wider Erwarten doch einmal im Kloster oder in der Kirche von Menschen angesprochen werden sollten, sollten wir »höflich, aber bestimmt« zu verstehen geben, daß uns die heilige Regel Sprechen nicht erlaube, in so einem Fall sollten wir unbedingt auf ihn verweisen.

Da er uns gegenüber die Postzensur eingeführt hat, begegnen wir ihm mit der gleichen Offenheit. In seiner Korrespondenz findet sich ein Brief des obersten Abtes der Benediktiner in Rom (des Abt-Primas Benno Gut). Darin heißt es, daß nach geltendem Kirchenrecht Schloß Prüfening »keinerlei kanonischen Status (habe), weder Postulat, Noviziat noch Profeß sind also gültig«.

Das Essen ist im Scheinkloster ein besonderes Ritual. Der Eßsaal oder das »Refektorium«, wie er es nennt, wird von uns, früher von ihm allein, ausschließlich zur Essenseinnahme benutzt. Ein etwa 100 qm großer Saal (Parkettboden, wie überall im Schloß) mit Stuckdecke und über den Türen die fürstlichen Thurn und Taxis-Embleme, eine Fläche, wie sie den meisten Familien als Gesamtwohnung nicht zur Verfügung steht. »Dort stand die Wiege meines Bruders«, erklärt uns Fürstmönch Emmeram gedankenversunken, während wir Suppe löffeln.

Vor und nach den Mahlzeiten haben wir rechts und links von unserem Prior Aufstellung zu nehmen und in seinen Singsang miteinzustimmen: »Benedicite, benedicite ...« (»gebenedeit, gebenedeit«), er achtet streng darauf, daß wir ihn in der Lautstärke nicht übertönen und an der richtigen Stelle uns lange und tief genug verneigen.

Uns wundert, daß er den Tischchoral stets mit dem Rücken zum Kreuz mit uns abhält. Als ich ihn frage, ob das der Gekreuzigte nicht als Unhöflichkeit empfinden könnte, verblüfft er uns mit der Erklärung, daß er sich immer vorstelle, daß rechts und links von ihm die Schar der Mönche in Hufeisenform, zum Kreuz hin gewandt, stünde. Er habe das von Anfang an so eingeführt, dann brauche er sich später, wenn die »Elitt« einmal beisammen ist, nicht mehr umzustellen.

Zum Frühstück genehmigt sich unser Prior Johannisbeermarmelade, die, wie er betont, aus einem der ererbten Gärten stamme. Als Bruder Wolfgang auch danach verlangt, weil sie, wie er sagt, so »lecker aussehe«, wird das von Pater Emmeram aufs schärfste mißbilligt. »Man kann sich nicht allen leiblichen Genüssen hingeben«, sagt er und »was heißt hier lecker; lecker gibt's im monastischen Leben nicht.« Noch Tage später hält er ihm das »lecker« vor. Das Brot, das er uns aufnötigt, ist alles andere als »lecker«, meist altbacken und manchmal von Schimmel befallen.

Mit sonorer Stimme hält er, wenn wir auf den dreibeinigen rohgezimmerten antiken Stühlen Platz genommen und uns zum zweitenmal bekreuzigt haben, die Tischlesung. Aus einem Alten Testament von 1900 wählt er auf unsere Situation zugeschnittene Stellen aus, wie die aus dem Buche Jesus Sirach, 33. Kapitel, Vers 33–40:

»Von der Behandlung der Sklaven.

Heu und Stock und Last sind für den Esel; Brot und Züchtigung und Arbeit für den Sklaven. Halt deinen Knecht zur Arbeit an, sonst sucht er Weichlichkeit und wird, wenn er sein Haupt erhebt, sich wider dich empören. Den Nacken krümmen Joch und Strick und für den schlechten Sklaven ziemt sich Block und Folter. Halt deinen Knecht zur Arbeit an, sonst wird er widerspenstig: denn wenn er müßig geht, kommt er auf manche Bosheit. Befiehl ihn zu der Arbeit, wie es ihm gebührt, und wenn er nicht gehorcht, leg ihn in schwere Ketten! ...

Hast du jedoch nur einen Knecht, dann sei er ganz dir gleich, denn wie dein eigen Ich so würdest du ihn missen ... Denn beutest du ihn aus und er entläuft und geht verloren, auf welche Weise wirst du ihn dann wiederfinden?«

Bei diesem altbiblischen kapitalistischen Lehrstück scheint nicht der zweite, sondern der erste Teil auf uns gemünzt, da er in uns gleich zwei Lakaien hat.

Die 100000-Mark-Erbschaft, mit der ich ihn geködert habe, scheint ihn zu beschäftigen. Gleich dreimal, an verschiedenen Tagen, hält Emmeram als Tischlesung das 58. Kapitel der Ordensregel des heiligen Benedikt »Vom Verfahren bei der Aufnahme von Brüdern« mit der Stelle: »... Wenn er etwas zu eigen besitzt, verteile er es entweder vorher unter die Armen oder vermache es durch eine rechtskräftige Schenkung dem Kloster, ohne sich irgend etwas vorzubehalten; er weiß ja, daß er von jetzt an nicht einmal mehr über seinen eigenen Leib frei verfügen kann.«

Er nimmt mich anschließend beiseite, meint, bevor ich nun alles hinter mir abbreche, müsse das mit meinen Vermögenssachen geregelt sein. »Das kostet Sie doch sicher hohe Verwaltungsgebühren beim Notar«, erkundigt er sich und: »Sie können Ihr Vermögen bis zur endgültigen Profeß hier bei mir in ein Depot zu treuen Händen legen.« Ich zeige mich von seinem Vorschlag angetan. Dann sprechen wir noch über meine Waschmaschine, die er von mir, »einem reichen Mann«, als Einstand erhofft. Auch hier zeige ich mich nicht abgeneigt. Schließlich will ich ihm noch eine Liste meiner Verwandten (folgerichtig auch vermögend) aufstellen; er will mir dann bei den Spendenbittbriefen behilflich sein. Ich sei »ein echter Trost« für ihn, meint er und (obwohl ich im Gegensatz zu Bruder Wolfgang weder Meßdienen noch Choralsingen, noch sonst so echt religiös mimen kann) meint er, über die Berufung des Bruder Wolfgang sei er sich längst nicht so klar wie bei mir, und so kommt es, daß ich, Ivo, einige Tage früher als Bruder Wolfgang eingekleidet werde.

Nach meiner Einkleidung führt mich Emmeram erstmals in seine Privatgemächer. Drei Türen schließt er auf und hinter sich wieder ab. In seinen Räumen sieht es aus wie im Lager eines Antiquitätenhändlers, Bauernschränke, ererbt, Uhrengehäuse und zwei alte bronzene Kirchenglocken. Auf einem Stehpult liegt das »Goldene Buch der Liebe«, eine Buchhaltungskladde, in die er alle Erbschaften und Geschenke eingetragen hat; in seinen Spendenrundbriefen auf folgende Weise hochstilisiert: »... Treulich und dankbar haben wir die Namen und Gaben aller unserer lieben Freunde und Wohltäter in das im Kloster gewissenhaft geführte »Goldene Buch der Liebe« eingetragen, und stets gedenken wir aller im Gebet und beim heiligen Opfer am Altare.«

Statt »Gemeingefährlichkeit« wird ihm hier Nutzen für die Allgemeinheit bescheinigt, obwohl es sich in Wirklichkeit um gemeinen Nutzen für ihn selbst und die fürstliche Familie handelt. Die Klostergründung ist allenfalls ein Traum von Emmeram, für den als 14jähriger der Entschluß feststand, »wie sein weiteres Leben verlaufen« sollte; der vielleicht aber auch weniger von Gott als der fürstlichen Familie – traditionsbedingt – als Kontaktmann vom Adel zur Kirche und Repräsentationsfigur auserwählt war. Als Jüngstes von sieben Geschwistern kam er als »regierender Fürst«

ohnehin nicht in Betracht, jetzt hat er für seine fürstliche Sippe die Funktion eines nützlichen Idioten. Stirbt er, ohne daß es zu einer Klostergründung gekommen ist, was abzusehen ist, fällt der von ihm in Schuß gehaltene und weiter »arrondierte« zusammengehortete Besitz denen von Thurn und Taxis anheim. Prinz Johannes, der Erbprinz, hätte sich schon einige Male mit dem Gedanken getragen, Schloß Prüfening zu einem seiner Domizile zu machen, erzählt uns Emmeram über die Absichten seines Neffen.

Der Akt »christlicher Nächstenliebe« und »Mildtätigkeit« dürfte einzig und allein darin bestehen, daß dem fürstlichen Haus Körperschafts- und Vermögenssteuer und eventuelle auch Erbschaftssteuer erspart bleiben und dazu noch das Schloß eine ständige Wertsteigerung erfährt. Aber auch indem z. B. durch staatliche Mittel die Schloßkapelle St. Andreas (weder zum Beten noch zur Besichtigung freigegeben) restauriert wurde.

Mehr und mehr sieht der fürstliche Pater in uns seine Vertrauten. Zunehmend spricht er weniger über Gott und jenseitige Dinge als über alten, neuerworbenen und noch hinzuzuerwerbenden Besitz. Meist jedoch bemüht er Gott oder so etwas noch zur Rechtfertigung herbei. »Mit allen Gegenständen hier im Kloster, und wenn es nur der Fensterhaken ist, habt ihr umzugehen wie mit göttlichem heiligem Altargerät.« – »Nun konnte ich mit Hilfe der göttlichen Vorsehung schon an die 100 Hektar arrondieren.« Eine alte Frau, die ihm täglich kostenlos die Eier bringt, ihn mit »werter Herr« anredet – sie wohnt in einem fürstlichen Haus zur Miete –, bedenkt er gnädiglich mit einem »Ist schon recht« oder, wenn er gut gelaunt ist, mit »Vergelt's Gott«. Einmal empfängt er sie: »Nun, wieviel Eier haben Sie uns denn heute gelegt?« (Er meint nicht etwa das Huhn, sondern er identifiziert die Frau mit dem Huhn.) »Sechs diesmal nur, werter Herr«, antwortet die Frau, die in respektvollem Dreimeter-Abstand vor ihm stehengeblieben ist und darauf wartet, bis er ihr durch Kopfnicken zu verstehen gibt, daß sie ihr Rad wieder besteigen und weiterfahren kann.

Als wir zum Sonnenuntergang außerhalb der Klostermauern über die zu seinem Besitz gehörenden Felder schauen, bemerkt er zwei Frauen, die ihren Abendspaziergang machen. »Die müßten barfuß über die Stoppeln laufen«, sagt er, »da könnten sie was bei abbüßen.«

»Eva, die dumme Gans, die an allem Übel der Menschheit schuld«, sei, sieht er zwei Tage später in der Kirche personifiziert. Ein junges Mädchen in Hot pans, die sich die freskenbestückte Klosterkirche anschaut, regt ihn zu inquisitorischen Gelüsten an (zu Bruder Wolfgang, den er wegen heimlichen Rauchens bereits mehrfach zurechtgewiesen hatte): »Da hätten Sie sich mit Ihrer Zigarette einmal nützlich machen können und die Glut auf deren Schenkel ausdrücken sollen.«

Sosehr »Gott« für ihn Chiffre für etwas Nebulöses, Unpersönliches, Jenseitiges ist, so konkret, personifiziert, geradezu leibhaftig diesseitig sieht er dagegen den Teufel.

Er, Emmeram von Thurn und Taxis, glaubt an den Teufel mit mittelalterlicher Inbrunst, er sieht ihn überall da verkörpert, wo er annimmt, daß gegen seine Interessen gehandelt wird, ja, bereits dort, wo er geringste Zeichen von Kritik wittert. »Wo eine gute Sache wächst (er meint die eigene), tut der Teufel alles, benutzt selbst manche, von denen man es am wenigsten glauben möchte, in seiner Schläue und tut dann das Unkraut in den Acker hineinstreuen.«

In den beiden Schwestern des verstorbenen Gemeindepfarrers sieht er den Teufel bereits leibhaftig. Vor ihnen warnt er uns wiederholt und nachdrücklich: »Kein Kontakt zur Bevölkerung und besondere Vorsicht vor diesen alten Dreckschleudern. Früher hätte man sie als Hexen verbrannt. Leider gibt's das ja heute nicht mehr. Ich würde sie ja gerne verbrennen, aber natürlich nur die sterbliche Hülle, die ewigen Teile können dann im Jenseits schmoren. Über so was wollen wir aber eigentlich nicht reden, wir sind ja dazu da, unseren Glauben zu festigen, wir müssen uns um den Aufbau hier kümmern und nicht beirren lassen von dem Viehhändlergeschwätz der Dreckschleudern.« Beim Wegeroden zeigt er auf eine verdorrte Distel: »Rupft die aus; das ist so ein rechter Hexenblumenstrauß, den könnt ihr den Giftspritzen vors Fenster stellen.«

Eine Frau nimmt momentan in seinem Leben eine Sonderstellung ein. Er verdächtigt sie nicht als Hexe, sondern behandelt sie wie eine Vertraute. Rosa, verwitwet, Mitte 40, bringt seit einigen Tagen das Essen (früher für ihn allein, jetzt für uns drei). Wir brauchen es nur warm zu machen; eine fürstliche Verpflegung für uns (sonntags gibt's Entenbraten), nachdem wir beim Selberkochen unter Aufsicht unseres Priors sehr unter seiner Knauserigkeit und Besserwisserei gelitten hatten.

Jeden Abend in der Dämmerung, wenn Emmeram mit uns vorm Schloß – er in der Mitte – Auf- und Abgehen übt und uns dabei belehrt, erscheint Rosa mit ihrem Wolfshund. Dann wird dem Hund, den sie in vertrautem Gespräch mit Emmeram »mein Schutzengel« nennt, ein sich allabendlich wiederholendes Ritual vorgespielt, das meiner Ansicht nach Wastl (so heißt das Tier) längst durchschaut hat, es aber des eigenen Vorteils wegen mitspielt: Rosa reicht möglichst unauffällig »Seiner Durchlaucht« (so nennt sie ihn) ein Stück Hundekuchen. Emmeram läßt's in der Kutte verschwinden und steckt's an der Kuttenöffnung wieder hervor: »Ei, der liebe Wastl, was hab ich denn für ihn.« Der Hund frißt es ihm dankbar, mit dem Schwanz wedelnd, aus der Hand. Als wir diesen Vorgang beobachten, rechtfertigt sich Emmeram: »Ja, eigentlich schmück ich mich hier mit fremden Federn, aber der Wastl hat mir gleich vom ersten Tag an aus der Hand gefressen.«

Jeden Morgen Punkt 6 Uhr holt uns Pater Emmeram vor unserer Tür zum Kirchgang ab. Schweigsam hasten wir über den Vorplatz der Kirche zu. Immer dieselbe alte Frau steht in etwa 100 Meter Entfernung in gebührendem Abstand gebückt in einer Wegkurve und setzt sich, wenn Emmeram den Schlüssel ins Kirchtor steckt, in Bewegung: Insgesamt vier bis sechs alte Frauen feiern mit uns allmorgendlich das Meßopfer. Wir sitzen vor ihnen, der Gemeinde, getrennt im Altarbereich im Chorgestühl. Manchmal kritisiert unser Prior nach der Messe unsere Gebetshaltung: »Nicht so im Chorgestühl hängen und aufstützen. Wenn man zu einem weltlichen Potentaten geht, dann verhält man sich ja auch bescheiden und demütig, so daß man den besten Eindruck macht, denn man will ja schließlich was von ihm.«

Trotz seiner übertriebenen Sparsamkeit, die Emmeram, wie er sagt, »nicht seinetwegen, sondern Gott zu Gefallen einhalte«, konnte es doch geschehen, daß er aus menschlicher Schwäche heraus einmal »zwei Bittstellern einer über alle Zweifel erhabenen Familienzeitschrift« 20 Mark lieh. Die Zeitschriftenwerber, erklärte Emmeram später vor Gericht, »versicherten hoch und heilig, daß sie mir das Geld gleich am nächsten Tag zurückzahlen wollten, sie brauchten das Geld für eine Tankfüllung ihres klapprigen VWs.« Als sie das nicht taten oder konnten, »riß dem Ordensmann, dessen Gutmütigkeit immer wieder von gewissenlosen Betrügern ausgenutzt« worden sei, »die Geduld«, schrieb später die *Bild*-Zeitung über diesen Fall, um im letzten Satz voll Genugtuung die gerechte Strafe zu verkünden: »Adolf S. wurde wegen Betrugs zu drei Monaten Gefängnis ohne Bewährung verurteilt.«

Nach 14 Tagen Prüfening bereiten wir ihm zum Abschied noch eine Gotteserscheinung. Da wir als normale Sterbliche, zudem unadelig, doch keinerlei Einfluß auf ihn auszuüben in der Lage sind, versuchen wir ihm von allerhöchster Stelle aus beizukommen.

Im Flur vorm Refektorium haben wir eine Lautsprecher-Verstärkeranlage mit göttlichem Hall-Flair eingebaut. Die Voraussetzungen sind günstig. Es stürmt draußen, von weitem donnert es, und einige Fenster im Schloß schlagen zu. Die Türen des Eßsaals haben wir vorübergehend verschlossen. Auf das Stichwort »Benedicite, benedicite«, wir stehen – er in unserer Mitte – mit dem Rücken zum Kreuz, fängt vom Flur her Gott an zu sprechen:

»Ich bin der Herr, dein Gott, Emmeram mein Knecht, beuge deine Knie!

Du mein abgefallener Sohn, tue Buße! Leg ab deine Habgier. Was du und deine Ahnen dem Volke nahmen, laß nun des Volkes eigen sein.

Mach aus dieser Stätte der Habgier, der Menschenverachtung, des Stolzes, einen Tempel zum Wohlgefallen der Wohnungssuchenden, Kinderreichen, Gastarbeiter und bedürftigen Studenten. Sie alle sollen hier kostenlos wohnen und leben. Übergib ihnen auch dein zusammengerafftes Land. Du selbst tue Buße und verbring den Rest deines Lebens erstmalig den Menschen dienend als Pfleger im Altersheim. Wenn du aber in deiner Hoffart, deiner Besitzgier und deinem Standesdünkel weiter verharrst, wird sich das Volk auch so holen, was ihm zusteht, und dich mit, und dann gnade dir Gott!«

Während der Erscheinung fallen wir mit Emmeram in die Knie. Anschließend ist er sehr verunsichert. Er meint: »Das war nicht Gott, so spricht nicht Gott. Das war ein vom Teufel Besessener oder Satan selber«. Wir erklären ihm, daß nach unserer Vorstellung Gott so sprechen müsse.

In derselben Nacht verlassen wir ihn. Wir hinterlassen ein Schreiben, in dem wir ihm mitteilen, daß uns »besondere Umstände zwingen würden, unseren gemeinsamen Klosteraufbau so plötzlich zu unterbrechen«. Er möge noch etwas Geduld haben, alles Nähere würden wir ihm zu gegebener Zeit mitteilen.

1973

Die Griechenland-Aktion

1967 putschte im NATO-Staat Griechenland das Militär, setzte sich an die Schaltstellen der Macht und die demokratische Ordnung außer Kraft. Der »Ausschuß Griechenland-Solidarität« entsandte 1974 eine dreiköpfige Delegation (Irmgard Weber, Konrad Neumann und mich) nach Athen. Am 10. Mai kettete ich mich auf dem Platz der Verfassung (Syntagma-Platz) an einen Lichtmast und verteilte Flugblätter mit der Forderung nach Pressefreiheit, freien Wahlen und der Freilassung der politischen Gefangenen der Militärjunta. Ich wurde wenige Minuten nach Beginn der Aktion verhaftet und am 23. Mai vor ein Militärgericht gestellt, das mich zu 14 Monaten Gefängnis verurteilte.

> *»Selbst wenn es nichts weiter war als eine Scherbe für ein Museum der Hoffnung, war es nicht umsonst.«*
> *(G. W.)*

Es ist immer besser, etwas zu tun, als alles hinzunehmen und sich nur auf Lippenbekenntnisse zu beschränken. In diesem Sinne war die Aktion eigentlich eine Fortsetzung meiner bisherigen Arbeit, mit mehr Risiko verbunden, es war auch ein größerer Zeitabschnitt, in dem ich mich total dieser Situation aussetzen wollte. Ich habe nichts weiter gemacht, als mich als anonymer Grieche auszugeben. Als Grieche wollte ich den Faschismus in Griechenland erleben; den bei uns manchmal schon inflationär entwerteten Begriff »Faschismus« ins ganz Konkrete übersetzen. Denn wofür sich ein einzelner verbürgt, was er selber bezeugt, damit können sich viel mehr identifizieren, und der Wille zur Veränderung wird viel eher angestachelt, als wenn man zum Beispiel nur theoretisch abstrakt mit einer Faschismusanalyse aufwartet.

Meine Absicht war auch, ein Großteil der Presse und damit

eine breite uninformierte Öffentlichkeit zu zwingen, sich der griechischen Situation wiederanzunehmen, um sozusagen Argumentationshilfe zu leisten.

Ich habe bei meiner Aktion auf Flugblättern Forderungen aufgestellt, die in allen Demokratien wesentlicher Bestandteil der Verfassung sind. Es waren nicht etwa irgendwelche linke Parolen, sondern Menschenrechte, wie sie in der UN-Charta niedergelegt sind. Ich habe Gewaltlosigkeit mit gewaltlosen Mitteln demonstriert. Ich habe mich eingesetzt für Pressefreiheit, Meinungsfreiheit und Freilassung der politischen Gefangenen. Forderungen, denen sich eigentlich alle hätten anschließen müssen, für die »Demokratie« nicht nur eine Formel ist, mit der sie das Unrecht im eigenen Land mit Verweisen auf angeblich Schlimmeres legitimieren wollen. Eine solche Aktion in einem sozialistischen Land wäre im übrigen ziemlich risikolos gewesen. Denn da wäre ich sofort abgeschoben worden. Sicher, so eine Aktion auf dem Alexander-, Wenzels- oder Roten Platz, und die gesamte Presse hätte mich gefeiert. Mehr als zwei Drittel der westdeutschen Presse, dies mein Eindruck, nimmt ja überhaupt nur das zur Kenntnis, was an Unrecht, Willkür, politischer Justiz in sozialistischen Ländern passiert. Ich bin nach Athen gefahren, weil die Stadt im Westen liegt. Griechenland ist NATO-Partner. Wie können wir Menschenrechtsverletzungen und Willkürmaßnahmen in sozialistischen Staaten kritisieren und dabei den Faschismus im eigenen Lager übersehen?!

Die Aktion war für Griechenland bestimmt, dort wurde sie verstanden und nutzbar gemacht, dort konnte man etwas damit anfangen. Auch die Symbole, die gewählt waren, gingen von griechischen Verhältnissen aus: »Lichtmast«, »Ketten«, »Platz der Verfassung«. Bei Aktionen in der Bundesrepublik würde ich mehr mit Ironie, mit Unterkühlung arbeiten, aber diesem offenen Faschismus gegenüber waren das adäquate Mittel, und sie wurden ja auch von den Erfüllungsgehilfen des Militärregimes richtig verstanden, wie Verhaftung, Folter, Prozeß und Inhaftierung zeigen sollten.

Man kann sagen, ein Großteil der Griechen erfuhr nachher von dieser Aktion, sie haben dadurch Mut geschöpft – in einer Situa-

FREIHEIT FÜR GRIECHENLAND

Wir fordern: Die Freilassung aller politischer Gefangenen
Pressefreiheit
Freie Wahlen

Solange die Menschenrechte durch Gewalt, Verfolgung und Folter unterdrückt werden, fordern wir alle Touristen demokratischer Staaten auf:

— fahrt nicht nach Griechenland, fahrt lieber nach Portugal —

auch dort scheint
die Sonne 300 Tage im Jahr.

Fahrt nicht nach Griechenland,

denn hier gibt es: 365 Foltertage
denn hier gibt es: mindestens 100 Todesopfer des Regimes
denn hier gibt es: mindestens 200 Inhaftierte

Solange die Konzentrationslager Jaros bestehen bleiben, fordern wir die Mitgliedsstaaten der NATO, die sich als ein Bündnis zur Verteidigung der Freiheit und der Menschenrechte versteht, auf, die Militärdiktatur in Griechenland nicht mehr zu unterstützen. Wir appelieren an alle Staaten, die sich als Demokratie begreifen, jede Wirtschafts- und Militärhilfe einzustellen, solange hier von der Militärjunta Menschen unterdrückt, inhaftiert, gefoltert und getötet werden.

Diese Aktion ist nur ein Anfang. Sie wird von anderen Personen und Organisationen an anderen Orten und mit anderen Mitteln fortgesetzt, bis diese Forderungen erfüllt werden.

Stellvertretend für alle, die das Gleiche denken, aber durch Terror gehindert werden es auszusprechen:

SOLIDARITÄT FÜR EIN FREIES GRIECHENLAND

Text des Flugblattes, in je 200 Exemplaren auf griechisch, englisch und deutsch bei der Aktion verteilt. Der Text wurde bewußt nicht unterzeichnet und sprachlich so abgefaßt, um den Eindruck entstehen zu lassen, daß das Flugblatt von griechischen Antifaschisten stamme.

tion, in der es nicht danach aussah, daß sich noch mal etwas ändern würde, in der sich viele schon auf jahrzehntelange »spanische« Verhältnisse einzurichten begannen. So eine Solidarität aus dem Ausland wurde als Hoffnungsschimmer angesehen.

Wie ich später erfuhr, sind kurz nach der Aktion im Stadtzentrum etwa ein Dutzend Panzer aufgefahren, wahrscheinlich in der Befürchtung, daß die Aktion – wie in den Flugblättern angekündigt – der Auftakt sein könnte für breiter angelegte Widerstandshandlungen.

Die Aktion löste auch unmittelbare und schockartige Lernprozesse aus bei zufälligen Augenzeugen. Als ich mich auf dem Syntagma-Platz – dort, wo sich der Haupttourismus abspielt – gerade ankettete, sprach mich zum Beispiel ein deutscher Student an: »Sie sind doch der Günter Wallraff.« Ich sagte: »Bitte, das gleich wieder vergessen, ich bin hier ein anonymer Grieche, sonst ist die ganze Aktion gefährdet.« Dieser Mann, Mitglied der Jungen Union, war über das Verhalten der Geheimpolizisten so entsetzt, daß er nachher in Leserbriefen an Kölner Zeitungen zum Touristenboykott aufrief. Als ich nach Hause flog, sagte mir eine Lufthansa-Angestellte, sie sei auch zufällig an dem Tag dagewesen, hätte das miterlebt. Sie hätte einen Schock bekommen, sei heulend nach Hause gegangen, hätte nicht mehr weiterarbeiten können und hätte seitdem erst begriffen, was in Griechenland los war. Sie wußte bis dahin nichts davon und fing an, mit anderen darüber zu sprechen und ihre Einstellung und vielleicht auch ihr Handeln dadurch zu ändern. Es gab Tausende, die sich engagierten. Die sich jetzt für die Freilassung aller politischer Gefangenen in Griechenland einsetzten.

Um die Solidarität mit den griechischen Demokraten herzustellen, war es notwendig, daß ich nicht als Ausländer identifiziert werden konnte, denn dann hätte die Gefahr bestanden, daß man mich sofort zum Flughafen gebracht und abgeschoben hätte. Um das zu umgehen – und das ist ein Prinzip allgemein in meiner Arbeit –, hatte ich mich anonymisiert, hatte alle Indizien, die mich als Ausländer zu erkennen gegeben hätten, entfernt. Zum Beispiel das Etikett »Made in Germany« in der Jacke hatte ich herausge-

> Kölner Stadt-Anzeiger
> 21. Mai 1974
>
> *Augenzeuge*
>
> **Wallraff an der Kette in Athen**
>
> Sie brachten in der Ausgabe vom 13. 5. eine Notiz über die Bemühungen des Auswärtigen Amtes um die Freilassung des in Athen festgenommenen Kölner Schriftstellers Günter Wallraff. Dazu möchte ich folgendes erläuternd sagen:
>
> Ich befand mich bis zum Wochenende im Rahmen einer Studienreise durch Griechenland in Athen. Bei einem Stadtbummel am Freitag letzter Woche suchte ich auf dem mitten in der City gelegenen Syntagma-Platz ein Straßencafé auf, in dem ich vor mir sitzend den Kölner Schriftsteller Günter Wallraff zu erkennen glaubte.
>
> Plötzlich sprang dieser auf und lief auf die Mitte des Platzes, wo er an einem Laternenmast ein Schild mit roter Aufschrift befestigte. Etwas unsicher geworden, ob es nun wirklich der mir bekannte Kölner Schriftsteller war, ging ich näher heran und sah, daß er eine um den Hals und an der anderen Seite am Laternenmast befestigte Kette trug und Flugblätter verteilte. Diese waren in verschiedenen Sprachen verfaßt und richteten sich gegen die Militärregierung. Einige Griechen zerrissen die Blätter und versuchten ihn am Austeilen zu hindern.
>
> Ich fragte den mutmaßlichen Kölner Schriftsteller, um mich nun genaueres zu vergewissern, ob er deutsch spräche. Er bejahte es. Ich fragte weiter, ob er nicht Günter Wallraff sei. Darauf sagte er: „Ja, aber bitte behalten Sie es für sich, hier bin ich Grieche."
>
> Plötzlich kamen drei Männer gelaufen, wahrscheinlich Regierungsspitzel, die Wallraff zu Boden rissen, auf ihn einschlugen und ihn traten. Durch die Hilferufe Wallraffs aufmerksam geworden, erschienen noch mehr Leute, unter anderem auch ein Verkehrspolizist, der sich das Ganze anschaute, ohne einzuschreiten.
>
> Nach einiger Zeit fuhr eine Polizeistreife vor, die, soweit ich sehen konnte, auch nicht eingeschritten ist. Man konnte Wallrafs Wehrufe nur noch lauter vernehmen. Ein Polizist nahm zwei Schaulustigen, die fotografiert hatten, die Kamera bzw. den Film ab. Das ganze Spektakel dauerte höchstens fünfzehn Minuten und wurde durch die Festnahme des stark blutenden Wallraff beendet, was den Polizisten wahrscheinlich wegen der schweren Kette einige Mühe bereitet hat.
>
> Man kann sich gar nicht vorstellen, wie bedrückend es ist, in einem Land zu sein, dessen faschistische Regierung die intellektuelle Freiheit eines jeden Menschen mit solchen grausamen Mitteln zu unterbinden sucht. Ich werde dieses Land jedenfalls nicht mehr betreten.
>
> *Ralf Rizzi, Köln 91,*
> *Mitglied der Jungen Union*
>
> Verantwortlich für Leserbriefe:
> Günter Doebel

rissen, hatte mir griechische Kleidung besorgt, hatte kein Wort geredet so lange, bis ich unter der Folter dann doch meinen Namen herausrücken mußte.

Doch mit diesem Verhalten erreichte ich, daß der Machtapparat erst einmal ganz »normal« reagierte. Was mir passiert ist, war dennoch nur ein Bruchteil von dem, was ein Grieche, zumal er Arbeiter ist und eben kein Prominenter, hätte durchmachen müssen. Was ich in 24 Stunden erlebte, mußte er bis zu fünf oder sechs Monate bei der Sicherheitspolizei oder im Foltergefängnis Bogiati bei der Militärpolizei erleben.

Ich wurde an Ort und Stelle von zwei Geheimpolizisten und zwei anderen Polizisten zusammengeschlagen, und zwar so brutal, daß ich noch glücklich sein kann, keine bleibenden Kopfverletzungen davongetragen zu haben. Sie schmetterten meinen Kopf immer wieder gegen eine Betonkante, teilten gezielte Schläge in Nieren, Milz, Magen usw. aus. Dann schleppten sie mich samt der Kette in die Asphalia, das Hauptquartier der Sicherheitspolizei.

Verhaftung nach der Aktion auf dem Syntagma-Platz

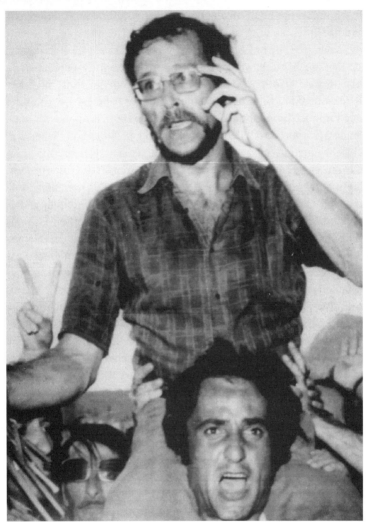

Nach der Freilassung aus dem Gefängnis

Noch im Treppenhaus schlugen sie mich zweimal zusammen, das machte ihnen Spaß. Aber dann kamen zwei Beamte der ESA, Folterspezialisten der Militärpolizei. Das waren Profis. Folter war für sie tagtäglicher Job, war ihre Arbeit, privat machte es denen – wie man merkte – keinen besonderen Spaß. Sie schlugen mir mit einer Eisenstange auf die Füße, der hier üblichen Falanga. Bearbeitung der Füße ist typisch, da sieht man die Spuren nicht so, wenn sie einen vor Gericht stellen. Dazu immer gezielte Schläge: Magen, Geschlechtsteile, das waren karategeübte Schläger, die machten das mit ganz kurzen Schlägen. Zwischendurch stellte mir ein Dolmetscher Fragen. Sie wollten herausbekommen, in welchem Auftrag ich handelte, da es nicht in ihr Bewußtsein hineinging, daß jemand aus eigenem Antrieb so etwas macht. Sie wollten Organisationen wissen, wollten wissen mit welchen Griechen ich in Kontakt getreten war. Am Anfang war ich noch verhältnismäßig gelassen, da die vorsorglich eingenommenen starken schmerzstillenden Medikamente noch nachwirkten.

Interessant war, daß beim Verhör ein griechischer Geheimpolizist plötzlich die Visitenkarte eines Beamten des Bundeskriminalamtes Wiesbaden mit dem Namenaufdruck »Hans Schneider« hervorholte und sagte: »Wenn du hier falsche Angaben machst, wir werden sehr schnell die Wahrheit herausbekommen, und dann wird es dir sehr dreckig ergehen, wenn du uns angelogen hast. Das ist ein guter Freund von mir, den ich bloß anzurufen brauche.« Ein anderer Beamter prahlte damit, daß ich doch im eigenen Lande kaum Rückhalt erwarten könnte, schließlich liefen gute Beziehungen von Politikern der Bundesrepublik zur Junta. Man berief sich da auf den Strauß-Beauftragten, den CSU-Bundestagsabgeordneten Althammer, der solche Beziehungen unterhalten würde.

Als sie dann herausbekamen, wer ich war, mußten zumindest die Spuren der Schläge verheilen. Man nahm mir die Handschellen ab, da war schon alles etwas milder. Und es gab da einen höheren Vernehmungsbeamten, der mir sagte: »Ich würde Sie am liebsten jetzt gleich abschieben, das erspart uns Ärger. Aber wir müssen zuvor noch amerikanische Stellen konsultieren. Das ist jetzt ein brisanter politischer Fall geworden, den ich nicht allein entscheiden kann, das ist schon über den Rundfunk in Ihrem Land gegangen.«

Während der Folter hatte ich durchblicken lassen, daß ich sehr viel mehr im Rücken hätte, als ich in Wirklichkeit hatte. Ich erweckte den Eindruck, hinter der Aktion stünden bundesdeutsche Regierungsstellen. Was noch verstärkt wurde durch eine kleine Sicherung, die ich vorher eingebaut hatte: Unmittelbar vor der Aktion hatte ich mein Gepäck mit allen Ausweispapieren in der deutschen Botschaft deponiert, dem mißtrauischen Grenzschutzbeamten erklärt, der Botschafter wisse Bescheid. Am Gepäck hatte ich eine Visitenkarte hinterlassen mit der Nachricht »bitte bis zu meiner Rückkehr aufbewahren, wird allerdings einige Zeit dauern«. Damit ist es mir wohl nachher gelungen, den Eindruck zu erwecken, die deutsche Botschaft stecke mit mir unter einer Decke. Vielleicht haben die in der Zeit ein paar Wirtschaftsabschlüsse weniger zustande gebracht. Diejenigen, die eigentlich hätten aktiv werden müssen, die brachte ich über diesen Umweg zumindest symbolisch da noch mit rein. Und tatsächlich, als am nächsten Tag mein Gepäck von der Botschaft zur Sicherheitspolizei gebracht wurde, und auch mein Ausweis war plötzlich vorhanden, da dachten die: also eine inszenierte Aktion offizieller Stellen der BRD.

Ich glaube, so etwas ist legitim in solch einer Situation. In einer Zeit, wo die Bundesregierung eigentlich nur noch um wirtschaftliche Kontakte zu Griechenland bemüht war, wollte ich Regierungsstellen zwingen, initiativ zu werden. Ich glaube, das ist eine Art Notwehrrecht im Namen von Gefolterten, von Hunderten politischen Gefangenen.

Während der Folter wurde ich mehrmals gefragt, wo sich die beiden anderen Delegationsmitglieder, Irmgard Weber und Rechtsanwalt Konrad Neumann, zur Zeit befänden.

Da sie sich zu der Zeit bereits auf dem Heimflug befinden, rücke ich nach anfänglichem gespielten Zögern nach und nach mit der »Wahrheit« heraus. Ich erkläre, sie befänden sich auf dem Weg nach Jaros, um die KZ-Insel von einem illegal gecharterten Fischkutter aus zu inspizieren. Das Verhör wird an dieser Stelle unterbrochen. Ein aufgeregtes Telefonieren beginnt, immer wieder fällt der Name »Jaros«. Später noch bei der Gerichtsverhandlung kommt der Militärrichter auf diese Aussage zurück, um die »konspirative«, »antigriechische« Funktion der Delegation herauszustellen. Er geht aufgrund meiner Aussage davon aus, daß sich die Delegation »illegal« Zugang zur Gefangeneninsel verschafft hat.

Bis zuletzt glaubten die ESA-Leute nicht an einen Alleingang. Botschaftsbeamten wurde oft gesagt: Ihr steckt doch mit dem unter einer Decke, das war doch ein Komplott. Zum Beispiel der Botschaftssekretär Dr. Kliesow, der mich häufiger im Gefängnis besuchte, der sich eben nicht bürokratisch, sondern wirklich auch persönlich engagierte, der wunderte sich, daß er neuerdings auf Schritt und Tritt von Geheimpolizisten beschattet werde, dabei tue er doch nichts Illegales.

Dr. Kliesow erwies sich soweit in Ordnung, wenn man sein Milieu, das Auswärtige Amt, berücksichtigt. Als ich ihn vor der Aktion offiziell in der Botschaft aufsuchte, dachte ich, er sei ein Ignorant; als er mich nach den 15stündigen Verhören am nächsten Morgen zu Gesicht bekam, muß ihm mein Anblick und Zustand einen heilsamen Schock versetzt haben, jedenfalls gab er sich seitdem ganz engagiert.

Aus einem aus dem Gefängnis geschleusten Brief:

27.6.74
... Du wirst von draußen besser beurteilen können, ob die Aktion richtig war. Aber auch wenn sie mißverstanden wurde, falsch interpretiert oder einfach mit boshafter oder blasierter Gleichgültigkeit übergangen (s. *Spiegel* z. B.), war und ist es ein Lernprozeß, der in seinen Konsequenzen für mich lange nachhalten wird. Ich glaube, bei allem, was man tut, muß man das Risiko eingehen, mißverstanden zu werden, ja sich der Lächerlichkeit auszusetzen, denn hielte man sich an die geltenden Spielregeln der öffentlichen Medien, der sogenannten seriösen Berichterstattung usw., landet man unweigerlich – ehe man's selbst merkt – in den Bahnen steriler Gleichgültigkeit und zynischer Ignoranz und ist – statt Sand – Öl im Getriebe der herrschenden Apparate ...

Das Ungeziefer im Gefängnis Korydallos war unerträglich. Da gab es ständig neue Sorten von Läusen, die über einen herfielen. Da waren Flöhe, es gab Krätze. Der ganze Körper war mit Einstichen übersät, war von der Krätze befallen. Bei mir kamen dann noch die Folgen der Isolationshaft hinzu. Ich wurde in einer Einzelzelle gehalten. Man versuchte auch in den Freistunden jeden Kontakt zu anderen Häftlingen zu unterbinden. Ich bekam keine Tageszeitung, ich hörte keinen Rundfunk. Man steckte mich zu den sogenannten Kriminellen, damit ich als Journalist keine Informationen über die 70 »Politischen« dort sammeln konnte. Dennoch fand ich einen Weg, auch in die anderen Gefängnisbauten die Parole auszugeben: Die Politischen sollten sich sonntags in der Kirche treffen, um mir dort Informationen zu geben. So kam es, daß die Kirche jeden Sonntag eine Art Informationszentrum war. Das war der Höhepunkt der Woche: Während die pompöse Zeremonie ablief, flüsterte man sich die Geschichten zu, spielte man mir Kassiber zu. Sie lieferten mir dort ständig Berichte, Fälle ihrer Folterungen, ihrer Inhaftierung. Schließlich waren mehr Nichtchristen, Atheisten, Kommunisten in dieser Kapelle als orthodoxe Katholiken. Ich sammelte all diese Berichte, denn ich wollte noch im Gefängnis ein Schwarzbuch über die Folter zusammenstellen, wollte die Namen der Folterer nennen. Ich hatte bereits einen Weg gefunden, das Manuskript hinauszuschleusen. Das Schwarzbuch wäre dann in der Bundesrepublik im Oktober oder November – noch während meiner Inhaftierung – erschienen, was sich dann glücklicherweise erübrigte.

Nachts in meiner Einzelzelle überraschte mich einmal eine außerplanmäßige Kontrolle. Normalerweise stündlich ein Kontrollblick des Wachhabenden durch den »Spion«. Um keinen Verdacht zu erwecken, stellte ich mich dann oft schlafend oder schlug ein Buch auf. Diesmal – zwischen den vollen Stunden – wurde das Auge Plakatparolen gewahr, die ich auf aneinandergeklebten Briefbögen mit bunten Filzstiften auf griechisch entworfen hatte: »Nieder mit der JUNTA!« – »Freiheit für die politischen Gefangenen« – »Demokratie für Griechenland« usw. Die Anbringung der Plakate im Gefängnis während einer Freistunde sollten der Auftakt für einen Fluchtversuch für mehrere Politische sein. Während ich sie angebracht hätte, hätten einige den dadurch entstehenden Tumult genutzt ... Nun rückten nachts um 3 Uhr vier Wachhabende an und stellten meine Zelle auf den Kopf. Sie fanden zwar nicht das Wichtigste – Situationsberichte der über 40 Politischen hier –, aber immerhin einen Kassiber auf griechisch. Am nächsten Morgen wurde ich zur Rede gestellt, zu welchem Zweck die Plakate entworfen seien. Ich erklärte, es handele sich um eine neuartige visuelle Methode, um Griechisch zu erlernen. Das nahm man mir natürlich nicht ab, konnte sich aber bis jetzt keinen Reim darauf machen.

Aus einem aus dem Gefängnis geschleusten Brief:

> 13. Juli
> Ich habe jetzt den Termin meiner Revisionsverhandlung erhalten: der 13. August. Die Möglichkeit besteht, daß sie die Strafe reduzieren, etwa auf 9-12 Monate ... Durch die Isolation bedingt, fehlen fast alle Außenreize. Alles ist stark verlangsamt und gedämpft, wie in Watte gepackt, man wird ganz auf sich zurückgeworfen. Kommt es mal zu einem Gespräch oder zu einem Besuch (Konsulat alle zwei-drei Wochen zehn Minuten oder B. etwas länger), läuft mir der Schweiß wie Wasser runter, und ich muß mein Zittern mit aller Gewalt unterdrücken.
>
> Die Situation hier läßt sich vergleichen mit einer Tauchstation in ziemlicher Tiefe. Was außerhalb der Glasglocke geschieht, interessiert dich zwar, aber berührt dich nur indirekt. Du kriegst es nicht zu fassen ... Tagsüber laufen Wachträume wie Filme ab, frühkindliche Erinnerungen bis ins Detail und später Erlebtes, von dem man annahm, daß es längst im Schutt des Vergessens liegt ...

Kritischer das entdeckte Dossier: Damit hatten sie den Beweis, daß ich trotz aller besonderen Sicherheitsmaßnahmen und Isolierung mit Politischen in Verbindung stand. Sie befürchteten undichte Stellen im eigenen Wachpersonal. Ich nutzte diesen Verunsicherungsfaktor aus. Einem Wachhabenden, einem deutschsprechenden Kleinbürger-Angst-Faschisten, der sich immer bei mir anzuschleimen versuchte, um meine »Ansichten«, »Verbindungen« und

»Pläne« seinem Bruder bei der ESA weiterzumelden – der auch das Dossier bei mir sicherstellte –, schlug ich eine Wette um zwei Flaschen Ouzo vor, daß die Junta innerhalb eines Jahres gestürzt sei. – Sein »Ehrenkodex« verbot ihm zwar, auf diese Wette einzugehen, aber mein (vorgespielter) Optimismus und meine Gewißheit verunsicherten ihn stark. Ich hakte nach, auch er müsse sich, wie viele seiner Kollegen schon vor ihm, langsam entscheiden, auf welcher Seite er stehe, sonst würde ich eine zweite Wette eingehen, daß er sehr bald schon – statt Wachhabender – Insasse dieses Gefängnisses sei. – Einmal ließ er mir ausrichten, Joannidis sei über die Veröffentlichung meiner »Verteidigungsrede« in deutschen und ausländischen Zeitungen und Radiosendungen informiert, und falls, wie der gefundene Kassiber vermuten lasse, weiteres von mir an die Öffentlichkeit dringe, gebe es einen Plan, mich zu beseitigen. – Diesen Hinweis gäbe er mir als jemand, ›der Deutschland liebe‹, er persönlich würde sehr traurig sein, wenn mir plötzlich etwas zustoßen würde.

Als dann von den Obristen der Putsch in Zypern angezettelt war, wurden wegen der Fußballweltmeisterschaft im Gefängnis plötzlich Fernseher aufgestellt. Alle sollten diese Spiele sehen: Nach der Papaddpoulos-Parole, das Volk solle sich nicht um Politik kümmern, es solle sich für Sport begeistern. Mit dem Putsch in Zypern sollte neue Begeisterung und ein großer Hurrapatriotismus im Fernsehen entfacht werden. Man sah fähnchenschwenkende Soldaten, die in Züge verfrachtet zu ihren Standorten gebracht wurden. Im Gefängnis war allerdings keine Begeisterung zu spüren. Viele der sogenannten Kriminellen waren froh, jetzt hier einigermaßen sicher zu sein und nicht in einen sinnlosen Krieg ziehen zu müssen. Wir spürten, es tut sich was; hofften, daß jetzt durch diesen Krieg der äußere Anstoß zu einem Zusammenbrechen der Junta gegeben wäre. Man war sich allgemein klar, daß irgendwelche größeren Erschütterungen eine Veränderung des Regimes mit sich bringen würden. Wir warteten. Wir stellten den Fernseher oft schon fünf Minuten vor Sendebeginn an. Wir beobachteten das Zeichen, das Symbol der Junta: Phönix

Aus einem aus dem Gefängnis geschleusten Brief:

> *21.7.74*
> … Der Krieg (Zypern) ist da, und der Fernsehapparat wird aufgestellt wie zur Fußballweltmeisterschaft … Wenn man sich ausmalt, was womöglich hinter den Kulissen von Nixon/Kissinger/CIA initiiert ist, zumindest dran gedreht wird, kann einen schon das Gefühl der Ohnmacht überkommen. Eine Figur wie Nixon, im eigenen Land als miesester Gangster entlarvt, in die Enge getrieben und dann Entscheidungen fällend, die unter Umständen einen Weltkrieg herausfordern … Man hat den Eindruck, die Junta spielt mit diesem Überfall ihre letzte Karte aus, um vom eigenen totalen Bankrott abzulenken. Der wirtschaftliche Ruin – durch Korruption und Gigantomanie an eine Inflationsrate um die 25 Prozent herangekommen –, gleichzeitig doch wieder zunehmender Druck aus dem Ausland und, falls die Einschätzungen politischer Gefangener hier zutreffen, neuerdings sogar Unmut aus den eigenen Reihen (Saloniki-Fraktion, Luftwaffe) haben zu diesem demonstrativen Eroberungsfeldzug geführt. Von der Psychostruktur der größenwahnsinnigen Juntaclique aus gesehen nur konsequent: Innen- und außenpolitisch abgewrackt, besinnt man sich auf das, wovon man glaubt, man habe es gelernt. Mit einem Blitzkrieg und Sieg glaubt man vor sich und vor skeptischer werdenden Großfinanziers im In- und Ausland die Rechtfertigung für die Terrorherrschaft zu erbringen. Wenn mich nicht alles täuscht, führt sich jetzt das der Psycho-Pathologie entstammende Wappensymbol der Junta, der »Phönix aus der Asche«, selbst ad absurdum. Dieses faschistische Untier, das zuvor alles niederbrennt und ausmerzt (Reinlichkeitswahn, nicht überwundene Analphase), zerfällt – hoffe ich –, statt aufzusteigen, selbst zu Asche …

aus der Asche. Wir sprachen darüber, wann dieses Zeichen verschwinden werde, und das hat sehr lange gedauert. In den Meldungen selbst zeigte das ständige Dementieren von Verlusten, daß stimmte, was geleugnet wurde. Zuletzt noch, als es hieß, Karamanlis komme zurück, war dieses Zeichen immer noch da. Aber im Gefängnis stieg die Hoffnung.

In einer Situation, als Flugzeuge ziemlich tief über das Gefängnis hinwegflogen, da wußten die Wärter wohl nicht, ob das feindliche waren oder eigene. Da wurden plötzlich die Zellen den ganzen

Tag lang nicht aufgesperrt. Die Wachhabenden waren nicht zu sehen. Die haben sich wohl erst einmal alle in Sicherheit gebracht oder haben beraten. Bei den Gefangenen brach eine erhebliche Unruhe aus. Die dachten, die lassen uns hier im Stich, der Krieg geht los. Zeitweise wußte man nicht, was los war. Dann, bei der ersten Rede von Karamanlis im Fernsehen, spürte man, daß sich an der Macht bis zu diesem Zeitpunkt noch nichts geändert hatte. Die war so nichtssagend, so kalt und ohne Hoffnung, daß man merkte, der Gizikis hält ihm noch seinen Revolver in den Rücken, das Militär ist noch nicht gebremst und stellt immer noch die Hauptmacht dar.

Dennoch war in dem Gefängnis eine ziemliche Begeisterung, und man wußte, daß die Junta verspielt hatte. Doch einige waren sehr skeptisch. Die Intelligenteren rechneten zum Teil mit einer Neuauflage der Junta. Aber man machte sich allgemein große Hoffnungen, daß diese Ereignisse vom Volk zum Anlaß genommen würden, den Umsturz in seinem Sinne zu beeinflussen und zu beschleunigen. Nachher merkte man, daß sich wirklich Grundsätzliches änderte, daß die Junta in sich zusammengebrochen war, oder wie einige Politische meinten: Die Amerikaner hätten eine neue Kulisse gebraucht, die außenpolitisch nicht so viel Schwierigkeiten macht. Daß die Amerikaner bis zuletzt Einfluß auf die Machtverhältnisse in Griechenland hatten, das war ganz klar und wurde auch zugegeben. In Kommentaren amerikanischer Stellen hieß es: Sie würden jetzt bei der neuen Regierungsbildung keinen Einfluß mehr ausüben.

Nachher, als ich frei war, bekam ich von einem Zurückgekehrten und Mitglied der neuen Regierung, einem der einflußreichsten Leute dort (um Schwierigkeiten für ihn zu vermeiden, möchte ich seinen Namen nicht nennen), gesagt: Ganz am Anfang hätte Karamanlis von den Amerikanern die Auflage bekommen, daß keine Militärs zur Verantwortung gezogen und vor Gericht gestellt werden dürften.

Hier zeigt sich amerikanische Weitsicht: Wenn die Amerikaner aus strategischen oder wirtschaftlichen Gründen, demnächst vielleicht in Italien oder auch mal in der Bundesrepublik, wieder einen Putsch zu inszenieren gedenken, dann brauchen sie dafür bei ihren Erfüllungsgehilfen, eben den entsprechenden Offizierscliquen, auch weiterhin Vertrauen. Dann können sie sie beruhigen: Seht eure Kameraden in Griechenland, wir haben sie bis zuletzt gehalten, da ist keiner zu Schaden gekommen, da wurde höchstens einer etwas vorzeitig pensioniert, aber die schützende Hand haben wir bis zuletzt drüber gehalten.

Fest steht zwar, daß inzwischen einige prominente Junta-Mitglieder verhaftet wurden, aber der wichtigste und grausamste Mann der Junta, der immer die eigentliche Macht in Händen hatte, Brigade-General Joannidis, konnte sich bis vor kurzem seiner Verhaftung entziehen. Es wird sich noch herausstellen, ob sich der Willen der Amerikaner durchsetzt oder Volksinteressen wirksam werden.

So gibt es die makabere Situation, daß ein Student, der schrecklich gefoltert wurde, zufällig auf dem Syntagma-Platz den Militärpolizisten wiedererkennt, der ihn gefoltert hat, auf ihn zugeht und ihn sehr höflich fragt: »Sie waren es doch, der mich damals gefoltert hat?!« Der sagt ihm: »Nein, auf keinen Fall, war ich nicht.« Und der Student: »Entschuldigung ...« Der kann nicht zur nächsten Polizeistelle gehen und sagen, ich hab den wiedererkannt. Da passiert nichts.

Als wir im Gefängnis wußten, daß das Junta-Regime zusammengebrochen war, daß der Druck von allen Seiten so stark war, daß die Politiker der letzten legalen Regierung zurückgerufen werden mußten, erwarteten wir die Freilassung. Ich hatte schon meine Sachen gepackt. Aber es dauerte dann noch einige Tage. Obwohl man nachher in der Zeitung las, Karamanlis hätte gesagt, bis das Programm abgewickelt sei, sollten sich die politischen Häftlinge als Gäste im Gefängnis fühlen: Wir wurden nicht als Gäste behandelt. Die Isolation ging weiter. Knast ist Knast. Und wenn sich nicht vor dem Gefängnis mehrere tausend Menschen – einfache Leute, zum Teil gar nicht politisch bewußte Leute – versammelt hätten, die seit zwei Tagen in Sprechchören forderten:

»Laßt die Gefangenen frei!«, dann hätten sich die Entlassungen wahrscheinlich über Wochen hingezogen, um keine spontanen Kundgebungen entstehen zu lassen. Plötzlich war aber der Druck so stark, daß eine sehr große Nervosität bei der Gefängnisleitung entstand. Wir wurden zusammengetrieben und innerhalb weniger Stunden freigelassen. Das, was man dann erlebte, war überwältigend. Menschen, die man nicht kannte, standen da. Wir wurden umarmt, wir wurden geküßt, wir wurden auf die Schultern gehoben. Ich hatte nicht damit gerechnet. Ich bekam zu spüren, welche Solidarität mir entgegengebracht wurde.

Ich erlebte später auch einige Male Mißverständnisse. Ich klärte sie nicht auf, um keinen zu enttäuschen. Ein kleiner Kolonialwarenhändler, der mich wiedererkannte, umarmte mich. Er sagte, er hätte bisher einen unversöhnlichen Haß gegen die Deutschen gehabt. Seit Familienangehörige von der deutschen Besatzung auf Kreta umgebracht worden seien, erkenne er in den Deutschen immer wieder Spuren der einstigen Herrenrasse. – Das habe sich seit meiner Aktion geändert. Nun schätze und liebe er alle Deutschen. –

Einmal erschrak ich, als mir ein Grieche zu verstehen gab, er und auch andere hätten geglaubt, daß mit meiner Aktion die Bundesregierung dem griechischen Volk hätte helfen wollen.

Nachher war ich noch kurz am Meer, um mich ein bißchen zu erholen. Als ich mir ein Eis kaufen wollte, erkannte mich der Eisverkäufer. Er hatte die Fotos, die durch die Presse gegangen waren, gesehen und sich die Gesichter eingeprägt. Er beglückwünschte mich und weigerte sich Geld zu nehmen. Derartiges erlebte ich häufiger, und es war für mich wichtiger als die offiziellen Ehrungen und Einladungen von Regierungsstellen.

Verteidigungsrede

Militärtribunal und Sondergericht!

Damit Sie meiner Tat gerecht werden können, bitte ich Sie um etwas Geduld, mir zuzuhören und meine Motive im einzelnen zur Kenntnis zu nehmen. Ich verspreche Ihnen dafür auch, ein Geständnis abzulegen und vorbehaltlos mit der Sprache herauszurücken. Wenn Sie also die Güte haben, mir jetzt für eine Zeitlang Ihr Ohr zu leihen, werde *ich* mir anschließend auch die Zeit nehmen, das Strafmaß Ihres Urteils abzusitzen.

Ich danke Ihnen vorweg noch, daß Sie mir als Ausländer, als Gast sozusagen, dieses Ihr Militärtribunal als eindringlich-realistische Plattform und Kulisse zur Verfügung stellen. Ich hatte anfangs – nach ersten Stellungnahmen meiner Botschaft – schon befürchtet, daß Sie mir Ihre Art von Gerechtigkeit nicht widerfahren lassen wollen, sondern »kurzen Prozeß« mit mir machen und mich abschieben würden.

Genug der Förmlichkeit, zur Sache:

In der Anklageschrift werfen Sie mir vor, daß ich gegen den § 1 Ihrer neuen Militärverfassung vom 4. und 17. November 1973 verstoßen hätte. Darüber bin ich sehr erschrocken. In der Verfassung meines Landes – der Bundesrepublik Deutschland – lautet der § 1 nämlich: »*Die Würde des Menschen ist unantastbar*. Sie zu achten und zu schützen ist Verpflichtung aller staatlichen Gewalt.« – Gegen diesen Artikel zu verstoßen, würde ich als großes Verbrechen ansehen.

Bei Ihnen lautet der § 1 dagegen: »Es ist nicht erlaubt, Propaganda gegen die griechische Nation zu machen, Informationen zu veröffentlichen, die geeignet sind, die griechische Bevölkerung in Unruhe zu versetzen.« Indem ich die Flugblätter verteilt habe – »mit staatsfeindlichem Inhalt«, unterstellen Sie mir –, hätte ich »Angst und Unruhe bei den griechischen Bürgern verbreitet mit der gleichzeitigen Absicht, staatsfeindliche Propaganda gegen die griechische Nation zu betreiben«.

Irgendwo liegt hier eine Begriffsverwirrung, ein Mißverständnis vor. Hatte ich doch vor, auf meine Art einen kleinen Beitrag zur deutsch-griechischen Freundschaft zu leisten. Wenn daraus ein Anschauungsunterricht in Sachen Faschismus geworden ist, so ist das nicht meine Schuld. Es ist mein Handwerkszeug und Ausdrucksmittel als Schriftsteller und Publizist, nicht aus zweiter Hand, vom Hörensagen her zu berichten, sondern vorrangig das in meinen Veröffentlichungen wiederzugeben, was ich zuvor selbst erlebt habe, was ich bezeugen und wofür ich mich verbürgen kann. Und schließlich bringt einen das, was man selbst erlebt, am eigenen Leib erfährt, zu viel schnelleren und einschneidenderen Konsequenzen als das, was man sich nur angehört oder angelesen hat.

Wenn ich nach dieser kurzen Zeit in Griechenland an politischer Erfahrung und Handlungsbereitschaft ein wesentliches Stück weiter bin, so verdanke ich das den Reaktionen der ausführenden Organe der Militärjunta auf meine scheinbar so banale Aktion.

Als ich mich auf dem Syntagma-Platz mit den Ketten an den Lichtmast band, kam ich mir im ersten Moment etwas verloren und deplaziert vor. Denn die ersten, die mich zur Kenntnis nahmen, waren amerikanische Touristen mit ihren Fotoapparaten und Schmalfilmkameras auf den Spuren des klassischen Altertums: Sie lachten, wohl in der Annahme, daß ihnen die griechische Fremdenverkehrszentrale da eine besondere Attraktion bieten würde. Die griechischen Passanten, an die ich dann die Flugblätter verteilte, lachten nicht mehr. Sie verstanden unmittelbar die Symbolik dieser Aktion, nahmen die Flugblätter entgegen, gingen einige Schritte zur Seite, wo sie sich sicher glaubten, überflogen den Inhalt, kamen zum Teil zurück, um sich weitere zum Weiterverteilen zu holen. Aus ihren Reaktionen entnahm ich Zustimmung und gleichzeitig Angst, jedoch nicht Angst vor mir, denn ich war ja angekettet, vielmehr Angst vor den Spitzeln der Geheimpolizei, die sich erstaunlich schnell mit gezückten Ausweisen dazwischenschoben und Unruhe und Terror verbreiteten, indem sie mich zu Boden rissen, meine Brille zertraten, meinen Kopf immer wieder gegen die Betonkante des Lichtmastes schlugen, und als ich zu schreien anfing, wieder Ruhe und Ordnung dadurch herzustellen versuchten, indem sie mir Fußtritte in Magen und Milz verpaßten, wodurch mir die Luft wegblieb, und mir gleichzeitig den Mund zuhielten.

Während meiner Arbeit in deutschen Fabriken lernte ich auch griechische Arbeiter – sogenannte Gastarbeiter – kennen. Ich lernte sie schätzen in ihrem Temperament, ihrer großzügigen Gastlichkeit, ihren Ausdrucksformen in Tanz und Musikalität, ihrer Begeisterung für Theodorakis, dessen Musik hier ja von der Junta nicht umsonst verboten ist. Ich lernte Griechenland lieben, ohne vorher in Griechenland gewesen sein zu müssen. Ich lernte gleichzeitig die Angst der griechischen Arbeiter – selbst in Deutschland – kennen, Angst vor Spitzeln der Militärdiktatur, die sie denunzieren könnten, wenn sie sich bei uns gewerkschaftlich organisierten, wenn sie sich regimekritisch äußerten. Sie hatten Angst vor Verhaftung, wenn sie zurückkehren würden; Angst, daß ihre Angehörigen von der Militärpolizei verhört, unter Druck gesetzt, gefoltert würden. (Bei uns im Dritten Reich nannte man das »Sippenhaft«.) Gleichzeitig beobachtete ich die Unwissenheit, zum Teil auch Ignoranz bundesdeutscher Touristen, die sich nach Griechenland verchartern lassen und, in Ehrfurcht vor dem restaurierten, abbröckelnden Alten erstarrt, die Fratze des gegenwärtigen Faschismus nicht mehr wahrnehmen. Zum großen Teil ist es auch nur fehlende, vorenthaltene Information. Unsere Massenpresse informiert zum Teil gar nicht oder nur in Form kleiner Meldungen über Terror und Folter in Griechenland.

Ich wollte mit meiner Aktion – wie man im Pressejargon sagt – den »Aufhänger« schaffen, damit wieder mehr geredet, geschrieben und daraus resultierend auch gehandelt wird gegen die Diktatur in Griechenland.

Zum Teil ist mir das gelungen, und je länger Sie mich einsperren – legen Sie sich bitte keine Zurückhaltung auf angesichts der hier versammelten Auslandspresse, nehmen Sie das Höchststrafmaß wie bei einem anonymen Griechen –, um so eher wird es zu Touristenboykottaktionen und zu anderen Widerstandsmaßnahmen kommen.

Die Zeit arbeitet gegen Sie! Ihre Militärjunta hat außer Panzern und Gewehren nichts im Rücken, allenfalls die amerikanische »CIA« als Zuhälter – das griechische Volk beinahe geschlossen gegen sich, weil Sie außer pompösen Militäraufmärschen nichts an Ideen zu bieten haben. Sie sind die Dinosaurier in unserer gegenwärtigen politischen Landschaft: viel Panzer, kaum Hirn, darum zum Aussterben verurteilt!

Da Sie das selber dumpf spüren, es sich natürlich nicht offen eingestehen können (denn sonst müßten Sie desertieren, jedoch wohin schon?), kommt es in Ihren Apparaten zu diesen permanenten Angstreflexen, die ihren Ausdruck in Verhetzung, Einschüchterung, Folterung aller politisch Andersdenkenden findet. Und die Skala Ihrer Gegner und vermeintlichen Gegner umfaßt beinah alle politischen Fraktionen, von Sozialisten und Kommunisten bis hin zu Liberalen und Konservativen.

Ich habe mit politischen Gefangenen sprechen können, die der bei Ihnen obligatorischen Folter unterworfen wurden, Elektroschock-Folter, tagelanger Schlafentzug, halbtot geprügelt, um Geständnisse aus ihnen herauszupressen über von Ihnen erhoffte »Hintermänner«, »Drahtzieher«, »weitverzweigte Organisationen«. Ihre eigene pervertierte Moral projizieren Sie in Ihre Opfer hinein. Sie können sich nicht vorstellen, daß jemand aus eigenem Antrieb, nicht ferngesteuert, ohne materiellen Anreiz ein Risiko auf sich nimmt, das unter Umständen mit Lebensgefahr verbunden ist. Die Militärs sind unfähig, bei ihrer Umgebung etwas anderes als ihre eigenen Motive und Gefühle zu erwarten.

Hier im Gefängnis sitzen Gefangene langjährige Haftstrafen ab für »Vergehen«, die sie nie begangen haben, weil sie der Folter nicht mehr gewachsen waren und das eingestanden, was man von ihnen hören wollte.

Nicht nur die Spezialisten Ihrer Militärpolizei ESA – nicht umsonst hier »E«-»SS«-»SA« genannt – verstehen sich auf Foltertechniken. Ich fordere die hier versammelten Journalisten auf, verschaffen Sie sich Zugang zur Tiefgarage der Hauptwache 4 in der Meganonstraße in der Nähe der amerikanischen Botschaft.

Besichtigen Sie die blutverschmierte Holzbank in der äußersten linken Ecke dieser Garage, beachten Sie die blutbespritzte Wand. Auf dieser Lattenbank werden Gefangene mit Riemen festgeschnallt und von sechs bis zehn Zivilbeamten gleichzeitig oder abwechselnd mit Knüppeln oder Lederpeitschen traktiert, bis die erwünschten Aussagen zustande kommen. Verschaffen Sie sich Zugang zu den neuerrichteten Zellen in Piräus! Dort werden Politische tagtäglich der Elektroschock-Folter unterworfen.

So düster das alles aussieht, eins wird deutlich: Die Junta hat keine Basis, auf die sie sich stützen und verlassen kann. Sie hat nicht den geringsten Rückhalt in der Bevölkerung, statt dessen ihre Geheimdienste und Spitzel. Einen, der überwacht, und einen, der den überwacht, der überwacht.

Die Militärjunta wirft ihren Gegnern vor, »ferngesteuert« zu sein. Dabei ist sie selber Marionette der amerikanischen Großmachtpolitik, von dort als Henker der Demokratie eingesetzt und ohne Auftrag und Finanzierung von dort zu keinem Terrorschachzug in der Lage.

Der Assistent eines Vernehmungsbeamten brachte seine Bewunderung für Hitler zum Ausdruck, ein Kommissar der Geheimpolizei fragte mich, wie ich zu Franz Josef Strauß stünde, und als ich antwortete, der würde hier in der Militärdiktatur bestimmt seinen Mann stehen, sagte der Beamte, solche Männer brauche Europa. Nicht von ungefähr bekennt sich die Junta öffentlich als »*Polizei Europas*«, und Papadopoulos – von den Amerikanern eingesetzt, um die Diktatur aus der Taufe zu heben – umschrieb die Aufgabe der Junta: Das griechische Volk sei krank und müsse in Gips gelegt werden. Es ist kein Zufall, daß die faschistische Presse hier über meinen Fall den *Bayernkurier* des Franz Josef Strauß ausführlich zitierte und ein Vernehmungsbeamter sich der guten Beziehungen der Junta zum CSU-Bundestagsabgeordneten Althammer rühmte.

Diese Beispiele zeigen, es ist nicht allein ein innergriechisches Problem, in das ich mich mit meiner Aktion einmischte. Die gleichen Strukturen sind auch und gerade in der Bundesrepublik latent vorhanden. Der Faschismus des Dritten Reiches (»Der Schoß ist fruchtbar noch, aus dem das kroch«) besteht in einflußreichen Offizierscliquen der Bundeswehr als Schwelbrand weiter.

Griechische Junta-Obristen und hohe deutsche Offiziere betreiben auf Kameradschaftsabenden auf Kreta eine makabre griechisch-deutsche Verständigung, unter dem Banner der NATO.

An der Haltung der einzelnen Staaten zur griechischen Diktatur manifestiert sich das Gewissen Europas. Ich glaube, gerade als Deutschen stünde es uns gut an, an die Adresse unseres nur zwei Flugstunden entfernten Bündnisstaates Griechenland in Sachen Faschismus Proteste und Boykotts zu adressieren. Wir haben zu Recht unsere Eltern daran gemessen, wie sie sich im Dritten Reich verhalten haben, wir werden uns später von unseren Kindern gefallen lassen müssen, u. a. danach beurteilt zu werden, wie wir zum Faschismus in Griechenland standen.

Ob wir unser schlechtes Gewissen an den Touristenstränden von der Sonne haben wegbräunen lassen, während in den Verhörstuben und Zellen der Junta Menschen zu Krüppeln gefoltert wurden.

Ich weiß, die meisten wissen nicht, wie die ungeheuerlichsten Verbrechen hier zur alltäglichen Gewohnheit geworden sind. Die *Bild*-Zeitung klammert das aus gutem Grund aus ihrer Berichterstattung aus, sieht sie doch ihre publizistische Aufgabe darin, gleiche Verhältnisse auch bei uns vorbereiten zu helfen. Auch nach dem Zusammenbruch des Dritten Reiches beriefen sich die meisten darauf, von allem nichts gewußt zu haben. Um dieser Uninformiertheit ein wenig abzuhelfen und entgegenzuwirken, bin ich hier. Ich bin nicht kopflos und unvorbereitet in diese Aktion hineingegangen. Ich wußte genau, was ich tat, und weiß es jetzt um so mehr.

Ich wußte, was mich erwartete, und habe vorsorglich und zu Recht – wie sich in den ersten Verhören herausstellen sollte – vor der Aktion noch schmerzstillende Präparate zu mir genommen.

Zu welcher Strafe Sie mich auch verurteilen und was Sie sonst noch mit mir anstellen mögen, Sie kommen nicht daran vorbei, daß *Sie* heute hier – in Ihre Uniformen eingezwängt – als Symbole des Faschismus vor der Weltöffentlichkeit auf der Anklagebank sitzen!

Und so »abschreckend« Ihr Urteil auch ausfallen mag, Sie werden nicht verhindern können, daß es auf »Nachfolgetäter« auslösend und bestätigend wirkt, mit anderen Mitteln zur schnelleren Abschaffung Ihres Terrorregimes beizutragen. Denn indem sich die Taten der einzelnen addieren, gehen hiervon Signalwirkungen und Initialzündungen aus, die eine Verkürzung der Leidenswege des unterdrückten Volkes zur Folge haben! (Zwischen den ersten Selbstverbrennungen der buddhistischen Mönche in Vietnam und den mächtiger werdenden weltweiten Demonstrationen gegen die Intervention der Amerikaner besteht ein Kausalzusammenhang, der schließlich die Weltöffentlichkeit zur Verurteilung der verbrecherischen Vietnampolitik der Amerikaner mobilisierte, den Kampfwillen des Vietcong stärkte und schließlich den Rückzug der US-Armee beschleunigen half.)

Zu Ihrem Vorwurf, ich hätte mich als Ausländer »in die inneren Angelegenheiten des griechischen Staates« eingemischt, nur kurz soviel: Bei Verletzung der Menschenrechte schreibt die Charta der internationalen Menschenrechte – Griechenland gehört ihr seit 1947 an und ist bisher nicht ausgetreten, soviel ich weiß – ausdrücklich die »Einmischung« anderer vor. Die Verwirklichung der Menschenrechte kann durch nationale Grenzen nicht außer Kraft gesetzt werden, weder durch Erlaß noch durch Terror, noch durch Entwöhnung! Die Grenzen werden immer durchlässiger, nicht nur in wirtschaftlicher Hinsicht!

Auch die beste ideologische Absicht gibt keinem Staat der Welt das Recht, sich über elementare Menschenrechte hinwegzusetzen. Auch wenn es die Sowjetunion ist – wie soeben wieder vorgekommen –, die einzelne unliebsame Kritiker in Irrenhäuser einweisen läßt, so ist das – unabhängig von der eigenen ideologischen Einstellung – ebenfalls entschieden zu verurteilen und bedarf der »Einmischung«.

Aber kurz noch etwas zum Thema »Einmischung«; denn »vom Faschismus soll schweigen, wer sich weigert, über den Kapitalismus zu reden!« Das deutsche Großkapital mischt seit dem Putsch verstärkt in Griechenland mit, garantiert die Militärdiktatur doch streiklose Zeiten und erhöhte Renditen. BASF, Siemens, AEG und Boehringer, um nur einige deutsche Gütezeichen stellvertretend herauszugreifen, stärken der Militärjunta liebend gern den Rücken. Der Generalvertreter der AEG z. B., Herr von Reibnitz, ein älterer Herr, fühlt sich hier zu Hause wie seinerzeit im Dritten Reich. Er sieht sich hier als halber Emigrant und äußert, solange die Jusos im Heimatland an Einfluß gewännen, gedenke er nicht mehr zurückzukehren.

Zum Schluß noch einmal zu meinen Beweggründen: Die Aktion und die daraus resultierende Inhaftierung ist kein Selbstzweck. Sie soll Öffentlichkeit herstellen und Aufmerksamkeit auf das Schicksal der politischen Gefangenen lenken. Falls vom Ausland aus Initiativen für meine Freilassung erfolgen sollten, dann nur verbunden mit der Forderung, alle politisch inhaftierten Griechen freizulassen.

Ein organisierter Touristenboykott – wenn auch nur punktuell durchgeführt – ist die Sprache, auf die die Militärjunta allenfalls reagiert. Oder noch wirkungsvoller: Wenn die Schauerleute von Göteborg, Amsterdam oder Hamburg sich weigern, griechische Schiffe zu entladen, würden sich durch einen derartigen Streik unweigerlich die Gefängnisse für die politisch Inhaftierten öffnen lassen. Und bei Ausdehnung und Fortdauer eines derartigen Boykotts ließe sich das herrschende Militärregime sogar beseitigen. Eine geheime Demarche an die Junta von den Großreedern Onassis, Niarchos u. a. liegt vor, worin die große Befürchtung vor derartigen Aktionen zum Ausdruck gebracht wird.

Falls ich in dieser Richtung Anregungen und Anstöße vermittelt habe, sitze ich nicht umsonst hier ein!

Zu allerletzt noch – wie es sich für einen geständigen Täter gehört – möchte ich doch noch, auf Grund der gemachten Erfahrungen hier, so etwas wie Reue über meine »Tat« zum Ausdruck bringen. Diese Aktion war halt meine Art zu protestieren. Ich bin von der Überzeugungskraft des gewaltlosen Widerstandes ausgegangen. Ich stelle mir inzwischen die Frage, ob die Wahl meiner Mittel angebracht war. Denn es gibt eine Stufe der Brutalität und der Barbarei, wo einem ein derartiges Handlungsprinzip als Dummheit und Schwäche ausgelegt werden kann. Es kann sein, daß ich mich in der Wahl meiner Mittel vergriffen habe, nicht die Sprache gefunden habe, die von der Militär-Junta und ihren Helfershelfern verstanden wird.

Als ich z.B. beim ersten Verhör mit Handschellen gefesselt, dazu noch die Kette an meinem Hals, von dem Vernehmungsspezialisten mit karategeübter Faust eine in die Fresse geschlagen bekam und ich ihm daraufhin versöhnend lächelnd zu verstehen gab, auch die andere Gesichtshälfte nicht zu vergessen, damit ich im Gleichgewicht bliebe, nahm er das zum Anlaß, mir mit voller Wucht in die Geschlechtsteile zu treten.

Um sich gegenseitig zu verstehen, muß man die gleiche Sprache sprechen. Das einzige Mittel, sich jemandem verständlich zu machen, der ausschließlich mit dem Panzer und dem Gewehr redet, ist *letztlich*, befürchte ich, Gegengewalt.

PS:

Abschließend, ich würde es mir und Ihnen lieber ersparen, darauf eingehen zu müssen, aber da es tagtägliche Vernehmungspraxis bei Ihnen ist, möchte ich es doch noch erwähnen:

Ich bin gefoltert worden. Man wollte aus mir herausbekommen, mit welchen Griechen ich Kontakt gehabt hätte. Zwei Spezialisten in Zivil – Vertreter der ESA – schlugen meinen Kopf an einer Tischkante und auf dem Fußboden blutig. Außerdem Schläge mit der Kette, die an meinem Hals befestigt war. Schläge in Magen und Milz. Schläge mit einer Eisenstange und mit Absätzen von Stiefeln auf die Zehen meines linken Fußes. Die Spuren am Kopf und an den Zehen sind heute noch sichtbar. Ich habe seitdem auch ständig Kopfschmerzen.

Nach diesem Verhör mußte ich den Rest der Nacht auf einem Stuhl bei Beleuchtung sitzen und wurde am Schlafen gehindert. Ab 9 Uhr morgens Fortsetzung des Verhörs.

Ich bin mir darüber im klaren, daß ich als Ausländer und nach Initiative meiner Botschaft noch bevorzugt behandelt wurde. Als Grieche wäre ich womöglich halb oder gleich ganz totgeprügelt worden und hätte nicht die Möglichkeit gehabt, hier vor Ihnen auszusagen.

1974

Aufdeckung einer Verschwörung*

1976, zwei Jahre nach dem Sturz des faschistischen Regimes in Portugal, lebe und arbeite ich drei Monate in der landwirtschaftlichen Kooperative »União faz a força« (Einigkeit macht stark) im Süden Portugals. Bei einem Abstecher in den katholisch-konservativen Norden gelingt es mir, Kontakt zu höchsten rechtsradikalen Kreisen um »General Walter«, so der Deckname des gestürzten Präsidenten Spínola (wie sich dann herausstellen sollte), aufzunehmen. Ich gebe mich als Beauftragter gleichgesinnter deutscher Kreise aus und stelle Geld- und Waffenhilfe für die Konterrevolution in Aussicht. Das Unglaubliche passiert: Spínola selbst trifft sich mit den deutschen »Freunden« in Düsseldorf und macht kein Geheimnis aus seinen Putschplänen – die nicht mehr Wirklichkeit wurden.

Besonderer Dank gebührt Franz Josef Strauß, der als unfreiwilliger Schirmherr und Garant wesentlich zur Schaffung des Vertrauensverhältnisses mit den Faschisten beitrug. Ohne seine echten Geheimkontakte zu Spínola wäre die Beweisführung wohl kaum bis in diese Dimension vorgedrungen.

Am Donnerstag, 25. März, soll der Ex-Staatspräsident und jetzige MDLP**-Präsident General António Ribeiro de Spínola um 12.45 Uhr auf dem Flughafen Düsseldorf, Terminal 2, aus Genf über Zürich einfliegen.

Wie findet man einen »Präsidenten«, der bereit ist, dem Ex-Präsidenten von Portugal gegenüberzutreten? Am Abend vorher telefoniere ich drei Stunden lang. Ich versuche einen Pfarrer, einen Verleger, einen Rechtsanwalt, einen Arzt, einen Bundestags-

---

* in Zusammenarbeit mit Hella Schlumberger.
** »Movimento Democrático de Libertaçao de Portugal«, rechtsradikale »Bewegung zur Befreiung Portugals«.

abgeordneten zu überzeugen. Vergeblich: Alle stimmen mit mir darin überein, daß es moralisch und politisch zu verantworten, ja notwendig sei, diese aufwendige Täuschung zu inszenieren. Alle haben sie aber ihre unaufschiebbaren Gründe. Entweder sind sie gerade verhindert, oder sie trauen es sich nicht zu. Keiner ist bereit, aus seiner Rolle für einen Nachmittag auszusteigen, um einen Rechtsputsch, womöglich ein zweites Chile, verhindern zu helfen. Dabei kann ich aufgrund meiner eigenen Rollenerfahrungen sagen, daß es hundertmal einfacher ist, einen nimbusbeladenen Präsidenten zu spielen als zum Beispiel die Existenz eines Fließbandarbeiters auch nur eine Zeitlang anzunehmen. Am nächsten Morgen weitere vier Stunden Telefonate. Freunde rufen andere Freunde an. Echte Schauspieler, die ich für diese Rolle gewinnen will, sind so schnell nicht aufzutreiben. Also kein Präsident.

Verspätet fahren wir im Mercedes von Rechtsanwalt Dr. Meinecke zum Düsseldorfer Flughafen. Dr. Meinecke, FDP-Mann und Präsident der WAHR, einer Organisation für Menschenrechte, hat sich ohne Zögern bereitgefunden, als neutraler Zeuge dem historischen Augenblick beizuwohnen. Um 12.58 Uhr erreichen wir die Ankunftshalle. Aber weder Luís noch José* noch Spínola sind da.

Plötzlich sehen wir hinter der Absperrung Luís, José und eine Frau, die sich mit einem älteren, sonnenbebrillten Herrn mit Hut und Pelzmantel unterhalten. »Jemand vom Verfassungsschutz«, schießt es mir durch den Kopf, »der ihn warnen wird«. Wir steuern auf die Gruppe zu. Luís stellt vor: »Unser Präsident, der General, und seine Nichte.« Wir begleiten die beiden zum Mercedes 280 S von Anwalt Meinecke. Bis wir im Nobelrestaurant »Schnellenburg« ankommen, sprechen wir über das Wetter. Es ist kühl und regnerisch.

Im »Rheinsaal« – stilgerecht – Blumenbouquet und Sekt-Stehempfang. Als nationalbewußter Deutscher habe ich mir wieder die schwarzrotgold-gestreifte Krawatte umgebunden, lächerliche

---

* Adjudanten Spínolas.

Dr. Meinecke, Günter Wallraff, Louís und José, Hella Schlumberger, General Spínola (von links)

Statussymbole wie ein vergoldetes Feuerzeug und ähnlichen Klimbim zugelegt.

Anwalt Dr. Meinecke hält die Begrüßungsansprache. Als »nicht agierender, neutraler Zeuge« hat er sich auf unsere Bitte hin bereitgefunden, aus den echten Statuten seiner Menschenrechtsorganisation zu zitieren, damit »ein würdiger Empfang gewährleistet ist« – und muß anschließend erleben, wie Spínola sie mißversteht und zum Anlaß nimmt, auf seine Art voll darauf einzusteigen.

Anwalt Dr. Meinecke: »General, ich begrüße Sie auf deutschem Boden im Namen von Männern und Organisationen, die dazu entschlossen sind, daß international und vor allem in Europa Recht und Ordnung erhalten bleiben.«

Spínola hat inzwischen Sonnenbrille mit Monokel vertauscht. Aristokrat und Asket zugleich, Vertreter einer historisch in die Defensive geratenen, von daher immer aggressiver werdenden Klasse von Großgrundbesitzern, Bankiers und Konzernherren, legt er sich bei der Äußerung von Gefühlen äußerste Zurückhaltung auf: ganz alte Schule, Haltung bewahren, keinerlei Schwäche zeigen. Herrenreiter: in den fünfziger Jahren international bekannter Pferdesportler, Anfang der sechziger Jahre meldet er sich als Oberstleutnant freiwillig in die aufständische Kolonie Angola. Ab 1968 Oberkommandierender und Gouverneur in Guinea-Bissau. Geschickter Taktiker mit Doppelstrategie: Einerseits geringfügige soziale und politische Verbesserungen für die afrikanische Bevölkerung zwecks »Befriedung«, bei Nicht-Unterwerfung Abschreckungs- und Ausrottungsaktionen. So zum Beispiel in Pidjiguiti das Liquidationskommando gegen streikende Hafenarbeiter. »Erfolg«: 50 Ermordete, Bombardierungen der Zivilbevölkerung mit Napalm. Mitverantwortlich für die Ermordung des Führers der Befreiungsbewegung, Amilcar Cabral.

Sein Monokel ist Status- und Herrschaftssymbol zugleich. Vielleicht auch Relikt seiner militärischen Herkunft. Beim Zielen und Schießen ist ein Monokel jedenfalls praktischer als eine Brille. Außerdem verleiht es eine unnahbare Strenge und Starre, vielleicht erklärt es auch, daß sich sein Gesicht nie zu einem Lachen, allenfalls zu einem indignierten Herabziehen der Mundwinkel verändert (wenn er zum Beispiel über seine politischen Gegner philosophiert). Bei einem spontanen Lachen, sollte es sich einmal einstellen, könnte ihm das Monokel aus dem Gesicht fallen und ihn seiner ganzen Würde berauben; damit könnte es sein Gesicht sein, das er verliert.

Spínola hält eine kurze Eröffnungsrede: »Ich freue mich sehr, daß ich hier in Düsseldorf unter solchen Umständen empfangen wurde, und benutze die Gelegenheit, mich für die freundliche Begrüßung zu bedanken. Das ist mein erster Besuch in Düsseldorf nach dem Zweiten Weltkrieg. Und ich komme mit nicht geringer Hoffnung. Deutschland hat eine große Aufgabe, was die Zukunft Europas angeht. Ich war immer der festen Überzeugung, daß sich im Schoße Europas Kräfte bereit finden müßten, um auf die sowjetische Invasion zu reagieren. Eine westliche Allianz ist nötig gegen eine sowjetische Allianz. Und Deutschland bietet die besten Bedingungen dazu, Initiator dieser westlichen Allianz zu werden.«

Wallraff: »Wir bedanken uns, Herr General, für diese ermutigenden Worte. Der General wird verstehen, daß wir den Kreis möglichst klein gehalten haben, aus Sicherheitsgründen. Auch wir wissen diesen historischen Augenblick zu schätzen, dieses Treffen ist, glaube ich, in unser aller Sinne!«

Der General trinkt keinen Alkohol, aber seit Jahren zum erstenmal hat er bei diesem Empfang zum Sekt gegriffen. Die Büsumer Krabbensuppe mundet ihm sehr, vom Hirschrücken ist er – als alter Jäger – geradezu begeistert. Nachtisch lehnt er ab.

Wallraff: »Hatten Sie Schwierigkeiten bei der Einreise, General?«

Spínola: »Keinerlei. Wir sind ganz normal eingereist.«

Wallraff: »Wenn Sie etwas mehr Zeit hätten, könnten wir für morgen noch einige Treffen mit deutschen Politikern arrangieren, die Sie uns vorschlagen.«

Spínola: »Fliege ich wirklich schon heute?«

Luís und José (einstimmig): »Ja, leider, mein General.«

Spínola: »Was kennen Sie denn von Portugal?«

Luís gibt in wenigen Andeutungen und Chiffren Auskunft über unseren politischen Standort, damit unsere Zuverlässigkeit: »Sie kennen alles bis nach Cuba*. Sie kennen sogar den Erzbischof von Braga, aber nicht den Bischof von Porto. Sie sind überhaupt sehr gut informiert über Portugal, mein General. Auch über Galvão de Melo und Kaúlza de Arriaga.«

Spínola: »Dann kennen Sie uns ja schon sehr gut.«

Wallraff: »Wenn Sie, General, nach dem Essen etwas ausruhen möchten und sich frisch machen wollen – wir haben ein Appartement für Sie reservieren lassen. Dann können wir mit Luís und José bereits anfangen zu arbeiten und unsere Tagesordnung erstellen. Anschließend hätten wir gerne von Ihnen eine politische Einschätzung der augenblicklichen Situation in Europa.«

---

* In Cuba (Alentejo) fanden im Februar 1976 ein Hubschrauberüberfall der Kommandos auf Kooperativen statt, unter dem Vorwand, bewaffnete Ausländer aufzuspüren. Diese Aktion hatte keinen Erfolg.

Spínola: »Nichts leichter als das. Ich arbeite ja gerade an meinem neuen Buch ›Der Westen und die Zukunft‹.«
Wallraff: »Haben Sie schon einen deutschen Verlag dafür?«
Spínola: »Nein, das Buch soll zuerst in Portugal erscheinen. Nach den Wahlen, versteht sich. Ich bereite auch noch ein anderes Buch vor mit Interviews, die ich gab, mit Antworten auf Fragen, die an mich gestellt wurden seit dem 28. Dezember.«
José und Luís: »September, mein General.«
Wallraff: »Dann können wir Sie ja als Schriftsteller begrüßen.«
José: »Ja, der General hat bis jetzt fünf Bücher geschrieben.«
Spínola wehrt sich: »Nein, nein, ich bin weder Schriftsteller noch Politiker.«
Wallraff: »Fühlen Sie sich in der Schweiz wohl? Oder sind Sie lieber in Brasilien?«
Spínola: »In der Schweiz ist es ruhiger, und außerdem bin ich in Europa.«
Luís: »Schauen Sie einmal, was ich heute im Kaufhof gefunden habe: Manschettenknöpfe mit dem Symbol der MDLP (zwei Kettenglieder, die ineinandergreifen). Sie sind zwar nicht besonders schön, aber immerhin.«
Spínola: »Phantastisch.«
Wallraff: »Wir werden sie in Silber nacharbeiten lassen und unseren Spendern zuschicken.«
José: »Wissen Sie schon, General, daß es seit kurzem in Lissabon wieder Ansteckstecknadeln mit Ihrem Porträt zu kaufen gibt?«
Spínola, zerstreut: »Ja, ja, ich weiß.«
Wallraff: »Wann können wir damit rechnen, daß Sie nach Portugal zurückkehren?«
Spínola: »Allgemein gesprochen, in dem Augenblick, in dem es das Beste für das ganze Land sein wird. Wenn ich mich auch wieder politisch frei betätigen kann. In keinem Fall vor den Wahlen. Und zwar nur nach eigener Entscheidung.«
Wallraff: »Ihre Frau erwartet Sie ja bereits und bestellt das Haus in Lissabon.«

Spínola: »Am nächsten Sonntag fahren mein Bruder und meine Neffen nach Portugal zurück.«

Die Krabbensuppe versetzt den asketischen General in Erzähllaune. Spínola: »Ich möchte noch eine lustige Geschichte erzählen, Luís, ist die wirklich lustig?«

Luís: »General, ja, ja sehr.«

Spínola: »Zwei Freunde wollten in Afrika einen Geparden jagen. Und wohnten im Haus eines befreundeten Großgrundbesitzers. Jede Nacht setzten sie als Beute für den Geparden ein Zicklein aus, das dem Großgrundbesitzer gehörte. Man muß vorausschicken, daß sie keine guten Schützen waren. Jede Nacht kam der Gepard, fraß das Zicklein und entschwand. Bis es dem Großgrundbesitzer nach einiger Zeit zu bunt wurde und er die beiden Freunde fragte: ›Zu wem haltet ihr jetzt eigentlich? Zum Geparden oder zu mir?‹ Das ist die Geschichte. Die ist schon sehr alt.«

Lautes, etwas gezwungenes Lachen.

Spínola, bedeutungsschwer: »Im heutigen Portugal gibt es sehr viele Freunde des Geparden. Die wenigen politischen Werte, die wir im heutigen Portugal noch finden können, sind in der PPD* und der CDS** verankert. Ein bißchen auch noch in der PS***. Aber letztlich kann man diesen Rechten in der PS doch nicht trauen, weil sie zu sehr ihrer Partei verhaftet sind. Ich halte sie für nichts anderes als für Opportunisten. Die werden auch von niemandem ernst genommen. Die PS-Minister lassen in ihren Ministerien ja Staatssekretäre der PC**** zu. Dann wollen sie noch glaubhaft bleiben.«

Wallraff: »Inwieweit sehen Sie die Möglichkeit, bei einer künftigen CDS/PPD-Regierung auch Soares und die rechte PS als Integrationsfaktor einzubauen?«

---

* »Partido Popular Democrático«, liberale Partei
** »Partido do Centro Democrático-Social«, konservative Sammlungsbewegung
*** »Partido Socialista«, sozialdemokratische Partei
**** »Partido Comunista«, kommunistische Partei

José: »Er wäre idiotisch genug, diese Rolle auch noch zu spielen. Der einzige politische Führer, vor dem ich Respekt habe, ist Cunhal« (der Parteivorsitzende der Kommunisten). »Er ist mutig und verfolgt seine Linie. Wenn ich könnte, würde ich ihn töten, aber ich respektiere ihn.«

Der Hirschrücken kommt.

Wallraff: »Das ist ein deutscher Hirsch, General. Gibt es dergleichen in Portugal auch?«

Spínola: »Ja, ja. Aber nur auf einem Gut. 50 Kilometer nördlich von Lissabon, in Torre Bela. Das gehört einem Verwandten des Herzogs von Bragança, er hält dort öfters Jagdgesellschaften ab.«

Luís: »Er hielt, General. Das ist jetzt eine Kooperative.«

Wallraff: »Gibt es denn jetzt auf Torre Bela noch Hirsche?«

Luís: »Keinen einzigen mehr.«

José: »Alle abgeschlachtet. Von diesen Barbaren.«

Nichte des Generals: »Der Hirsch ist außergewöhnlich zart.«

Wallraff: »Sehen Sie, General, eine Möglichkeit, daß die geraubten Landgüter den rechtmäßigen Herren wieder zurückgegeben werden?«

Spínola: »Mhh.« Er kaut. »Der Zeitpunkt hängt zu einem Teil auch mit von Ihnen ab.«

Luís: »Das letzte Mal, als der General in Düsseldorf war, das war während des Krieges, und er war Beobachter bei der deutschen Armee.«

Spínola: »Das war im Jahr, als Leningrad fiel. 1939.«

Luís: »War es nicht Stalingrad? Also 1942.«

Spínola: »Nein, es war 1940 und in Leningrad*. Aus dieser Zeit habe ich ein Foto, da bin ich mit zwei deutschen Offizieren drauf, ich in deutscher Uniform mit Eisernem Kreuz und die in portugie-

---

* Während des spanischen Bürgerkriegs hatte Spínola als Freiwilliger auf der Seite Francos gegen die Internationalen Brigaden gekämpft. 1941 nahm er als Kommandant einer portugiesischen Hilfstruppe wiederum freiwillig auf der Seite der Hitler-Armee an der Belagerung Leningrads teil, bei der die Deutschen über 900 000 Einwohner durch Abschneiden der Versorgungswege verhungern ließen.

sischen. Heute würde ich auch gerne wieder die Uniform tauschen.«

Wallraff: »Wie stehen Sie zur Kriegsschuldfrage, Herr General? Und wie stehen Sie zur Niederlage des deutschen Heeres im Zweiten Weltkrieg?«

Spínola: »Ich habe großes Interesse daran, die Situation der deutschen Generäle in Stalingrad aufzuklären. Auch was den ganzen Rußlandfeldzug betrifft. Ich war während des Feldzuges Beobachter bei der Schlacht um Stalingrad. General Paulus kannte ich sehr gut. Mit seinem Sohn, der in Brasilien lebt, bin ich heute noch befreundet. Als die portugiesischen Oberbefehlshaber der Streitkräfte vom Fall Stalingrads erfuhren, waren sie sehr erstaunt. Aber ich habe Dokumente zu Hause, die beweisen, daß die deutsche Generalität zu diesem Zeitpunkt den Krieg schon für verloren hielt. Sie hatten eine tiefgreifende Analyse darüber angefertigt. Die ganze übrige Welt war davon überzeugt, daß Deutschland nach seinen Kriegserfolgen nun auch Rußland erobern würde. Das wäre nicht unmöglich gewesen, das war nur zu diesem Zeitpunkt im Winter sehr unklug. Ein Jahr mehr an Vorbereitung wäre erforderlich gewesen, dann hätte die Sache geklappt. Das Problem war schließlich nicht Stalingrad, sondern Moskau.«

Wallraff: »Wie kam es überhaupt zu diesem verhängnisvollen Mißverständnis, daß Sie, General, als Speerspitze der Revolution galten? Hat man Sie erpreßt?«

Spínola: »Ich war schon lange mit der Kolonialpolitik der Regierung Caetano nicht einverstanden. Vor allem, weil ich die Situation an Ort und Stelle besser kannte. 1971 habe ich über meine Erfahrungen ein geheimes Papier für Marcelo geschrieben, aus dem dann später das Buch hervorgegangen ist. In diesen Thesen war die Lösung des Kolonialproblems enthalten. Caetano hat es aber nicht richtig genutzt. Als dann die Revolution kam, hat er sich mir gegenüber plötzlich ganz anders verhalten, weil er glaubte, daß das Buch der Anlaß für die Revolution wäre. Ein Buch, das geschrieben wurde, um die portugiesischen Kolonialprobleme zu lösen, wurde plötzlich zu einem revolutionären Knüller. Es hieß, daß das ein Buch war, das den 25. April potentiell begünstigt hätte, aber das ist nicht wahr.«

Wallraff: »Wie kam es dazu, daß Sie als Galionsfigur der Revolution aufgebaut wurden?«

Spínola: »Sie werden es nicht glauben, aber ich erfuhr erst zwei Wochen vor dem 25. April von der geplanten Revolution. Sie wollten mich überzeugen, daß ich für die Rettung des Vaterlandes gebraucht würde, und legten mir ein Programm ihrer Bewegung vor. Das war aber das Programm der Kommunistischen Partei, das sie abgeschrieben hatten. Da wurde mir plötzlich klar, daß es sich um eine kommunistische Revolution handelte.«

Nichte des Generals: »Es ist jetzt zwanzig vor vier. Wollten wir uns nicht ausruhen?«

Luís: »Wenn Ihr Präsident um vier Uhr kommt, wird er Zeit haben?«

Mit weiteren verzweifelten Anrufen versuchen wir, einen »Präsidenten« zu finden – vergeblich.

Wallraff: »Der Präsident läßt ausrichten, daß wir jetzt erst die Agenda erstellen sollen und daß er kommen wird, wenn es dunkel ist. Aus Sicherheitsgründen.«

Ein letzter Versuch, einen Präsidenten zu bekommen. Ich erreiche einen alten Bekannten, Herrn B., Verlagsangestellter, in seinem Büro. Ich flehe ihn an: »Sie müssen mir helfen. Ich bin am Schlußpunkt umfangreicher Recherchen, und es fehlt nur noch eine letzte Beweisführung.« Ich instruiere ihn mit knappsten Angaben. »Was braucht ein Präsident schon zu können, als gewichtig dreinzuschauen und an entscheidenden Stellen ›ja‹ oder ›nein‹ zu sagen. Haben Sie eine Krawatte umgebunden? Kaufen Sie sich noch schnell einen Aktenkoffer, damit Sie einen geschäftigen Eindruck machen.«

B. ist bereit. In den Rheinsaal zurückgekehrt, eröffne ich: »Wie der General hat sich jetzt auch unser Präsident entschlossen, alle Risiken auf sich zu nehmen. Er sieht ein, daß die Zeit des Generals begrenzt ist. Er wird trotz aller Schwierigkeiten in einer halben Stunde da sein. Er wird es hier zuerst abklären lassen, und dann vor dem Lokal ein paar Sicherheitsleute postieren. Für alle Fälle. Das ist eben die deutsche Perfektion mit ihren Vor- und Nachteilen.«

Gegen 17.30 Uhr erscheint »unser Präsident«, grauhaarig, bescheiden, gefaßt. Die Schlüssel klirren in seinem soeben gekauften, leeren Aktenkoffer für 39,50 DM. Elastisch und erholt von der Siesta betritt Spínola nach ihm den Rheinsaal, die beiden Präsidenten begrüßen sich herzlich. Der General schneidet in der Begrüßungsrede sein Lieblingsthema an.

Spínola: »In dieser Zeit des Kampfes, in der der Westen sich gegen die Expansion des sowjetischen Imperialismus wenden muß, in dieser kritischen Phase der Abdankung des Westens müssen sich Kräfte zusammenfinden, die bereit sind, zu reagieren um den Westen zu retten. Seit langem schon verteidige ich die These, daß es diese Kräfte im Westen gibt. Ich zweifle nicht daran, daß der Westen einen neuen Führer braucht. Ich habe die Lage in den letzten Jahren verfolgt und bin zu dem Schluß gekommen, daß die amerikanische Allianz nichts mit Europa zu tun hat. Ihre Zukunft hängt sogar letztlich davon ab, daß sie auf den Ruinen Europas aufbaut. Die einzige Gegenkraft könnte eine europäische sein. Mit einem starken Führer an der Spitze. Und schon seit einigen Jahren bin ich der festen Überzeugung, daß diese Führungsrolle im Europa einer neuen Ordnung Deutschland zusteht. Deshalb finde ich unser Treffen auch gar nicht so erstaunlich. Wir müssen in dieser kritischen Phase zusammenhalten, um Europa zu retten. Ich freue mich, Herr Präsident, Ihnen diese Reden überreichen zu können, die ich im letzten Jahr in Amerika gehalten habe. Die erste beschäftigt sich mit dem Niedergang des Westens.«

In dieser Rede, die General Spínola am 18. November 1975 an der Universität von Connecticut gehalten hat, bezieht er selbst einen dritten Weltkrieg in die Intentionen seiner Politik mit ein. Da heißt es: »Wenn der Westen weiterhin so apathisch bleibt, wenn er weiterhin in seinem Opium-Rausch verharrt, wenn er weiterhin Zugeständnisse jeglicher Art macht, wird er nach und nach seine Reaktionsfähigkeit verlieren und gleichzeitig die Freiheit selbst ...

Die Hypothese von der Notwendigkeit einer bewaffneten weltweiten Konfrontation erscheint uns ketzerhaft und lästerlich, aber auf die Dauer gesehen ist dies die einzige Möglichkeit, den sowjetischen Vormarsch zu stoppen.«

Präsident: »Ich möchte mich bei Exzellenz sehr bedanken für Ihre Ausführung. Die Intention, die Sie beflügelt, teile ich voll und ganz. Es besteht kein Zweifel, daß die portugiesische Situation ungleich komplizierter ist, als sie sich von außen darstellt. Je mehr man sich in eine Sache vertieft, desto komplizierter wird sie. Aber wir bleiben zuversichtlich, versteht sich. Betrachten wir doch einmal kurz die Situation in Deutschland: Hier sind die unterschiedlichsten Kräfte tätig. Und im Augenblick ist es schon fünf vor zwölf. Das heißt: wir haben nicht mehr viel Zeit zu handeln. Ich bewundere Ihre Zuversicht, Exzellenz, was die Lösung dieser schwierigen Aufgabe ›Zukunft Europa‹ angeht.«

Spínola: »Ich? Aber ich habe doch gar keine andere Möglichkeit, als Optimist zu sein. Wenn wir nicht optimistisch wären, dann wäre das das Ende Europas und des Westens.«

Wallraff: »Jetzt geht es um das endgültige Plazet, um die Übereinstimmung zwischen Ihrem General und unserem Präsidenten. Wir sind bereit, Ihre Wünsche entgegenzunehmen und alles in unseren Kräften Stehende zu tun, um sie zu erfüllen.«

Präsident: »In den Grundprinzipien herrscht ja wohl schon Einigkeit. Exzellenz werden verstehen, daß ich hierherkam, um mir einen Eindruck zu verschaffen. Vor allem haben Sie mich davon überzeugt, daß Eile not tut, daß wir nicht länger warten können, um zunächst einmal Portugal zu retten.«

Spínola: »Was Sie bisher mit meinen beiden vertrautesten Mitarbeitern besprochen und entschieden haben, das hat von vornherein meine Zustimmung. Wir haben schon monatelang darüber diskutiert, und was sie sagen und tun, das denke ich auch. Für weitere Fragen, aber auch für Kritik stehe ich Ihnen gerne noch weiter zur Verfügung.«

Wallraff: »Wie beurteilen Sie im nachhinein den 25. November 1975?«

Spínola: »Im Gegensatz dazu, was die Weltmeinung denkt, hatten die Putschisten des 28. November ...«

Luís: »25., mein General ...«

Spínola: »... diese linken Putschisten jedenfalls nicht die geringste Aussicht auf Erfolg. Erfreulich war zunächst, daß man annehmen konnte, am 25. November den Kommunisten endlich den entscheidenden Schlag versetzt zu haben. Aber siehe da: Sie haben sich wieder erholt und nach und nach ihre Machtpositionen wieder eingenommen und sogar verstärkt. Darüber scheint sich die Weltöffentlichkeit nicht im klaren zu sein. Einen anderen Aspekt möchte ich noch zu bedenken geben. Und zwar, daß es mir unmöglich erscheint, daß aus einer Revolution, die kommunistische Wurzeln hat, jemals auf dem Wege der Evolution ein demokratisches Staatswesen hervorgehen könnte. Die kommunistische Revolution muß irgendwann einmal mit Gewalt beendet werden.« Er macht Scherenbewegungen mit zwei Fingern. »Ich glaube nicht, daß die Demokratie letztlich in diesem Prozeß hilfreich sein könnte: Und in dieser Situation stellt sich für mich die Frage: ›Wie soll Portugal gerettet werden?‹«

Präsident: »Aber das ist doch für Sie kein Problem, Exzellenz.«

Spínola lacht geschmeichelt: »Man darf vor allen Dingen den internationalen Kontext nicht aus den Augen verlieren.«

Präsident: »Das ist keine portugiesische Frage allein.«

Spínola: »Genau, deshalb bin ich so erfreut, daß wir uns heute hier treffen können. Unsere Arbeit muß jetzt in die Tiefe gehen, muß sich an das Bewußtsein der Volksmassen wenden. Deshalb wollen wir so schnell wie möglich unser Institut des Nationalen Wiederaufbaus gründen.«

Wallraff: »Dessen Direktor Sie sein werden?«

Spínola: »Ja. Und als Direktor werde ich ganz fest mit wirtschaftlicher Hilfe aus Ihrem Land rechnen. Portugal braucht so etwas wie ein deutsches Wirtschaftswunder. Auf alle Fälle vertrauen wir fest auf technische Unterstützung aus Deutschland. Und wir sind sicher, daß unser Institut, wenn es erst mal steht, ein magischer

Anziehungspunkt für ganz Portugal sein wird*. Über die Grenzen hinweg setze ich meine Hoffnung auf das Deutschland nach den nächsten Bundestagswahlen. Für Portugal und für Europa ist diese Entscheidung des deutschen Volkes eine Entscheidung auf Leben und Tod. Haben Sie noch Fragen allgemeiner Art, ansonsten würde ich vorschlagen, daß wir ins Detail gehen.«

Präsident: »Gestatten Sie mir noch eine kleine Bemerkung. Ich bin fasziniert von Ihrer Tatbereitschaft und Entschlußkraft. Ich werde den Vorzug zu schätzen wissen, Exzellenz hier persönlich kennengelernt zu haben. Über die Details unserer Abmachung werden wir wohl unsere Mitarbeiter entscheiden lassen. Ich will Ihnen nicht zuviel versprechen im Augenblick, nur eines kann ich sicher sagen: Sie werden nicht enttäuscht sein, Exzellenz.«

Wallraff (zum Präsidenten): »Weiter, die Frage nach den Waffen.«

Präsident: »Vielleicht kann Exzellenz sagen, auf welch delikate Weise die Waffenprobleme geklärt werden könnten.«

Spínola: »Entweder auf dem Seeweg mit Löschen der Ladung im Algarve, da habe ich schon eine Lösung parat. Oder direkt über das Oberkommando der portugiesischen Streitkräfte.«

Hella Schlumberger, ihre Übersetzerrolle durchbrechend: »Aber Hauptmann Duarte schlug uns doch vor, daß die Waffen über den Norden angeliefert werden sollen.«

Spínola, ungehalten: »Natürlich, es geht auch über den Norden, aber ich kenne mich im Süden besser aus. Es ist beides möglich. Die nächste Möglichkeit wäre ein Transport auf dem Luftweg, der vom portugiesischen Heer kontrolliert würde. Offiziell wäre das dann für die portugiesischen Streitkräfte oder die Nationalgarde und nachher ... hätten wir es dann.« Er lacht.

Wallraff: »Und wie sollen sie dann eingesetzt werden? Der Norden ist ja eigentlich schon befriedet, was soll jetzt im Süden ge-

---

* Die Konrad-Adenauer-Stiftung unterstützte ein derartiges Institut, das offiziell von der CDS gegründet wurde, bereits mit 500000 DM laut »Süddeutscher Zeitung« vom 9. April 1976.

schehen, der doch noch immer fest in der Hand der Kommunisten ist?«

Spínola: »Es geht uns in erster Linie um hochentwickelte automatische Waffen.«

Wallraff: »Ihre Verbindungsleute im Norden sprachen davon, die Waffen vor der portugiesischen Küste von einem großen Schiff auf offener See in Fischerboote umladen zu lassen.«

Spínola: »Genau das habe ich mir für den Algarve vorgestellt. Leider können wir in diesem unglückseligen Moment nicht mit Spanien rechnen. Die Situation in Spanien ist sogar schwieriger als in Portugal. Der politische Prozeß in Portugal ist im Abklingen, während er sich in Spanien gerade erst entfaltet.«

Präsident: »Hoch interessant, hoch interessant.«

Spínola: »Es freut Sie sicher zu hören, daß wir im Untergrund über 100 000 Mann verfügen, in einem gut organisierten Netz. Diese Leute sind keine Neulinge, sie haben schon einige Prüfungen durchgestanden. Unser Hauptfeind, und wir sind die einzigen, die ihn offensiv bekämpfen, ist die Kommunistische Partei. Leider ist die Anzahl der militärischen Einheiten, die schon völlig durchdiszipliniert und scharf antikommunistisch organisiert sind, noch klein.«

Wallraff: »Aber die Comandos ...«

Spínola: »Ja, ja, dort ist alles in Ordnung. Die Mission der MDLP auf militärischem Gebiet ist die Annullierung der Internationalen Brigaden.«

Wallraff: »Wie meinen Sie das? Physisch?«

Spínola: »Ja, physisch! Aber wir dürfen die Meinung der Volksmassen nicht aus den Augen verlieren. Die Zahl der Waffen, um die wir Sie bitten, ist bewußt gering gehalten. Es ist nur eine Ergänzung unserer eigenen Bestände.«

Hier bringt »unser Präsident«, in der Kürze der Zeit nur unzureichend instruiert, fast das ganze Unternehmen zum Platzen: »MDLP, was is'n das?« Die beiden Spínola-Adjutanten merken auf, sie verstehen ein wenig Deutsch. Ich versuche die Situation zu retten, indem ich »unseren Präsidenten« noch eine Dimension höher rücke. Entschuldigend: »Er ist im Augenblick so mit der Finanzierung von Unternehmungen in Lateinamerika befaßt, daß ihm das Nächstliegende schon mal entfällt.« Zu Spínola: »Der Präsident möchte wissen« – Präsident nickt – »welche Garantien es gibt, daß die Waffen auch richtig eingesetzt werden so daß am Ende die kommunistische Bewegung zerschlagen sein wird. Es geht ja – wie wir gehört haben – nicht nur um Einzelaktionen wie im Norden. Rechnen Sie mit der Eliminierung der Kommunisten auch im Süden, in ganz Portugal?«

Spínola, zustimmend: »Hähä, das ist unser Endziel. Natürlich global gesehen. Was wir anpeilen, ist die totale Ausrottung des Kommunismus in Portugal, ich akzeptiere keine Hypotheken in bezug auf Demokratie, solange Kommunisten in der Regierung geduldet werden. Da sind wir weiter als andere Staaten in Europa.«

Wallraff: »Wie sollen die Waffen zum Einsatz kommen und die gewünschten Erfolge bringen? In welcher Zeit ist mit Resultaten zu rechnen?«

Spínola: »Jetzt möchte ich Ihnen ein Geheimnis mitteilen. Unsere Organisation im Süden ist um einiges besser als die im Norden. Und Ihre Waffen sind für den Süden gedacht.«

Präsident: »Das entspricht genau meinen Vermutungen, ich freue mich jetzt, die Bestätigung dafür erhalten zu haben.«

Spínola: »Ist Ihnen die Organisation der kleineren und mittleren Bauern ein Begriff? Wissen Sie, was Rio Maior bedeutet und Coruche?« Nicken der deutschen Gastgeber. Rio Maior ist Zentrum der reaktionären Bauernverbände. In Coruche gab es Sprengstoffanschläge dieser Verbände.

Spínola: »Dann brauche ich wohl kein Wort mehr darüber zu verlieren. Im Süden haben wir noch einiges in petto.«

Präsident zu Wallraff, leise: »Ich muß jetzt wirklich weg, ich habe nämlich einen wichtigen Termin.«

Präsident: »Um allmählich zum Abschluß unserer außerordentlich interessanten Begegnung zu kommen, möchte ich Sie bitten, dasselbe zu tun, was auch ich tue, nämlich die Ausarbeitung der konkreten Details unseren Mitarbeitern zu überlassen. Ich möchte Ihnen noch einmal danken für Ihr couragiertes Eintreten für die gemeinsame Sache und Ihnen meine Hochachtung und Bewunderung aussprechen.«

Wallraff zum Präsidenten: »Wissen Sie eigentlich, daß der General Sie nach Genf eingeladen hat?«

Präsident, leise: »Nein, wirklich?« Laut: »Ihrer Einladung werde ich mit großem Vergnügen Folge leisten.«

Spínola: »Ein Maximum an Sicherheit ist garantiert. Wie gut, daß es unsere beiden Organisationen schon gibt, dann brauchen wir sie nur noch zu koordinieren. Aber in aller Eile.«

Eile ist geboten. Luís und José drängen: In 40 Minuten, 20.05 Uhr, geht die Maschine, Spínola ist kaum zu bewegen, benennt noch Daten und Zahlen von Waffensystemen, möglichst vom Typ NATO. Luís mahnt zum Aufbruch. Spínola zu mir: »Und auch Bordwaffen für Hubschrauber nicht zu vergessen.«

Diese Waffen sind vor allem zum Einsatz gegen die Zivilbevölkerung, streikende Arbeiter, Demonstranten, Arbeiter auf Kooperativen, die sich weigern sollten, ihr Land wieder zurückzugeben, gedacht.

Endlich herzliche Verabschiedung der beiden. Der Präsident ergreift seinen neuen, leeren Aktenkoffer und entschreitet würdevoll.

Luís: »Ein guter Mensch, Ihr Präsident.«

Wallraff: »Ja, er läßt uns auch alle Freiheit.«

Verabschiedung Spínola (inzwischen wieder mit Sonnenbrille) und seiner Nichte auf dem Düsseldorfer Flughafen. Spínola, vertraulich zu uns: »Hans und Ursula sind wohl Ihre Kriegsnamen?«

»So kann man sagen.«

Spínola: »Meiner ist Ribeiro. Bis bald in Genf.«

Händeschütteln, Winken, der Paß des Generals erregt kein besonderes Aufsehen, sein Name ist auf der Liste der unerwünschten Ausländer nicht verzeichnet.

Am Freitag, 26. März 1976, findet die Fortsetzung der Unterredung mit den beiden Spínola-Bevollmächtigten im Düsseldorfer Restaurant »Bobino«, Burgplatz 7, statt. Sie haben einen detaillierten Finanzierungsplan, mit handschriftlichen Aufschlüsselungen versehen, mitgebracht.

Wenige Tage später läßt uns Spínola aus Genf und Madrid per Luftfracht seine Waffenwünsche zukommen. Der Sendung sind politische Einschätzungen und Referenzen beigelegt, zum Beispiel eine Übersicht über bisherige von der MDLP zu verantwortende Terroranschläge, eine Aufstellung von Zielen künftiger Angriffe hauptsächlich in der Mitte und im Süden des Landes (neben rund 20 Parteibüros, u. a. auch eine evangelische Kirche und mehrere »von marxistischen Organisationen kontrollierte militärische Einheiten«) sowie eine Liste unerwünschter Ausländer in Portugal (darunter Botschafter sozialistischer Staaten, chilenische Emigranten, zeitweilige Besucher von Kooperativen, Journalisten aus Holland und der Bundesrepublik, Unterstützer der angolanischen Befreiungsbewegung MPLA).

Die erste Waffenliste wird über Luís Dias am 28. März mit Luftfrachtnummer 085-19585425 aus Genf per Swissair an eine von uns angegebene Adresse abgeschickt. Als fiktiver Absender ist »Agence Internationale de Photo« angegeben, der Inhalt mit »Dokumente« deklariert. Zusätzlich ist vermerkt: »top urgent« (äußerst dringend).

Am 7. April 1976 wurde auf einer Pressekonferenz in Bonn die Verschwörung aufgedeckt. Von allem, was ich dabei publik machte, hätte in der BRD die enge Beziehung zwischen General Spínola und dem CSU-Vorsitzenden Strauß das größte öffentliche Interesse finden müssen. Theoretisch bestand bis jetzt noch die Möglichkeit, daß die Verwicklung des CSU-Vorsitzenden in die portugiesischen Putschpläne nicht mehr war als nur eine aufschneiderische Behauptung der Verschwörer. Tatsächlich reagierte sein persönlicher Referent Friedrich Voss, den Spínolas Adjutanten als ihren Kontaktmann benannt hatten, zunächst mit einem

Dementi. Doch zwei Stunden später gab Strauß selbst ein Treffen mit Spínola zu. Dann dementierte Voss das Dementi. Der Skandal war da.

Aber Strauß hatte längst Übung im Umgang mit Skandalen. Er versuchte, ihn herunterzuspielen. »Wenn eine Figur der Zeitgeschichte mich um eine Unterredung bittet, habe ich keinen Grund, diese Unterredung zu verweigern«, sagte er im Bundestag. Und er versuchte, sich ganz aus der Affäre zu ziehen, indem er aus dem kürzlich noch willkommenen Gast plötzlich ein »Hemmnis für die demokratische Entwicklung in Portugal« werden ließ, dem »keinerlei Bedeutung« für die zukünftige Entwicklung zukomme.

Die Blamage war zwar so offenkundig, daß der Chefredakteur der Springer-Zeitung *Die Welt* mahnte, Spínola gehöre »sicher nicht zu den Autoritäten, mit denen man sich an einen Tisch setzt. Berater, die dies empfehlen, sollte man entlassen.« Doch innenpolitisch bewegte sich wenig. Die SPD schreckte im Bundestag, kaum daß sie das Thema angetippt hatte, sofort zurück, als Strauß wie üblich den Spieß herumdrehte. Sie stellte keine einzige Nachfrage, sondern ließ das Thema auf sich beruhen. Im bayerischen Landtag forderte der stellvertretende SPD-Fraktionsvorsitzende Jürgen Böddrich den damaligen Ministerpräsidenten Alfons Goppel auf, »den Landesvorsitzenden der CSU, Dr. h.c. Franz Josef Strauß, deutlich davon in Kenntnis zu setzen, daß dieser keinerlei Kompetenz besitzt, für ausländische Politiker (wie im Fall Spínola) ein Asylrecht für Bayern zuzusagen«. Landtagspräsident Rudolf Hanauer (CSU) wies die schriftliche Anfrage des Abgeordneten, in der diese Aufforderung enthalten war, mit der Bemerkung zurück, daß »eine Rechtsbelehrung an Politiker nicht zum Aufgabenbereich der Bayerischen Staatsregierung« gehöre.

Die Schweizer Behörden wiesen Spínola am 8. April 1976, einen Tag nach der Pressekonferenz, wegen »unerlaubter politischer Tätigkeit« aus und schoben ihn nach Brasilien ab. Nach dieser schnellen Reaktion argwöhnten freilich die *Luzerner Neuesten Nachrichten* »Die Ausweisung General Spínolas mußte dem, der an diesem Abend die Tonbandausschnitte aus dem Gespräch mit

Günter Wallraff hörte, seltsam eilig vorkommen. Untersuchungen über ein Rechtsvergehen pflegen in der Schweiz sonst kaum so rasch abgewickelt zu werden. Der Verdacht lag nahe, daß da eine gründliche Untersuchung von den schweizerischen politischen Behörden einen noch wesentlich unbequemeren Schritt – Gefängnis für Spínola – aufgedrängt hätte.«

Die Aufdeckung der Putschpläne und Spínolas Ausweisung aus der Schweiz fanden in den Medien des benachbarten europäischen Auslands große Beachtung. Tagelang erschienen in der Schweiz, in Holland, Schweden, Frankreich ausführliche Berichte. Auch Zeitungen und Zeitschriften in Nordamerika informierten ihre Leser über die Einzelheiten. In der Bundesrepublik zeigte sich nur eine kleine Zahl von Redaktionen aufgeschlossen; neben antifaschistischen, linken Blättern mit geringer Auflage waren es hauptsächlich die Illustrierte *Stern* und das Fernsehmagazin »Panorama«. Andere verhielten sich gegenüber den Neuigkeiten eher abwehrend. So sah sich der Chefredakteur der »Deutschen Presse-Agentur« (dpa) veranlaßt, eigens von Hamburg nach Bonn zu fliegen, um zu verhindern, daß die Verbindungen von Strauß publik wurden. Als der CSU-Vorsitzende zugab, sich mit Spínola getroffen zu haben, durfte das gerade noch gemeldet werden. Die meisten Blätter empörten sich nicht so sehr über Spínola und Strauß als vielmehr über die Art der Recherche. Die Rolle von Strauß wurde fast überall bagatellisiert, obwohl Voss auf Befragen von »Panorama« noch zusätzliche Einzelheiten mitgeteilt hatte: »Die Analyse der politischen Lage Portugals, die Herr Spínola Herrn Dr. Strauß gegeben hatte und die Dr. Dias mir gegenüber am 27. Februar 1976 wiederholte, wurde schriftlich niedergelegt und diente als Arbeitspapier für den Kurzbesuch von Herrn Dr. Strauß in Portugal, wo er anläßlich des Parteitages in Porto am 26. März 1976 mit Führern der europäischen Schwesterparteien zusammentraf.« Nie zuvor war in der bundesdeutschen Presse jemand so schnell gealtert, verblödet und bedeutungslos geworden wie Spínola nach Veröffentlichung seiner Putschpläne und der Abschiebung nach Südamerika. Daß er gerade noch seine Rückkehr nach Portugal vorbereitet hatte, daß seine Frau schon dort war, daß in der rechten Presse Portugals in den letzten Wochen wieder große Porträts von ihm zu sehen waren, daß Spínola-Anstecknadeln verkauft wurden, daß sein politisches Comeback wirklich an dieser Aufdeckung einer Verschwörung scheiterte – das alles fand für die Leser der meisten bundesdeutschen Zeitungen nicht statt.

1976

Der Aufmacher
Der Mann, der bei BILD Hans Esser war

Rollenbeschreibung:
Ich bin jetzt Hans Esser, 30 Jahre, habe vorher Psychologie studiert, davor Betriebswirtschaft, leistungsorientiert, kapitalbewußt, ich war Leutnant bei der psychologischen Kriegsführung, behaupte ich, ich komme aus der Werbung, sehe hier eine direkte Nahtstelle zu meiner neuen Karriere.

Der mich einführt: Alf Breull (28), früher Redakteur bei der sozialdemokratischen NHP *(Neue Hannoversche Presse)*. Die Zeitung wurde von der SPD – da unrentabel – aufgegeben. Alf, verheiratet, Frau noch in der Ausbildung, Schulden am Hals, wurde arbeitslos. Die BILD-Zeitung investierte, expandierte; schmiß sich auf den brachliegenden Markt, suchte neue Leute, neue Leser. Alf

schwor sich, nur so lange für BILD zu arbeiten, bis seine Schulden abgezahlt wären und seine Frau ihre Ausbildung als Sozialarbeiterin beendet hätte. Alf blieb seinem Grundsatz treu. Zwei Jahre machte er sich die Hände schmutzig. Keinen Tag länger. Zuletzt bot man ihm einen hochdotierten Vertrag. Immer wieder. Denn Alf hatte Talent. Er war der »Dichter«, der beste Schreiber der Redaktion. Alf lehnte ab. »Nicht für 10000 DM im Monat. Ich hatte zuletzt jede Selbstachtung verloren.« Alf ist jetzt wieder arbeitslos. Nicht alles und jeder hat seinen Preis!

Alf verschafft mir den Einstieg. »Damit möglichst viele BILD-Leser erfahren, wie ihre Zeitung eigentlich entsteht. Denn auch ich habe Nachrichten verfälscht, Berichte frei erfunden oder wichtige Informationen unterdrückt. Es kann nur jemand darüber berichten, der dieser Abhängigkeit nicht unterliegt«, sagt Alf.

BILD-Reporter Uwe Klöpfer geht »vor Ort«. »Ich geh jetzt zu den Stammhirnjägern«, strahlt er. Warum freut er sich so? Was für Jäger und wessen Stammhirn? »Spezialtruppe, sie schießen sich ihre Todeskandidaten aus 100 Meter Entfernung raus. Ein Schuß – bums, aus.« Klöpfer bekommt jagdlüsterne stiere Augen: »Bei Geiselnahmen oder Terroraktionen. Ein einziger Schuß direkt ins Stammhirn, und alle Reflexe verlöschen. Ganz phantastische Jungs.« Will Klöpfer mich, den Neuen, testen und provozieren. Warum feixt er so? »Es sind wahrscheinlich Narkosewaffen«, versuche ich abzuschwächen, um die Situation zu entkrampfen. Aber Klöpfer weiß, wovon er redet. Er widerlegt mich sogleich. Grinsend: »Ja, sicher, aber lebenslängliche Narkose!«

(Zwei Tage später ist sein Bericht »Im Ernstfall haben sie einen Schuß, der muß sitzen – So trainiert Niedersachsens Elitetruppe gegen Terror- und Kapitalverbrecher« halbseitig im Blatt.)

Nach seinem Lokaltermin bei den »Stammhirnjägern« kommt er mit einem der Ausbilder zurück. Er führt ihn und dessen Pistole vor. Er hat keinen Abstand mehr zu seinem Thema, er identifiziert sich längst mit dem Job des Todesschützen. Auch die anderen kommen hinzu und legen gleich eine Geilheit an den Tag, auch mal so 'n Ding in die Hand nehmen zu können. Schwindmann läßt es sich nicht nehmen, mit der Waffe in der Gegend herumzuzielen.

23 Uhr. Schwindmann sagt: »Kommt noch zu mir nach Haus. Damit wir uns kennenlernen.«

Es klingt weniger nach Einladung, mehr nach dienstlichem Befehl. (Es ist mir gar nicht danach. Mir reicht's.) Aber wir nicken dankbar. »Oh, schönen Dank, Herr Schwindmann«, sagt Alf. »Sehr gerne, prima«, höre ich mich reden. In seinem schnellen BMW rast Schwindmann vor uns durch die Nacht, ich habe Mühe, ihm in meinem klapperigen, geliehenen Peugeot 304 zu folgen. Schwindmann will es uns zeigen. Er gibt noch inmitten der Kurve Gas, daß die Reifen quietschen, ein geübter Fahrer, der die Strecke kennt. Während ich auf die Bremse trete, um nicht im Graben zu landen, sehe ich gerade noch sein Rücklicht an der nächsten Kurve entschwinden und bin froh, als ich ihn vor der folgenden Kreuzung wieder vor mir habe. Mit 100 Sachen presche ich durch die nächste Ortschaft, um ihn nicht aus den Augen zu verlieren. Endlich endet die Verfolgungsjagd in einem der typischen Satelliten-Vororte Hannovers. Mit dem Fahrstuhl geht's hinauf in Schwindmanns Penthouse-Wohnung.

Ich will in der folgenden Beschreibung alles ausklammern, was Schwindmanns Intim- und Privatleben betrifft. Ich möchte das Folgende vielmehr unter das Motto stellen: »Schwindmann könnte ein ganz guter Mensch sein, wenn er seine Seele nicht an Springer verkauft hätte.« (So eine BILD-Redakteurin, die Schwindmann sowohl beruflich wie privat kennt.) Öffentlich ist das Plakat, das Schwindmann, noch bevor man seine Wohnung betritt, demonstrativ in den Hausflur gehängt hat: »Freistaat Bayern«. Ein weißblaues Werbeplakat der Hans-Seidel-Stiftung, einer CSU-Agentur.

Thomas Schwindmanns Hand zittert nicht, als er zum Gewehrschrank in seiner Wohnung greift und uns ein Gewehr entgegenhält.

Einschub: Ich kann von Glück reden, daß ich meine Erlebnisse hier nicht in Form eines fiktiven Romans darzustellen habe. »Böswillige Unterstellungen«, »Übertreibungen«, »Demagogie« würde man mir vorwerfen. Ich könnte es keinem verdenken. Auch ich finde übertrieben, höchst peinlich und unpassend, was in dieser Nacht so alles geschah.

Schwindmann hat mit wenigen Handgriffen die Wohnung in einen »Schießstand« verwandelt. Vom Wohnsalon über einen langen Korridor bis ins Badezimmer sind die Türen geöffnet, vor dem Badezimmerspiegel ist die Zielscheibe aufgeklappt.

»Nun zeigen Sie mal, was Sie beim Bund gelernt haben.« Schwindmann hält mir ein Gewehr entgegen. Er fordert mich heraus. (Ich kann nicht schießen, habe noch nie ein Gewehr in die Hand genommen. Ich bin Kriegsdienstverweigerer.) »Ich bin zu kaputt, um noch eine ruhige Hand zu haben«, will ich gerade sagen, als Schwindmann uns mit leuchtenden Augen anstrahlt. »Ist das nicht was Wunderbares, wenn man ein Gewehr in der Hand hat, ist das nicht was Phantastisches? Da fühlt man sich doch gleich ganz anders!«

Das stimmt, nur nicht wie er meint. Ich habe ein flaues Gefühl im Magen und meine Hand zittert, noch bevor ich das Gewehr überhaupt anfasse. Wie komme ich da nur wieder raus. Wenn das nicht nur hier schon auffliegt. Wenn er merkt, daß ich nicht schießen kann, nimmt er mir auch meine »Zeit bei der psychologischen Kriegsführung« nicht ab, und die mühseligen Vorbereitungen waren alle umsonst.

»Fangen Sie aber an. Sie haben hier Platzvorteile.« Ich versuche, Zeit zu gewinnen. Ich will sehen, wie man das Gewehr lädt, wie man es anlegt, in welcher Stellung man zielt. Plötzlich kommt mir die rettende Idee: »Auf den Wettkampf laß ich mich nur ein, wenn Sie mir später die Gelegenheit zur Revanche geben. Dann bringe ich mein eigenes Gewehr mit ausjustierter Spezialzielvorrichtung mit. Ich habe nämlich einen Sehfehler. Eine zylindrische Sache. Wenn Sie so wollen, einen Knick in der Optik.«

Schwindmann ist erstaunt. Ich stoße nach. »Das war übrigens mit ein Grund, daß ich bei der psychologischen Kriegsführung gelandet bin. Da schießen wir ja mit ganz anderen Waffen.«

»Hauptsache, Sie treffen noch die Zielscheibe, und zertrümmern mir nicht den Badezimmerspiegel«, sagt Schwindmann, lädt durch und legt an.

Bis um 3 Uhr nachts schießen wir um die Wette. Schwindmann ist ein guter Schütze. Die meisten Einschüsse liegen bei Zehn oder Elf. Häufig reißt er sogar die Zwölf an. Ich bin schon froh, wenn meine Schüsse nicht außerhalb der Ringe landen, oder in seiner Flurlampe.

Auch Alf macht das Schießen keinen Spaß. Aber um den Redaktionsleiter nicht zu verärgern, spielt er den munteren Schützen. Nur als Schwindmann einmal unvermittelt feststellt: »Man muß sich nur vorstellen, wen man vor sich hat, dann trifft man gleich viel besser«, schauen wir uns erschrocken an. Wahrscheinlich geistern so Leute wie ich in seiner Feindbildvorstellung herum. Ich verzichte lieber darauf, ihn danach zu fragen.

»Ein Mittel, um provozierte Ängste und daraus sich ergebende Aggressionen zu verarbeiten, ist die aggressive Haltung, die BILD oft an den Tag legt.

Einfluß und Macht der Zeitung, Mut und Entschlossenheit, die teilweise als rücksichtslos und brutal erlebte Härte und Durchschlagskraft, geben dem Leser die Möglichkeit, sich mit diesem überlegenen Angreifer zu identifizieren, in BILD die Realisierung dessen zu erleben, was ihm selbst immer unmöglich sein wird zu verwirklichen.«

(Aus einer vom Springer-Verlag herausgegebenen BILD-Analyse)[*]

---

[*] Diese 1965 unter Mitwirkung des Marketing-Leiters im Springer-Konzern, des Diplom-Psychologen Günter Knuth, entstandene hauseigene Psychoanalyse der BILD-Zeitung wurde nach eigenen Angaben hergestellt für zwei Zwecke, die sich schließlich als identisch erweisen:
»1. Sie kann für den schöpferischen Prozeß der redaktionellen Gestaltung dieser Zeitung bestimmte Dinge bewußt machen, mithelfen, diese Zeitung bewußter zu konzipieren, Fehler zu vermeiden.
2. Sie soll aber vor allem auch etwas über den Werbeträger BILD-Zeitung aussagen und eine Hilfe sein, den Werbeträger BILD erfolgreicher zu nutzen.«

Schwindmann erkennt sofort, daß wir keine Konkurrenten für ihn sind. Deshalb schlägt er vor, in »Kombination zum Schießen« gegen ihn Blitzschach zu spielen. Muß es nun auch das noch sein! Ich spiele sehr gerne Schach. »Blitzschach« halte ich allerdings für eine Pervertierung dieses variationsreichsten Spiels. Denn anstatt einen wohlüberlegten, ausgereiften Zug zu machen, ist man gezwungen, mehr reflexartig in wenigen Sekunden zu ziehen, im Bewußtsein, daß es auf jeden Fall einen richtigeren Zug gegeben hätte.

»Kann es nicht auch normales Schach sein«, wage ich vorsichtig vorzuschlagen. »Denn Blitzschach habe ich noch nie gespielt.« Aber Schwindmann besteht darauf. Er hat die Schachuhr schon eingestellt. »Sie haben nur sieben Minuten Zeit für ein Spiel«, sagt er. Die ersten sechs Spiele gewinnt er alle, weil ich die Zeit überschreite.

»Sie müssen es lernen« sagt er, als ich abermals vorschlage, doch wenigstens *ein* normales Spiel »zur Auflockerung« dazwischenzulegen. Kein Pardon. Als ich einen total falschen und unüberlegten Zug, der mein erneutes sofortiges Matt einleiten wird, zurücknehmen will, weigert sich Schwindmann und beruft sich auf die einschlägigen Wettkampfregeln: »Berührt, geführt«, sagt er nur, den Sieg vor Augen.

Und als er mich nach drei weiteren Zügen matt gesetzt hat, fängt er an zu philosophieren: »Blitzschach ist so, wie wir unser Blatt machen. Da können Sie auch nicht lange rumfackeln und hin und her überlegen. Da müssen Sie unter Umständen einen Artikel in wenigen Minuten runterhauen. Da sind Sie auch in ständigem Zugzwang.«

Blitzschach, Blitzkrieg. Berührt – geführt. Mitgefangen – mitgehangen. Das werde ich nie lernen. Alles sträubt sich bei mir dagegen. Und, was mich noch viel mehr beunruhigt: Wenn ich es wirklich einmal voll draufhaben sollte, kann ich es dann wieder loswerden?

Aus bayerischen Bierhumpen mit Zinndeckeln stößt Schwindmann mit uns an. Er öffnet seinen Getränkeschrank: »Cognac, Gin, Korn oder Whisky. Ihr habt die Wahl!«

»Dann schon Whisky«, sage ich und versuche, Kennermiene aufzusetzen. Ich finde, Whisky ist ein schreckliches Gesöff. Jedenfalls mag ich es nicht. Aber ich wähle bewußt Whisky, denn wo ich schon so eine schwache Nummer beim Schießen abgebe, will ich durch ein in seinen Augen wohl sehr männliches Getränk wieder etwas wettmachen. »Bourbon oder Scotch?« fragt er von Kenner zu Kenner. Ich kenne den Unterschied nicht. »Ich trinke nur Scotch«, sage ich. »Ja, sagen Sie schon, welchen?« – »Ballantine's«, »Medley«, »Johnny Walker«, lese ich, – verdammt noch mal, wie soll ich wissen, was jetzt »Scotch« ist.

Ich schaue hilfesuchend zu Alf, der ganz verzweifelt dreinschaut. »Ballantine's, meine Lieblingsmarke«, sage ich mit dem Mut des Verzweifelten. Die Chancen stehen schlimmstenfalls eins zu zwei gegen mich. Wenn ich falsch tippe, könnte hier schon eine Quelle von Mißtrauen entstehen. Es scheint gutgegangen zu sein. Denn Schwindmann fragt ganz normal: »Pur? Oder mit Eis und Soda?« – »Immer pur, nur pur«, sage ich.

Es wird zu einem schrecklichen Besäufnis. Und dazwischen immer wieder Schießen, Blitzschach, Schießen. Während Schwindmann mit Alf Schach spielt, mühe ich mich mit dem Gewehr ab. Ich halte die Luft an, um das Gewehr in eine ruhige Lage zu bekommen, aber es nützt alles nichts. Bis es mir zu blöd wird und ich mit dem Gewehr immer näher an die Zielscheibe herangehe. Bis auf zwei Meter, neun, zehn, elf und die Zwölf angerissen.

Nachher, beim Auszählen wird Schwindmann sehr nachdenklich. Er fordert Revanche. Dabei steht er neben mir und gewinnt wieder mit mehreren Dutzend Ringen Vorsprung. Auch beim Blitzschach ruht er nicht eher, bis er die Serie der letzten Spiele wieder gewonnen hat. Ich lag nämlich eine kurze Zeitlang vor ihm. Aber er muß Sieger bleiben, anders kann er nicht. Ein Gespräch findet in dieser Nacht so gut wie nicht statt.

In Schwindmanns eichenem Bücherschrank steht das Gesamtwerk von Thomas Mann. Neben Büchern von Simmel. Thomas Mann sei sein Lieblingsschriftsteller, hat er einmal Alf erklärt. Welch ein Widerspruch. Thomas Mann und der infantile Stammel-

und Kahlschlagstil der BILD-Zeitung. Wo kein Nebengedanke, kein Nebensatz zugelassen wird. Wo Schlagworte wie Totschläger benutzt werden und wo mit Vorurteilen und fixen Ideen ins Unterbewußtsein der Massen eingebrochen wird. Wo Sehnsüchte, Erkenntnisse und Hoffnungen mit falschen Zeugnissen exekutiert werden.

> »BILD verkörpert für die Leser eine Instanz, die dafür sorgt, daß alles mit rechten Dingen zugeht ... In diesem Sinne ist BILD Berichter und Richter zugleich.«
>
> *(Aus einer vom Springer-Verlag herausgegebenen BILD-Analyse)*

Vampirismus

»EIDESSTATTLICHE VERSICHERUNG
Hiermit erkläre ich, Thomas Schwindmann, über die Strafbarkeit einer falschen eidesstattlichen Versicherung belehrt und in Kenntnis dessen, daß diese eidesstattliche Versicherung bei Gericht vorgelegt werden soll, folgendes:
... Geschichten wurden von mir in meiner Eigenschaft als Redaktionsleiter nicht umgelogen! ...
Gerade mir zu unterstellen, daß ich besonders darauf aus war, Gewalt- und Kapitalverbrechen in der BILD-Zeitung zu veröffentlichen, ist schon ein starkes Stück. Wenn wirklich Kapitalverbrechen vorlagen, die auch sonst durch die gesamte Presse gehen, wurden diese selbstverständlich schon zur Unterrichtung der Bevölkerung gebracht. Sonst habe ich mich immer bemüht, Berichte über Verbrechen nicht in auffälliger Form ins Blatt zu bringen ...«

Die Eide des Thomas Schwindmann und seiner Helfershelfer füllen inzwischen Aktenbände. Für den Vorsitzenden Richter der 24. Kammer des Hamburger Landgerichts, Engelschall, waren sie neben dem »Tatbestand des Einschleichens« die Rechtsgrundlage, Teile des »Aufmachers« verbieten zu lassen. Nachdem der Hamburger Presserichter seine Pflicht getan hatte, wurde sein Töchterlein als Volontärin in die Hamburger BILD-Redaktion aufgenommen. Im wirklichen Leben geht es anscheinend oft so platt und übertrieben zu wie in schlechten Romanen.

Aber wer konnte ahnen, daß die Dramaturgie in der Realität so weit ginge.

Der Fall: Ein junger Mann, der eine Schule für drogengefährdete Jugendliche besuchte, war wegen eines Verstoßes gegen das Betäubungsmittelgesetz in Verdacht geraten und auf Grund eines Haftbefehls inhaftiert worden. Die Tatsache, daß die Polizei bei der Festnehme in seiner Wohnung auch zwei Ampullen mit Blut und Spritzen gefunden hatte, schlug sich im Polizeibericht unter dem reißerischen Begriff »Gruselkabinett« nieder. Da spürte ein übereifriger Polizeibeamter allem Anschein nach instinktiv, was er der BILD-Zeitung schuldig war. Und BILD hatte Blut geleckt und übernahm den Fall.

»DEUTSCHER SCHÜLER TRANK MÄDCHENBLUT«, lautete am 3. Januar in BILD der Aufmacher auf Seite 1, daneben bereits ein Foto des zum »Vampir von Sachsenhausen« dämonisierten Abiturienten. In den folgenden Tagen bietet BILD seinen Lesern eine wahre Blut-Orgie. Und dazu jeweils Fotos – einmal über eine viertel Seite gezogen – des wehrlosen BILD-Opfers Michael Kloss. »Ich habe manchmal auch reines Menschenblut getrunken, weil ich gelesen hatte, daß man dann groß und stark wird«, läßt BILD sein Opfer, das noch nie mit einem BILD-Zeitungsmenschen gesprochen hat, gleich auf Seite 1 zu Wort kommen. Und um diese Aussage zu stützen, beschreibt ihn BILD als »nur 1,60 Meter groß«.

Aber diese Information für sich allein ist für den BILD-Durchschnittsleser sicher noch keine befriedigende Erklärung für so einen ungeheuerlichen Vorgang. Also weiter wörtliches Zitat – der Junge ist im Knast, und wie kann sich so einer schon wehren: »Als ich noch Metzgerlehrling war, habe ich immer Ochsenblut getrunken«, gestand »Vampir« Michael Kloss, »seit ich aufs Gymnasium gehe, mußte ich mich auf Menschenblut umstellen.«

Das ist die dramaturgische Steigerung, die in jeder BILD-Story drin sein muß, und gleichzeitig die höhere BILD-Logik. Die wenigsten BILD-Leser haben Abitur, Gymnasiasten werden in BILD häufiger als Negativfiguren schmarotzerhaft dargestellt. Das zielt tief ins Unterbewußtsein der Lesergemeinde. Metzger und Ochsenblut, das mag ja noch angehen. Schuster bleib bei deinem Leisten, »Gymnasium und Menschenblut«, da haben wir's.

Wie ein Monster läßt ihn BILD die »unschuldigen minderjährigen Mädchen« willenlos machen. Immer nach dem Prinzip: BILD war dabei, weiß und sieht alles.

BILD läßt ihn Geständnisse machen, »mit einer Spritze minderjährigen Mädchen Blut aus den Adern gesaugt« zu haben. Mit »Drogen« oder »in Cola aufgelösten Beruhigungsmitteln« machte er die Mädchen gefügig, »mit Haschisch willenlos, um sie zu verführen.«

Das Erfolgsrezept von BILD: »dranbleiben, hochkochen und noch eine Zugabe«, wird immer gnadenloser eskaliert. »Wirklich ein makabrer Fall.« Und fett gedruckt: »Ich würde mich nicht wundern, wenn da noch Schlimmeres herauskommt«, läßt BILD »einen Mann von der Kripo« sagen.

Und es kommt noch schlimmer. BILD macht einen sogenannten »Psychologen« (den es im Berliner Telefonbuch nicht gibt) zum Rufmordkomplizen. »Der Berliner Psychologe Konrad Spral (54) sieht in dem Bluttrinker Michael Kloss einen Sadisten. Er glaubt, daß seine Freundinnen Masochistinnen waren, die Freude an körperlichen Schmerzen haben: Es kann sehr gut sein, daß das Lustempfinden bei der Blutentnahme und dem anschließenden Trinken des Blutes alle Hemmungen, wie zum Beispiel Ekel oder Angst, verdrängt hat.« Und wenn die »wissenschaftliche Grundlage« einmal da ist, fällt es BILD nicht schwer, noch viel weiter zu gehen. Da wird der »Blutsauger« bei »Vollmord und Kerzenlicht« mit dem 1925 hingerichteten Massenmörder Fritz Haarmann aus Hannover verglichen, dem 24 Morde nachgewiesen wurden und der seine Opfer mit Bissen in die Kehle tötete.

»ER SAH AUS WIE RASPUTIN«, lautete eine Überschrift. Eine andere: »DIE FREUNDIN DES ›VAMPIRS‹: STATT BLUMEN SCHENKTE ER BLUT«.

Ich treffe Michael Kloss in Frankfurt, spreche mit Freunden von ihm und mit laut BILD von ihm »willenlos gemachten und verführten« Freundinnen. Auch ich begegne Michael zuerst mit einer gewissen Befangenheit. Man soll doch nicht so tun – wie manche Intellektuelle in ihrem Hochmut –, als ob diese publizistische Großmacht nicht jeweils Spuren hinterließe. Es bleibt immer was hängen. Irgendwas muß doch dran sein.

Die Fakten: Der Haftbefehl gegen Michael Kloss wurde aufgehoben. Der Tatverdacht »Rauschgiftmißbrauch« fiel in sich zusammen.

Übrig blieben: fünf schon ziemlich ausgetrocknete (und von daher als Drogen kaum mehr wirksame) Coca-Blätter, ein Gramm Gras, schlechte Qualität, in Frankfurt im Blumenkasten angebaut, ein paar Tabletten, die nicht unter das Drogengesetz fallen.

Und »Die wahre Hexenküche« mit Kübeln voll Blut? BILD: »Einmal schüttete er drei Liter weg, weil sie so schrecklich rochen. Dabei handelte es sich um vergammelte rote Lackfarbe, wie die Polizei später feststellte.

Übrig blieb: Ein Fläschchen mit 200 Milliliter eigenem Blut, haltbar gemacht mit Natriumcitrat. Michael Kloss beabsichtigte, Medizin zu studieren. Er experimentierte zur Bestimmung seiner Blutgruppe und der Gerinnungsdauer mit kleinen Mengen seines eigenen Blutes.

Er hat auch nie eine Metzgerlehre gemacht und auch noch nie im Leben Ochsenblut getrunken. Groß und stark werden will er (»1,60 Meter groß«, BILD) auch nicht. Ihm reichen seine 1,83 Meter. Michael Kloss wurde weder wegen »Körperverletzung« (Blutabzapfen bei willenlos gemachten Opfern) noch wegen »Verführung Minderjähriger« angeklagt.

Die beiden von BILD zitierten unschuldigen Minderjährigen sind zwei recht aufgeklärte junge Damen, die zwar den Michael kannten, aber bei dem eher schüchternen und sensiblen Jungen es nie über eine normale Schulfreundschaft hinauskommen ließen.

Zu der im BILD-Sinne belastenden Verhaltensweise: »*Irrsinnig zärtlich war er*, sagen übereinstimmend mehrere Mädchen über Michael Kloss«, war es zum Bedauern von Michael nie gekommen.

Unter der Überschrift: »BEI NACHT UND NEBEL: POLIZEI MIT PISTOLEN GEGEN BILD«, empörte sich BILD über eine Haussuchung in den eigenen Redaktionsräumen. Wenn in Verdacht geratende Linke oder sonstige vermeintliche Staatsfeinde von einer Haussuchung betroffen sind, findet das in Springer-Blättern stets ungeteilten Beifall. Jetzt aber versteht BILD die Welt nicht mehr:

»Was war geschehen? War in unseren Frankfurter Redaktionsräumen der Sturz der Republik vorbereitet worden? Hatten sich Terroristen eingenistet? Lag ein Zentner Heroin rum? Saß ein Massenmörder im Schrank? Der Anlaß war winzig: Es ging um die Beschaffung von Fotos eines Drogentäters.«

Der »winzige Anlaß« ist Einbruch und Hausfriedensbruch, schwerer Diebstahl, Verletzung von Persönlichkeitsrechten, Rufmord, Verleumdung und einiges mehr. Die Verfahren der Staatsanwaltschaft wurden eingeleitet gegen 14 BILD-Verantwortliche, gegen leitende wie Schwindmann und gegen einfache Redakteure und Fotografen.

Verfahren wegen »Beleidigung« sind ebenfalls anhängig, denn BILD-Redakteure versuchten während der Redaktionsdurchsuchung den verantwortlichen Staatsanwalt Körner mit Zurufen wie »Goebbels«, »Mann im Gestapomantel«, »wie aus dem Verbrecheralbum« oder – wie gehabt – mit »Vampir« einzuschüchtern.

In der BILD-Redaktion wurde ein rein privater Lebenslauf von Michael Kloss sichergestellt, ebenso wie ein vertraulicher, von ihm ausgefüllter Fragebogen aus dem Besitz der Drogenberatungsstelle Frankfurt, wo er unter anderem folgende Sätze bewertet hatte:

»– Ich habe manchmal das Gefühl, daß andere über mich lachen ...
– Ich träume tagsüber oft von Dingen, die doch nicht verwirklicht werden können ...
– Ich grüble viel über mein bisheriges Leben nach ...
– Ich neige zu großer Gewissenhaftigkeit ...
– Meine Gefühle sind leicht verletzt ...
– Es gibt Zeiten, in denen ich ganz traurig und niedergedrückt bin ...
– Bedenkt man alles Leid dieser Erde, so kann man eigentlich nur wünschen, nicht geboren zu sein ...«

Woher diese Unterlagen stammen, ist bisher nicht beweiskräftig festzustellen. Jedenfalls wurden diese rein privaten, persönlichen Daten des Michael Kloss von der Frankfurter BILD-Redaktion zum Hauptquartier »Nachrichtenredaktion« nach Hamburg getikkert.

Zwei BILD-Redakteure waren für den heißen Auftrag bestimmt worden: »Ihr fahrt jetzt mal zur Wohnung des Blutsaugers. Fotobeschaffung!« Eine Kamera brauchte erst gar nicht mitgenommen zu werden, ging es doch darum, einzusteigen und fremde Fotos zu entwenden.

Die beiden ließen in aller Hast erst mal nur sechs ihnen geeignet erscheinende Privatfotos des Michael Kloss mitgehen. Telefonische Erfolgsmeldung an Schwindmann und Peter V. Erste Reaktion: »Wahnsinnig, prima«.

Dort triumphaler Empfang, Gratulation und zur Feier des Tages kleiner Sektumtrunk. Was in der Öffentlichkeit bisher nicht bekannt wurde: Es blieb nicht bei diesem einen Einbruch.

Bei dem offensichtlichen Versuch, den ersten Beutezug zu wiederholen, wurden Felix D. und Fridolin G. vor dem Haus ihres »Vampirs« festgenommen. Vorher gelang es ihnen noch, ihren Chef Schwindmann telefonisch zu warnen. Daraufhin wurden in der Redaktion auch noch bequarzte holländische Spezial-Geräte zum illegalen Abhören spezieller Kripomitteilungen – über den normalen Polizeifunk hinaus – versteckt.

»Was war schon geschehen?« heuchelte BILD, daß die Polizei gleich »in der Art eines Sturmangriffs« losschlagen mußte, und in einem »Blitzfernschreiben« an alle Redaktionen ist gar von einem »kriegsmäßigen Polizeiaufmarsch« die Rede, der um so unverständlicher sei, da »die Rechtsabteilung des Springer-Verlages bereits vor der Aktion ihre Bereitschaft erklärt« hätte, »die Polizei bei der Aufklärung des Verdachts zu unterstützen«.

Diese »Unterstützung« ging weiter:

Die drei ausführenden Täter Fridolin G., Klaus K. und Felix D. wurden zu ihrer Verwunderung mit Erste-Klasse-Flug nach Hamburg zitiert, ins Hotel Plaza einquartiert und noch am selben Abend in die »Höhle des Löwen«, ins Hauptquartier, befohlen. Dort Anhörung oder Verhör – je nach Standpunkt – vor der Springer-Rechtsabteilung.

Es geht wohl nicht anders, einer muß den Sündenbock machen – und das soll wohl Klaus K. sein, der einzige, der vor der Kripo ohne Absicherung und vorbehaltlos ein Geständnis abgelegt hat. Er gewinnt langsam den Eindruck, daß er als »Alleinschuldiger« geopfert und verheizt werden soll. Der Ausspruch seines Chefs und Auftraggebers Schwindmann klingt ihm im Ohr: Vorfälle wie dieser »Einbruch seien nicht die Praktiken der BILD-Zeitung!« Und als er nach Hause zurückkehrt, liest er mit kühlem Kopf das Protokoll, das die Leiterin der Rechtsabteilung, Damm, von seiner Aussage angefertigt hat. Erst jetzt merkt er, daß überall, wo er von *wir* gesprochen hat, ein *ich* steht. Er begreift, daß BILD und der Konzern sich auf seine Kosten reinwaschen wollen.

Denen möchte er nicht weiter ausgeliefert sein und auch nie mehr in die Zwangssituation kommen, sich der Beihilfe für etwas schuldig zu machen, was das Lebenselixier des Blattes ist. Klaus K. steigt aus.

Ein Besuch an seiner früheren Arbeitsstätte wird vom »Alleinvorstand« der Axel Springer AG, Tamm, zum Anlaß genommen, gegen Klaus K. wegen »Hausfriedensbruch« Anzeige zu erstatten, obwohl nie ein Hausverbot gegen ihn ausgesprochen worden war. Klaus K. hatte die Redaktion besucht, um die Herausgabe eines bis dahin vorenthaltenen Zeugnisses zu verlangen. Da arbeitslos, brauchte er es für eine Stellenbewerbung.

Inzwischen haben Anwälte für Michael Kloss auf Anregung und mit Unterstützung des Rechtshilfe-Fonds für BILD-Geschädigte Schadensersatzansprüche geltend gemacht und 15 000 DM Schmerzensgeld erstritten.

1979

Denn sie wissen, was sie tun

Am Montag, dem 30. April 1979, hatte BILD auf seiner Titelseite wieder einmal alles versammelt, was des Verlegers Herz begehrt: **GRZIMEKS TODESWUNSCH: VOM LÖWEN ZERRISSEN! DISSIDENTEN: NUR DER LAGERHUND WAR MENSCHLICH ZU MIR!!**

Darin friedlich eingebettet: **STOLTENBERG SIEGTE**, neben der Grauensgeschichte: **AUS ANGST VOR FRÜHJAHRSPUTZ: HAUSFRAU ERSCHLUG SICH MIT HAMMER**.

Von GARLICH KATHMANN

Ihr Mann schlief noch. Ingeborg K. (48) ging leise im Nachthemd in die Küche, stellte ihren kleinen Frisierspiegel auf und setzte sich davor. Dann griff sie zu einem Hammer und schlug sich auf den Kopf – so fest sie konnte. Sie schlug dreimal, bis sie blutüberströmt und sterbend vom Stuhl glitt.

Einmalig, diese Art, sich umzubringen.

Einmalig auch das Motiv für diesen Selbstmord: Die Hausfrau hatte Angst vor dem Frühjahrsputz. Sie glaubte, mit ihrer Arbeit nicht fertigzuwerden.

Weiter im Innern

Frau erschlug sich mit dem Hammer

Fortsetzung von Seite 1

Ihr Mann, Facharbeiter in einer Wollkämmerei, sagte gestern: „Meine Frau war im Haushalt immer übergenau. Wenn ein Sofakissen mal nicht ordentlich in der Reihe lag, rückte sie es sofort zurecht."

Peinlich genau wischte sie in dem braunen Reihenhaus in Delmenhorst Staub. Aber sie klagte auch immer häufiger: „Das wird mir alles zuviel."

Zu ihrer Verzweiflungstat aber trieb sie der Gedanke an die Handwerker, die eine neue Heizung einbauen sollten. „Frühjahrsputz und dann auch noch dieser Dreck."

Ihrem Mann und ihren beiden Söhnen hinterließ sie einen Abschiedsbrief. „Bitte, verzeiht mir! Ich glaube, ich schaffe es nicht mehr."

In diesem Haus nahm sich Ingeborg K. das Leben

»Einmalig, diese Art, sich umzubringen ...«

Über die Vorgeschichte des BILD-Artikels erfuhren die Leser nichts, ebensowenig über die Folgen.

Eine nicht eingeplante und nicht angekündigte BILD-Fortsetzungsgeschichte. Das Besondere daran ist, daß jemand dabei so unmittelbar direkt ums Leben gebracht wird und die Klarheit besitzt, in einem Abschiedsbrief die Todesursache BILD so deutlich beim Namen zu nennen. Vier Tage nach dem BILD-Artikel über den Selbstmord seiner Frau, schrieb ihr Ehemann, der Handwerksmeister Karl K., die Briefe:

> Meine lieben Kinder!
> Nach dem Tode von Mutti war mein Schmerz unsagbar groß. Wir hatten noch viele gemeinsame Pläne, Euch wollten wir natürlich auch noch unterstützen und ich hätte Euch noch viel helfen können.
>
> Ich hatte mir fest vorgenommen weiter mit Dieter durchs Leben zu gehen. Aber seit der Geschichte mit Bild bin ich total zerbrochen. Ich wollte zuerst diesen Verbrecher der Kathmann heißt umbringen. Aber daraus ... Ihr solltet keinen Vater als Mörder haben.

Durch meinen Tod aber ist es
zum Mörder geworden.
Ich konnte so einfach nicht mehr
unter die Leute gehen.
Ich kann so einfach nicht weiter machen.

An die Justiz!
Man darf solche skrupellosen Leute
von Bild nicht frei herumlaufen
~~lassen~~ lassen, sonst morden sie
immer weiter und zerstören
noch mehr Familien. Sie machen
ihren Profit mit Zerstörung von Familien
gluck und Mord. Kann es größere
Verbrechen geben?

Wir waren immer eine Ehrenhafte Familie.
Das meine Frau an einer schweren Krankheit
litt, der sie letzten Endes erlag, darf man
einfach nicht so in den Schmutz ziehen.

> Es tut mir unsagbar leid, aber seit das mit der Bildzeitung passiert ist, weiß ich einfach keinen Ausweg mehr. Die Schande kann ich nicht überwinden. Ich klage die Bildzeitung des Mordes an. Besonders den Verbrecher und Lügner Hartmann. Wer etwas Ehrgefühl und Verstand hat, sollte dieses Lügenblatt nicht kaufen, dann müßten diese Verbrecher verhungern.
> In meiner Jackentasche befindet sich ein Brief an meine Kinder. Bitte meinem ältesten Sohn Wolfgang zukommen lassen.
> Den Brief habe ich schon am Dienstag geschrieben. Habe immer wieder versucht mich aufzurichten, ist mir aber leider nie gelungen. Bin zum ersten Mal in meinem Leben vollkommen hilflos, hätte nie geglaubt, daß so etwas möglich ist.
>
> Karl K▬▬▬

Mit den Auspuffgasen seines Wagens vergiftete sich K. in seiner Garage. Sein 15jähriger Sohn fand den toten Vater, als er um 11 Uhr aus der Berufsschule kam.

Die Verzweiflung und völlige Hilflosigkeit des Mannes hatte ihre Ursache in einer ganz normalen Einschleich- und Überrumpelungstechnik eines geschulten BILD-Reporters. Über Kanäle aus dem Polizeiapparat hatte er von dem Selbstmord der Frau K.

erfahren. Er erweckte den Eindruck, er komme von der Polizei, seine Aufgabe sei es, Selbstmordfällen nachzugehen und sich ganz allgemein damit zu befassen. – Nach Aussage der Söhne nahm ihr Vater an, er hätte es mit einem Angestellten eines Hamburger Polizei-Instituts zu tun, das die Hintergründe von Selbstmorden erforschte und daß er mit seinen Auskünften möglicherweise anderen Suizidgefährdeten helfen könne. BILD-Reporter Kathmann später zu einem Kollegen: »Der Mann hat wohl geglaubt, ich wäre Polizei-Psychologe oder so was.«

Eine Stunde lang täuschte er Karl K., dann hatte er genug Nebensächlichkeiten und Äußerlichkeiten aus ihm herausgeholt, um das BILD-Klischee mit der »Angst vor dem Frühjahrsputz« ausfüllen zu können. Die wirklichen Hintergründe des Selbstmords waren für BILD nicht schlagzeilenträchtig genug. Frau K. war seit 15 Jahren nach einem Kindbettfieber gemütskrank, hatte bereits mehrere Selbstmordversuche hinter sich und war nach Klinikaufenthalten in ständiger ärztlicher Behandlung gewesen. Die Todesursache wurde einer miesen und billigen Schlagzeile wegen ins rein Abstruse hin verfälscht, Frau K. hatte sich erhängt, nachdem sie sich in ihrem Todestrieb zuvor mit einem Hammer verletzt hatte.

Herr K. hatte den Betrug geahnt, als ihn Nachbarn informierten, daß sein Haus fotografiert würde und nach Bildern seiner Frau gefragt worden sei. Nachdem er am nächsten Morgen die BILD-Zeitung am Kiosk gekauft hatte, traute er sich – der Nachbarn wegen – nicht mehr aus dem Haus und schämte sich vor seinen Verwandten, weil er sich wegen des untergeschobenen Motivs »Angst vor Frühjahrsputz« auch noch mitverantwortlich gemacht worden sah.

Dazu kam, daß sein jüngster Sohn erst über BILD erfuhr, daß seine Mutter Selbstmord begangen hatte.

Herr K., der sich nach dem Selbstmord seiner Frau noch aufgerafft hatte, seinem ältesten Sohn, der gerade geheiratet hatte, beim Hausbau zu helfen, war nach dem BILD-Artikel wie gelähmt. Zu seinem ältesten Sohn: »Ich kann nicht mehr, ich kann keine Schraube mehr reindrehen.«

Sein Sohn: »Er traute sich nicht mehr auf die Straße, nur nachts, wenn er sowieso nicht schlafen konnte.« An den Abenden vor seinem Selbstmord äußerte Karl K. seinem ältesten Sohn gegenüber: »Ich habe die ganze Nacht nicht geschlafen, bin nur spazierengegangen und mußte immer wieder an den Artikel in der BILD-Zeitung denken.«

Es wäre anzunehmen, daß auch einem noch so skrupellosen und abgebrühten BILD-Täter das Gewissen schlägt, wenn er so direkt und unmittelbar den Tod eines Menschen zu verantworten hat.

Aber das ist nicht so.

Die Gesetzmäßigkeiten, die ihn bestimmen und die Richtlinien für seine Arbeit sind so unmenschlich und gnadenlos, daß ihn selbst hier noch die Verkäuflichkeit und erneute Verwertung der »story« interessieren.

Für eine »vierstellige Summe« bietet er die Fortsetzungsgeschichte einer Illustrierten an. –

»Wieder mal einmalig, diese Art, sich umzubringen ... Einmalig auch das Motiv für diesen neuen Selbstmord ...«

Das Entsetzliche an dem ganzen Fall ist: Garlich Kathmanns Methode, über Leichen zu gehen, ist überhaupt nicht einmalig. Es ist das Handwerkszeug (oder besser: die publizistische Tatwaffe) der meisten gestandenen und erfolgreichen BILD-Reporter. Schneiders Erfolgsrezept im Hinterkopf: »Wenn Sie an Menschen ranwollen, gehen Sie immer brutal vor.«

Nachtrag

Über eine undichte Stelle aus Springers Chefetage erfuhr ich von dem Fall. Er war im Hause Springer nur auf höchster Ebene zur Sprache gekommen.

Dem Fußvolk wird so etwas gar nicht erst mitgeteilt, vielleicht aus Sorge um die Moral der Truppe. Es gelang mir, die beiden Söhne in Norddeutschland ausfindig zu machen. Ich bot ihnen meinen Rechtshilfefonds zur Wahrnehmung von Schadensersatzansprüchen an.

Der Bremer Anwalt Erhard Heimsath übernahm den Fall und erreichte außergerichtlich eine Rentenzahlung für den 15jährigen Sohn und ein Schmerzensgeld für den älteren.

Der Konzern feilschte um 100 DM mehr oder weniger an Versorgungsrente und war schließlich zu monatlichen Zahlungen von 500 DM bereit. Darüber hinaus gelang es dem Rechtsanwalt, den Konzern zu einer weiter gehenden Ausbildungsbeihilfe zu verpflichten sowie zu einigen Sonderleistungen. Schriftliches mochte der Konzern darüber freilich nicht geben. Ein offizielles Bedauern oder Schuldeingeständnis hat es bisher weder von Axel Cäsar Springer, noch von seinen Beauftragten, noch von Garlich Kathmann gegeben.

1979

Dienstag, 16. Juli 1985

Heinrich Böll ist tot.
Es wird dunkler und kälter
mitten im Sommer.

Hein, du hast hingeschmissen,
Du hast an allem gelitten
und geholfen, selbst da,
wo gnadenlose Jagd angesagt war.

Mit manchen Ehrungen, die Du über
Dich ergehen lassen mußtest,
haben sich Deine Ehrer
mehr Ehre angetan als Dir.

Und gegen Deine Lobredners von Staats seiten
und ein paar Aasgeier von der Kritikerzunft,
die Dich zu Lebzeiten
nicht mundtot machen konnten
kannst Du Dich nun nicht mehr wehren.
Die Deine Werke nicht lesen,
werden Dir ein monumentales Denkmal setzen.
Sie wollen Dich und das Aufrührerische
Deiner Gedanken einmauern.

Es gibt keinen,
der an Deine Stelle treten
und Dich ersetzen könnte.

Wir sind ärmer geworden.

Wir können von Dir lernen:
das Richtige auch zum nicht-opportunen Zeitpunkt
zu sagen und zu tun.

An den Menschen und nicht an Institutionen zu glauben,
keiner starren Ideologie zu verfallen,
den jeweils Mächtigen zu mißtrauen.

Und wenn wieder Gleichschritt angesagt:
zu stolpern, um aus dem Tritt zu kommen.
Eher desertieren, als zu marschieren.

Widerstand leisten!
Nicht erst, wenn's zu spät ist,
in Diktaturen.
Leben und Werk nicht zu trennen
– so wie Du es vorgelebt –,
so bist Du nicht tot.

Ganz unten

Im letzten Dreck oder »vogelfrei, ich bin dabei«

> *Ich glaube nicht, daß es möglich ist, ernstliche Änderungen zu erreichen, ohne irgendwie mit im Dreck zu stecken. Ich hege ein furchtbares Mißtrauen gegen jede Aktion »außerhalb«, die Gefahr läuft, nichts als leeres Geschwätz zu sein.*
> Odile Simon, »Tagebuch einer Fabrikarbeiterin«

Ich (Ali) versuche gerade, eine Stelle in den Jurid-Werken in Glinde bei Hamburg zu bekommen, Asbestverarbeitung, Bremsbeläge. Türkische Freunde berichten mir, daß an den gesundheitsschädlichsten Arbeitsplätzen vorwiegend Türken beschäftigt sind. Die strengen Sicherheitsbestimmungen für Asbestverarbeitung seien hier außer Kraft. Mit Luft würde der krebs- und todbringende Faserstaub hochgewirbelt. Feinstaubmasken würden häufig nicht getragen. Ich lerne einige ehemalige Arbeiter kennen, die nach halb- bis zweijähriger Arbeit dort schwere Bronchien- und Lungenschädigungen davongetragen haben und jetzt – bisher erfolglos – um die Anerkennung dieser Gesundheitsschäden als Berufskrankheit kämpfen.

Das Problem ist nur: zur Zeit ist Einstellungsstopp. Einzelne haben es zwar immer wieder geschafft, dennoch eingestellt zu werden: über Bestechungsgelder an bestimmte Meister oder über »Geschenke«, echte Teppiche aus der Türkei oder eine wertvolle Goldmünze. Einen entsprechenden Familienschatz in Form einer Goldmünze aus dem alten Osmanischen Reich habe ich über eine Münzhandlung bereits aufgetrieben, als ich durch einen Zufall auf das viel Näherliegende gestoßen werde. Ich erfahre, daß die August-Thyssen-Hütte (ATH) in Duisburg schon seit längerer Zeit die Stammbelegschaft abbaut und über Subfirmen billigere, willigere und schneller zu heuernde und auch zu feuernde Leiharbeiter einstellt. Seit 1974 wurden rund 17 000 Stammarbeiter entlassen. Viele ihrer früheren Arbeiten machen jetzt Männer von Subunternehmen. Insgesamt hat Thyssen allein in Duisburg 400 solcher Firmen unter Vertrag.

3 Uhr früh aufstehen, um um 5 Uhr auf dem Stellplatz der Firma Remmert, Autobahnabfahrt Oberhausen-Buschhausen, zu sein. Remmert ist ein expandierendes Unternehmen. Auf zeitgemäßem grünen Firmenschild steht »Dienstleistungen«. Remmert beseitigt Schmutz in jedweder Form.

Fein- und Grobstaub, Giftschlamm und -müll, stinkende und faulende Öle, Fette und Filterreinigung bei Thyssen, Mannesmann, MAN und sonst wo immer. In die Firma Remmert integriert ist wiederum die Firma Vogel. Vogel verkauft uns an Remmert, und Remmert vermietet uns weiter an Thyssen. Den Hauptbatzen, den Thyssen zahlt – je nach Auftrag und Staub-, Schmutz- oder Gefahrenzulage zwischen 35 und 80 DM pro Stunde und Mann –, teilen sich die Geschäftspartner. Ein Almosen von fünf bis zehn DM wird von Vogel an den Malocher ausgezahlt.

Ein Vorarbeiter steht vor einem abfahrbereiten schrottreifen Kleinbus und hakt auf einer Liste Namen ab. »Neu?« fragt er mich (Ali) kurz und knapp.

»Ja«, ist die Antwort.

»Schon hier gearbeitet?«

Mir ist nicht klar, ob die Antwort nützlich oder hinderlich für meine Einstellung sein könnte, darum zucke ich (Ali) vorsichtshalber mit den Schultern. »Du nix verstehn?« geht er auf mich ein.

»Neu«, geb ich das Stichwort zurück.

»Du gehn zu Kollega in Auto«, sagt er und zeigt auf einen klapprigen Mercedes-Kleinbus. Das war alles. So einfach erfolgt eine Einstellung in einem der modernsten Hüttenwerke Europas. Keine Papiere, nicht mal nach meinem Namen wird gefragt, auch meine Staatsbürgerschaft scheint vorerst keinen in diesem internationalen Unternehmen von Weltrang zu interessieren. Mir ist es nur recht so.

In der Karre sitzen neun Ausländer und zwei Deutsche zusammengequetscht. Die beiden Deutschen haben es sich auf dem einzigen festmontierten Sitz bequem gemacht. Die ausländischen Kollegen sitzen auf dem kalten ölverschmierten Metallboden des Wagens. Ich setze mich zu ihnen, sie rücken zusammen.

Vollgepfropft, scheppernd und schlingernd setzt sich der Bus in Bewegung. Eine Bank ist aus der Verankerung gerissen, und in Kurven schleudert sie mehrfach gegen die ausländischen Kollegen am Boden. Dann fallen ein paar übereinander. Die Heizung ist defekt, und die hintere Tür schließt nicht, sie ist mit Draht umwickelt. Wenn einer bei plötzlichem Bremsen dagegen geschmissen wird, kann die Tür nachgeben, und er stürzt auf die Straße. Durchgerüttelt und durchgefroren endet für uns die Geisterfahrt nach 15 Minuten erst einmal hinter Tor 20 bei Thyssen. Ein Kolonnenschieber stellt mir eine Stempelkarte aus, ein Werkschutzmann von Thyssen einen Tagespassierschein. Er nimmt Anstoß an meinem Namen: »Das ist doch kein Name. Das ist eine Krankheit. Das kann doch kein Mensch schreiben.« Ich muß ihn mehrfach buchstabieren: S–i–n–i–r–l–i–o–g–l–u. Er notiert ihn dennoch falsch als »Sinnlokus« und setzt ihn an die Stelle des Vornamens. Aus meinem zweiten Vornamen Levent, wird der Nachname gemacht. »Wie kann man nur so einem Namen haben!« beruhigt er sich bis zuletzt nicht, obwohl sein eigener »Symanowski« oder so ähnlich für einen Türken wohl auch seine Schwierigkeiten hätte und auf polnische Vorfahren schließen läßt. Die polnischen Arbeitsemigranten, die im vorigen Jahrhundert ins Ruhrgebiet geholt wurden, waren im übrigen ähnlich verfemt und erst einmal ghettoisiert wie heutzutage die Türken. Es gab Städte im Ruhrgebiet, in denen zu über 50 Prozent Polen lebten, die lange Zeit ihre Sprache und Kultur beibehielten.

Während ich mich beim Stempeln etwas schwertue, bemerkt ein deutscher Arbeiter, der durch mich einige Sekunden aufgehalten wird: »Bei euch in Afrika stempelt man wohl auf dem Kopf!«

Der türkische Kollege Mehmet hilft mir und zeigt, wie man die Karte richtig herum reinsteckt. Ich spüre, wie die anderen ausländischen Kollegen die Bemerkung des Deutschen auch auf sich beziehen. Ich merke es an ihren beschämt-resignierten Blicken. Keiner wagt etwas zu entgegnen. Ich erlebe immer wieder, wie sie auch schwerste Beleidigungen scheinbar überhören und wegstecken.

Es geht mehrere Treppenabsätze in die Tiefe, das Licht sickert spärlicher, es wird immer düsterer, immer staubiger. Du meinst, es ist bereits jetzt ein wahnsinniger Staub, den man kaum aushalten kann. Aber es geht erst los. Du bekommst ein Preßluftgebläse in die Hand gedrückt und mußt damit die fingerdick liegenden Staubschichten auf den Maschinen und in den Ritzen dazwischen aufwirbeln. Im Nu entsteht eine solche Staubkonzentration, daß du die Hand nicht mehr vor den Augen siehst. Du atmest den Staub nicht nur ein, du schluckst und frißt ihn. Es würgt dich. Jeder Atemzug ist eine Qual. Du versuchst zwischendurch die Luft anzuhalten, aber es gibt kein Entfliehen, weil du die Arbeit machen mußt. Der Vorarbeiter steht wie der Aufseher eines Sträflingskommandos am Treppenabsatz, wo ein wenig Frischluft reinzieht. Er sagt: »Beeilung! Dann seid ihr in zwei, drei Stunden fertig und dürft wieder an die frische Luft.«

Drei Stunden, das bedeutet über dreitausendmal Luft holen, das bedeutet die Lunge vollpumpen mit dem Koksstaub. Es riecht zudem nach Koksgas, man wird leicht benommen.

Während wir, in Staubschwaden stehend, den Staub vom Boden in Plastiksäcke schaufeln, stürzen Thyssenmonteure, die einige Meter unter uns arbeiten, arg uns vorbei und laufen die Treppe hoch ins Freie. »Ihr seid bekloppt, in so 'nem Dreck kann man doch nicht arbeiten!« ruft uns einer im Vorbeilaufen zu. Und eine halbe Stunde später beehrt uns ein Sicherheitsbeauftragter der Thyssenhütte mit seinem Besuch. Im Vorbeihasten und während er sich die Nase zuhält, teilt er uns mit: »Die Kollegen haben sich beschwert, daß sie in dem Dreck, den ihr macht, nicht mehr arbeiten können. Macht gefälligst mal schnell, daß ihr damit fertig werdet.« Und schon ist er wieder weg. Die Arbeit dauert bis Schichtschluß. Die letzte Stunde heißt's, die schweren Staubsäcke auf dem Rücken die eiserne Treppe hoch ins Freie zu schleppen und in einen Container zu schmeißen. Trotz der schweren Knochenarbeit empfinde ich es wie eine Erlösung, oben kurz »frische Luft« schnappen zu können.

Die Arbeitshandschuhe suchen wir uns in Abfalleimern oder Müllcontainern zusammen. Meist ölverschmierte oder eingerissene von Thyssen-Arbeitern, die sie weggeschmissen haben, nachdem die Hütte ihnen neue gegeben hat.

Die Schutzhelme müssen wir uns kaufen oder man hat das Glück, mal einen stark ramponierten, weggeworfenen zu finden. Die Köpfe der deutschen Kollegen werden schützenswerter und wertvoller als die der Ausländer eingeschätzt. Zweimal riß mir (Ali) der Vorarbeiter meinen Helm vom Kopf, um ihn deutschen Kollegen zu geben, die ihren vergessen hatten.

Als ich (Ali) beim ersten Mal protestierte: »Moment, hab gekauft, gehört mir«, wies mich der Vorarbeiter in die Schranken: »Dir gehört hier gar nichts, höchstens ein feuchter Dreck. Du kannst ihn dir nach der Schicht wiedergeben lassen.« – Da wirst du ruck, zuck enteignet, ohne gefragt zu werden. Beim zweitenmal wurde ich mit einem neuen Deutschen eingeteilt, der seinen Helm kostenlos von Thyssen gestellt bekommt, aber im Augenblick noch ohne Helm arbeitete. Wieder sollte Ali seinen Kopf für ihn hinhalten. Diesmal weigerte ich mich: »Is privat, gehört mir.« Darauf der Vorarbeiter: »Du ihm Helm geben. Sonst ich dich entlassen. Und zwar auf der Stelle!«

Ein deutscher Kollege nahm es mit der größten Selbstverständlichkeit hin, daß sein Schutz zu meinen Lasten ging. Als ich (Ali) ihn darauf anspreche, meint er nur: »Kann ich auch nichts dran ändern. Ich tu nur, was man mir sagt. Mußt du dich woanders beschweren, bin ich die falsche Adresse für.« – Später läßt er Ali auch noch seine Verachtung spüren: »Ihr Vogel-Leute seid doch rein gar nichts. Euch kann doch keiner für voll nehmen. Für die paar Mark würde ich keine Schaufel in die Hand nehmen.« Das heißt soviel wie: Du hast doch keinerlei Rechte. Dich gibt's doch offiziell gar nicht hier. Du hast weder Papiere noch einen Arbeitsvertrag noch sonst was.

Es gibt Kollegen, die arbeiten monatelang durch, ohne einen freien Tag. Sie haben kein Privatleben mehr. Sie werden nach Hause gelassen, weil es für die Firma billiger ist, daß sie ihre Schlafstellen selber bezahlen. Sonst wäre es für sie praktischer, gleich auf der Hütte zu nächtigen. Es sind in der Regel jüngere. Spätestens nach ein paar Jahren im Thyssendreck sind sie verbraucht und verschlissen, ausgelaugt und krank – oft fürs Leben. Für die Unternehmer sind sie Wegwerfmenschen, Austauscharbeiter, es gibt ja genug davon, die Schlange stehen, um Arbeit zu bekommen und für jede, wirklich jede Arbeit dankbar sind. Dieser Verschleiß erklärt auch, warum selten jemand länger als ein, zwei Jahre diese Arbeit aushält. Oft genügen ein, zwei Monate, um einen Schaden fürs Leben zu bekommen. Besonders, wenn Doppel- und Dreifachschichten angesagt sind. Ein knapp 20jähriger Kollege arbeitet regelmäßig seine 300 bis 350 Stunden monatlich. Die Thyssenmeister wissen es, die Hütte profitiert davon, die Beweise werden auf Thyssen-Stempeluhren gedrückt und aufbewahrt.

Thyssen fordert die Stoßtrupps oft sehr plötzlich an. Da kommt es vor, daß Kollegen nach anstrengender Arbeit von Duisburg nach Oberhausen zurückverfrachtet, bereits unter der Dusche stehen und der Vorarbeiter sie dort weghoIt und für eine Anschlußschicht wieder in den Dreck zurückschickt. Oder Leute werden über Telefon aus den Betten geklingelt und zur Arbeit kommandiert, wenn sie gerade nach totaler Erschöpfung den ersten Schlaf gefunden haben. Die meisten, auch jüngere und recht kräftige, die man fragt, sagen, länger als 12 Schichten in der Woche hält man das nicht aus. Wenn man dann mal ein Wochenende frei hat, schläft man die freie Zeit wie ein Toter durch.

Immer wenn sich welche über die Arbeit beschweren, hält F. dagegen: »Wir können froh sein, daß wir überhaupt Arbeit haben« und: »Ich mach alles.« Als wir einmal beim Pausemachen von einem Thyssenkontrolleur entdeckt wurden, war er der einzige, der malochte. Von dem Aufpasser wurde er deshalb auch lobend erwähnt.

Er berichtet, daß sein Rekordarbeitseinsatz 40 Stunden beträgt, mit fünf bis sechs Stunden Pause dazwischen. Vor ein paar Wochen noch, erzählt er, arbeitete er 24 Stunden am Stück durch. Er schaut ständig in Papierkörbe und Container rein und sammelt verdreckte Arbeitshandschuhe ein, die Thyssen-Arbeiter da weggeschmissen haben. Auch ein einzelner Handschuh ist für ihn von Interesse. Irgendwann findet er schon ein passendes Gegenstück. Er sammelt und sammelt, hat schon einen ganzen Stoß, an die 20 Stück. Ich (Ali) frage ihn: »Was machst du damit? So viel Handschuh kannst du doch gar nicht all trag.« Er: »Weiß man nicht. Wir kriegen ja keine Handschuhe. Kannst froh sein, daß sie hier liegen. Mensch, was meinst du, was ich sammle. Brauchst auch immer mehrere Schutzhelme, wenn dir mal was auf den Kopf fällt.« Er tut mir leid. Er strahlt immer.

Einige Wochen später erlebe ich, daß F., der wieder mal zur Doppelschicht am Wochenende eingeteilt werden soll, den Vorarbeiter anfleht: »Ich kann nicht mehr! Ich kann nicht, ich schaff's nicht.« – »Was, du hast hier doch immer durchgehalten!« – »Bitte, heute nicht. Bitte, bitte.« Der Vorarbeiter: »Ich werd's mir merken. Bisher war auf dich immer Verlaß.« – Ich (Ali) gratuliere ihm nachher: »Find' ich gut, daß du heut ›nein‹ sag has, bis ja auch kaputt.«

Er konnte einfach nicht mehr. Er konnte kaum noch laufen und sich auf den Beinen halten. Er war aschfahl im Gesicht, und seine Hände zitterten.

Ein Kollege erzählt, daß sie im vorigen Jahr über die Osterfeiertage 36 Stunden ohne Schlaf durcharbeiten mußten.

Der deutsche Kollege T., ca. 35, ist einer der eifrigsten »Stundenmacher« bei Thyssen. Man sieht es ihm an. Grauweiß im Gesicht. Ganz ausgelaugt und spindeldürr. Er war eine Zeitlang arbeitslos und ist einer der wenigen, die dankbar sind, bis zum Umfallen arbeiten zu dürfen. Seitdem er im Februar '85 angefangen hat, arbeitet er Monat für Monat wie ein Besessener, im April erreicht er nach eigenen Angaben erstmals 350 Monatsstunden. T.: »In der letzten Woche habe ich von Freitag auf Samstag vier Schichten hintereinander gemacht. Freitagmorgen bin ich mit euch um 6 Uhr bei Thyssen reingefahren, und am Samstagmittag habe ich dann um 14.15 am Werkstor gestempelt.«

Ich (Ali) bin dabei, als uns der Vorarbeiter regelrecht zwingt – juristisch erfüllt es den Tatbestand der Nötigung –, eine Doppelschicht zu machen. Wir werden gerade im Bus zum Sammelplatz gefahren. Wir sind fix und fertig. Einige sind im Sitzen schon eingeschlafen, als der Vorarbeiter unseren Bus stoppt und mehr beiläufig sagt: »Es wird weitergearbeitet! Doppelschicht!«

Einige protestieren, müssen, wollen nach Hause, sind total kaputt.

Es wird ihnen klargemacht, Thyssen verlangt das, es wird weitergearbeitet.

Der algerische Kollege T., der unbedingt nach Hause muß, wird auf der Stelle entlassen. Er wird aus dem Bus rausgeholt und auf die Straße gesetzt. Er kann sehen, wo er bleibt.

Der folgende authentische Dialog war vorausgegangen:

Vorarbeiter: »Ihr müßt länger machen heute, bis 22 Uhr.«

Algerischer Kollege: »Ohne mich, ich bin doch kein Roboter.«

Vorarbeiter: »Ihr müßt *alle* länger machen.«

Algerischer Kollege: »Ich muß nach Haus, dringend.«

Vorarbeiter: »Da brauchst du gar nicht mehr zu kommen. Das ist jetzt Not.«

Algerischer Kollege: »Ich muß aber nach Hause.«

Vorarbeiter: »Da brauchst du morgen auch nicht mehr zu kommen. Dann geh raus. Dann ist hier Ende für dich. Für immer.«

Vorarbeiter (zu den anderen, die ängstlich schweigen): »Ich brauch 40 Mann, morgen auch! Verlangt Thyssen von uns! Ich möchte auch Feierabend machen, ich muß, mich fragt man auch nicht. Ich hab heute nachmittag einen Termin für meine Jacket-Kronen. Das geht auch nicht. Ende. Was wollt ihr überhaupt? Im Krieg, da ist alles noch viel schlimmer!«

Während der Pause in einem der kilometerlangen düsteren und menschenleeren Gänge in der Sinteranlage III kommt ein Thyssenmeister in Begleitung eines Vorarbeiters auf uns zu. Sie kontrollieren, was wir bisher an Matsch und Sinterstaub weggeräumt haben, denn vor allem an uns liegt es, ab wann die Anlage wieder anfahren kann. Der jüngere Meister fühlt sich durch das orientalische Aussehen Jussufs angeregt, in Ferienerinnerungen zu schwelgen: »Bist du aus Tunesien?« Jussuf bejaht. Meister: »Ein tolles Land. Da fahren wir wieder hin dieses Jahr – ich und meine Frau, in Urlaub. Da kannst du dich phantastisch erholen. Und alles viel billiger als hier.«

Jussuf lächelt ihn dankbar und freundlich an. Es passiert nicht häufig, daß sich ein deutscher Vorgesetzter herabläßt, mit einem Ausländer außerhalb der Arbeit zu reden, und es ist geradezu eine Seltenheit, daß er sich auch noch positiv über dessen Heimatland äußert. Jussuf erklärt, daß seine Eltern in der Nähe des Meeres ein Haus haben, nennt die Adresse und lädt den Meister ein, wenn »er demnächst in Tunesien ist, sie zu besuchen«. Der Meister geht auch sofort darauf ein: »Verlaß dich drauf, ich komme. Du mußt mir nur ein paar Adressen besorgen. Du weißt schon, was ich meine. Bei euch gibt's doch tolle Frauen. Was kostet das im Moment bei euch?« Jussuf antwortet: »Weiß ich nicht.« »Für 20 Mark kann man doch bei euch schon alles kriegen!«

Jussuf ist ganz offensichtlich in seinem Stolz verletzt und antwortet: »Hab kein Ahnung.« Der Meister ist immer noch in seinem Element und läßt nicht locker: »Hör mal, das sind doch ganz scharfe Frauen da bei euch. So richtige Wildkatzen. Wenn man denen erst mal den Schleier runterreißt, dann sind die doch echt geil. Hast du denn keine Schwester? Oder ist die noch zu jung? Bei euch muß man ja immer gleich heiraten.«

Jussuf versucht, seine Demütigung vor uns anderen Kollegen zu überspielen, und sagt: »Aber Sie fahren doch mit Frau dahin!« Meister: »Das macht doch nichts. Die liegt doch den ganzen Tag am Strand und kriegt nichts mit. Ganz tolles Hotel. Genau wie hier das ›Interconti‹. Kostet nur 2000 für zwei Wochen. Mit allem Drum und Dran. Wir haben da mal einen Abstecher gemacht in das andere Land, na, sag schon, wie heißt das noch?« – Jussuf erträgt's nicht länger. Er wendet sich ab, und sagt: »Muß zu Toilett.« –

Der Vorarbeiter nimmt's zum Anlaß, sich bei uns niederzulassen, um ebenfalls in Urlaubsstimmung und ins Schwärmen zu geraten. Er räkelt sich. »Jetzt im Süden sein. Keine Arbeit. Immer Sonne. Und Frauen, Frauen.« Zu mir (Ali) gewandt: »Hab ich recht? Bei euch in Anatolien kann man doch schon für eine Ziege eine Frau kaufen.« Als ich (Ali) unbeteiligt in eine andere Richtung schaue, fordert er mich heraus: »Stimmt's etwa nicht? Wie bist du denn an deine Alte geraten?« – »Die Deutsch mein immer, könn alles kauf«, antwortet Ali. »Aber die schönst Sache auf der Welt kriegs nicht für Geld. Darum die Deutsch auch so arm, trotz ihr viel Geld.« Der Vorarbeiter fühlt sich angegriffen und zahlt's Ali heim: »Eure anatolischen Haremsdamen, die möcht ich nicht geschenkt haben. Die sind doch dreckig, die stinken. Die muß man erst einmal gründlich abschrubben. Und wenn man die erst mal ausgezogen hat, den ganzen Plunder runter, dann ist man doch schon wieder schlapp.«

Jussuf nimmt mich (Ali) anschließend zur Seite und sagt: »Is nicht gut, daß wir Deutsch lern und versteh. Immer viel Ärger. Besser so tun, als ob nich versteh.« – Er erzählt von jüngeren arabischen Kollegen, die aufgrund ähnlicher Erfahrungen und Demütigungen die deutsche Sprache ganz bewußt nicht weiter erlernen und »egal, was Meister sagt, immer ›ja Meister‹ sagen, so gibt auch kein Palaver.«

Viele Toiletten in der Thyssen-Fabrik sind mit ausländerverachtenden Parolen und Phantasien beschmiert. Auch auf den Fabrikwänden sind häufig ausländerfeindliche Graffitis gesprüht, und keiner sah sich veranlaßt, sie zu entfernen.

Die Beförderung

Ich fühle mich so kaputt und elend, daß ich mir nicht mehr zutraue, die Arbeit bei Thyssen fortzusetzen, obwohl Ali genug Kollegen kennt, die trotz Krankheit oder Unfallverletzung weiter für Vogel schuften. Die trotz Grippe und Fieber 16 Stunden durchhielten, aus Angst, daß sonst an ihrer Stelle ein Neuer angeheuert würde.

Ich kann es mir leisten, alles auf eine Karte zu setzen. Ich habe erfahren, daß Vogel Probleme mit seinem Kalfaktor und Chauffeur hat, und versuche über eine List, den Job des Fahrers zu ergattern. Wegen Geldforderungen habe ich (Ali) mich bei Vogel angesagt. Er ist wie immer sehr ungehalten, fragt, was mir überhaupt einfiele, mehrere Tage zu fehlen, aber als ich (Ali) mich entschuldige und sage, daß ich (Ali) garantiert wieder ganz gesund sei und es nie wieder vorkäme, zeigt er sich gnädig und meint, ich (Ali) solle dann halt am nächsten Tag kommen. »Aber pünktlich, gefälligst, Punkt 14 Uhr.« – Das alte Spiel: wer nicht da ist am nächsten Tag, ist Vogel. Drei Stunden später, gegen 17 Uhr endlich, erwisch ich (Ali) ihn zu Haue. – Er geht gleich auf Distanz: »Das geht jetzt nicht. Müssen Sie früher kommen. Ich sitz jetzt in der Badewanne.« – Er sitzt keineswegs in der Badewanne, wie man sieht, denn er ist komplett angezogen.

Ich (Ali): »Kann ja wart noch was und setz mich solang auf Trepp. Hab ja vor die Tür schon drei Stund wart. – Muß Ihne helf, weil Ihne sonst was passiert.«

Vogel: »Mir? Warum? Wer?«

Ich (Ali): »Ich komm wieder, wenn Sie war in Bad.«

Vogel: »Nein, warten Sie, kommen Sie doch eben rein.«

Zögernd folgt Ali ihm in sein Büro und eröffnet ihm, daß einer von den Kollegen, denen Vogel noch Geld schuldet, ihm einen Denkzettel verpassen will, aber Ali das nicht zuläßt.

Ali spielt im folgenden die Rolle eines etwas tölpelhaften Übereifrigen, der bereit ist, sich für seinen Herrn zu opfern, notfalls über seine Leiche. »Ich hab lern Karat, türkisch Spezial-Karat, heißt Sisu.« Ist natürlich kompletter Quatsch, ich kann kein Karate, und »Sisu« ist finnisch und bedeutet auf deutsch »Ausdauer, Geduld, Beharrlichkeit«. Aber das weiß er nicht. »Ich Ihne helf, wenn Ihne einer was tut. Ich kann ein Schlag, und dann isse weg.« – Zur Bekräftigung meiner wilden Entschlossenheit donnert Ali mit voller Kraft seine Faust auf Vogels Schreibtisch. Vogel mustert Ali halb beeindruckt, halb irritiert. »Wer will mir was anhaben?« fragt er zurück. »Das ist ja auch gut so, das soll ja auch so

sein, daß du mich verteidigen willst, aber welcher Schmutzfink will mir was tun?« – »Ich jetzt nich weiß Nam«, sagt Ali, »aber ich ihm sag, wer Vogel will umbring, muß Ali umbring, ich Vogels Mann.« – Es fällt ihm nicht auf, daß Ali in seinem Eifer ganz ungewohnt des Genitivs in der deutschen Sprache mächtig geworden ist.

Vogel hat angebissen. Etwa fünf Minuten lang liest er aus Listen Namen türkischer und arabischer, jetziger und früherer Mitarbeiter vor, denen er offenbar noch Geld schuldet und die in seinen Augen jetzt alle potentielle Mörder sind. – Bei einigen Namen horcht Ali auf, läßt sie sich noch mal wiederholen, schüttelt jedoch jeweils energisch mit dem Kopf, der Name des Rächers ist nicht dabei. Um keinen Kollegen tatsächlich in Verdacht zu bringen, erfindet Ali einen Phantom-Rächer, einen »Araber, der Mitglied in einem türkischen Ringverein ist«, der solche Pranken von Händen hat – Ali demonstriert es in der Luft – und der zuletzt einen Deutschen, der ihn »beleidigt und betrogen« hat, »mit ein Schlag halb Gesich weg hat haue«. –

Vogel blickt sehr besorgt, und Ali bringt seine sonstigen Vorzüge ins Gespräch: daß er nicht »nur Karate kann, sondern auch lange Zeit Taxifahrer« war und früher »schon mal Chauffeur von ander Chef«, der »groß Fabrik hat«. »Was für eine Fabrik?« macht Vogel sich sachkundig. »Mache so Sprechmaschin«, erklärt Ali. »Du meinst Walkie-talkies«, kombiniert Vogel richtig, und Ali bestätigt stolz. Zur Not könnte er von dort sogar eine Bescheinigung bekommen, denn der Firmenchef ist ein guter Bekannter von mir (G. W.). »Ich hab noch Uniform in Schrank«, prahlt Ali weiter, »schön Mütz dabei und gut Stoff.«

»Ah ja, interessant«, sagt Vogel, »kannst du denn gut Auto fahren?« – »Ja, kein Problem«, sagt Ali, »der Chef konnt immer schlaf, wenn Ali fahr, und ich konnt auch reparier alles, wenn Auto kaputt.« – Eine komplette Lüge, aber ich (Ali) kann doch wohl darauf bauen, daß Vogels ziemlich neuer 280 SE-Mercedes, mit Sonderausstattung und allem möglichen Schnickschnack, kaum reparaturanfällig sein wird. »Da können wir drüber reden«, sagt Vogel, »ich hab immer was zu fahren, und du hältst mir die lästigen Kerle vom Leib. Du brauchst mir nur die Namen zu nennen. Ich hab da einen direkten Draht zur Ausländerpolizei. Dann sind die draußen, eh die merken, wie ihnen geschieht.« – »Mich mal lass mach«, versuch ich (Ali) ihn abzulenken. »Sie brauch kei Angst mehr hab, wenn die wisse, ich Agent von Vogel, ein Schlag von Ali und sie tot, ein Schlag isse weg. Sie brauch nich Polizei, ich mache besser.« – »Ja, gut«, sagt Vogel, »komm Montag 10.30 Uhr, dann wollen wir's mal versuchen.«

So kam es, daß Ali »befördert« wurde, vom Staubschlucker und Schwerstarbeiter zum Chauffeur und Leibwächter. Es gibt halt doch noch ungeahnte Aufstiegschancen in unserer Gesellschaft. Auch für den letzten Gastarbeiter.

Vogel versucht, die neue Arbeitsplatzbeschaffungsaktion auch gleich wieder – wie es so seine Art ist – mit einem neuen Betrug einzuleiten. »Du bist doch noch krank«, sagt er. »Paß auf, wir melden dich ab sofort bei der AOK an, du gehst zum Arzt und läßt dich krank schreiben, dann brauch ich dir kein Geld zu zahlen, dann muß die Krankenkasse dir das zahlen, und du fährst schon für mich.«

Es sollte eine schlimme Selbstverleugnung werden, Vogel in den folgenden Wochen zu kutschieren. An jeder Lenkbewegung mäkelte er rum. »Fahr gefälligst seriös.« – »Jetzt ist endlich Schluß mit dem Risikofahren.« – »Wie oft soll ich dir das noch sagen, das sind Wertgegenstände, die du hier durch die Gegend fährst.

Einmal droht mir, Ali, fast die Enttarnung. Er hat mitbekommen, wie ich dem Fotografen, der auf der anderen Straßenseite unsere Abfahrt verpaßt, ein Handzeichen gebe. »Wem hast du da zugewunken?« fragt Vogel äußerst mißtrauisch. »Nix wink«, lenk ich ihn ab, »war nur e schnell Reflex für Karattraining. Wenn lang sitz, müsse wir immer schnell Reaktion üb und Arm, Bein und Hand ganz schnell zuck lasse.« Und zur einleuchtenden Bestätigung fange ich (Ali) an, während des Fahrens schnell zuckende Bewegungen mit Armen und Händen zu vollführen, die er anfangs noch mit nachdenklichem Staunen zur Kenntnis nimmt. Ich (Ali) erzähle ihm zur Untermauerung meines Trainingsfleißes noch (auch, um ihn bei einer eventuellen Enttarnung etwas auf Distanz zu halten), daß meine blitzschnellen Reaktionen im Karateclub besonders gefürchtet seien: ein Sportkamerad, der mir unbedacht in einen simulierten Schlag hineingeraten sei, habe anschließend »vier Tage im Koma« gelegen. Daß ich Ziegelsteine »zwei zusamme, aber alt Stein, nicht neue«, mit einem Handkantenschlag durchhauen könnte, hatte ihm schon während eines anderen Anlasses Respekt vor mir (Ali) abgenötigt. »Ein Schlag von Ali, kannste tot sein«, vollführe ich eine Handzuckung in seine Richtung. Um ihn aber nicht weiter zu beunruhigen, füge ich (Ali) hinzu: »Aber mußte unterschreib, daß mer nur mache, wenn schwer Angriff gegen uns, und nie zuerst anfang darf.« Wenn er wüßte, daß ich Schlagen und Waffenanwendung prinzipiell ablehne und meine Stärke in solchen Situationen allenfalls das Laufengehen ist!

»Unterlaß gefälligst deine Verrenkungen in meinem Wagen, du reißt mir den ganzen Sitz auseinander. Das kannst du machen, wenn du draußen bist«, schreit er plötzlich ohne Grund; denn die Sitze sind so stabil, daß meine harmlosen Bewegungen ihnen absolut nichts anhaben können. – Um die Ernsthaftigkeit meines Karatetrainings für ihn weiter zu verfestigen und seinen Anfangsverdacht damit endgültig auszuräumen, vollführe ich Schattenschlag- und Boxbewegungen vor seinem Wagen, als ich längere Zeit vor der Ruhrkohle-Wärmetechnik in Essen auf ihn zu warten habe. Auf der gegenüberliegenden Seite entfache ich damit einen Auflauf bei den Sekretärinnen der »Kassenärztlichen Vereinigung«, die in dem mehrstöckigen Gebäude an die Fenster kommen, um dem wildgewordenen Bodyguard vor der Luxuslimousine zuzuwinken und ihn teilweise anzufeuern. Ali winkt zurück und schafft es, bei der »Kassenärztlichen ...« eine mindestens viertelstündige Arbeitsunterbrechung herbeizuführen. – Als Vogel zurückkommt, Alis Herumhampeleien sieht und den Auflauf an den Fenstern, wird er zornig: »Unterlaß das sofort, du Idiot, du bringst mich noch ins Gerede. Mach das in deinem Affenstall in der Dieselstraße oder in deinem Türkenverein.« – Ali sagt: »Alles klar«, reißt seinem Chef die Wagentür auf und setzt sich wieder in Untertanenmanier ans Steuer.

So sehr Vogel sein gesamtes Vermögen mit Dreck, Staub und Schmutz aufgebaut hat, achtet er bei sich selbst auf penibelste Sauberkeit und Reinlichkeit. Er hat geradezu eine hysterische Berührungsangst vor dem Schmutz dieser Welt. Seine Sklavenarbeiter sind für ihn die Kaste der Unsauberen, Unberührbaren, ihn ekelt's vor ihnen, er möchte soviel Abstand wie möglich zu ihnen halten. Und wenn sie ihn immer wieder wegen Lohnforderungen zu Hause heimsuchen, beruht seine jeweilige Empörung nicht nur auf der drohenden finanziellen Erleichterung, sondern genauso sehr entsetzt ihn die direkte Konfrontation und Nähe mit Schweiß, Schmutz und Elend, auch wenn die jeweiligen Bittsteller immer sauber und ordentlich gekleidet bei ihm vorsprechen.

Inzwischen hat sich Ali von der Kleidung her seinem Mercedes angepaßt. Bügelfalten in der Hose, frischgewaschenes weißes oder graues Hemd, Krawatte, keine klobigen triefenden Arbeitsschuhe, sondern blankgeputzte Halbschuhe aus Leder. Dennoch zählt Ali für Vogel nach wie vor zu den Untermenschen aus der proletarischen Unterwelt. Allein seine Adresse Dieselstraße ist wie ein Stigma. Da wohnt in seinen Augen der letzte Dreck im letzten Dreck und arbeitet direkt daneben im allerletzten Dreck.

Als ich (Ali), sein Chauffeur, wieder mal über eine halbe Stunde morgens in der Früh, 7.30 Uhr, vor seinem Haus auf ihn zu warten habe, verspürt Ali das dringende Bedürfnis, zur Toilette zu müssen. Er klingelt und fragt Vogel, ob er mal auf dessen Klo darf.

Vogel: »Mußte groß oder klein?«

Ich (Ali): »Alles.«

Vogel (angewidert): »Ja, mach mal draußen.«

Ich (Ali): »Wo soll ich draußen?«

Vogel: »Machste um die Ecke, irgendwo, geh schon.«

Ich (Ali): »Wo in die Eck?«

Vogel: »Eh, ist doch scheißegal.«

Er schickt Ali auf die Straße wie einen Hund. Es gibt auch keine Möglichkeit, in seinen Vorgarten zu scheißen, alles ist von überallher einsehbar. Mir ist danach, ihm einen Haufen auf die Haube seines Mercedes zu setzen, direkt auf den Stern drauf. Zehn Minuten später, als Vogel runterkommt, frage ich (Ali) ihn: »Ist Ihr Toilett kaputt, oder?«

Vogel: »Nein, die ist nicht kaputt. Das machen wir nicht so bei fremden Leuten und so weiter und so fort ...«

Ich (Ali): »Und wenn Sie Gäst hab, müss die immer raus geh?«

Vogel (in Verlegenheit, zögert): »Ich hab, wie gesagt, kaum Gäste, aber meine Arbeiter und Monteure kommen mir nicht auf meine Toilette drauf, das wissen die aber auch alle. Da fragt schon keiner. Ich bin also, was das angeht, sehr, sehr vorsichtig.«

Vogel sinniert weiter: »Ich gebe auch fast keinem die Hand oder so was. Und wenn ich jemand die Hand geben muß, dann werden die Hände sofort hinterher gewaschen.«

Ich (Ali): »Wenn all Mensch so denk würd wie Sie, würd dann nichts mehr passier?«

Vogel: »Würde keine Krankheit mehr auftreten, klar. Aber es denken ja nicht alle so. Manche sind ja richtige Schweine, in der Beziehung. Da kann es dir richtig schlecht werden, wenn man daran denkt.«

Man sollte Vogel mal anläßlich einer Tatortbesichtigung auf die zwei uns zur Verfügung stehenden Toiletten führen: dreckstarrend. Toilettenpapier stellt die Firma nicht, und sauber gemacht wird so gut wie nie. Eine Toilette hat keine Tür. Da immer ein ziemlicher Andrang ist, hockt man sich auch so drauf. Mit Filzstift hat ein Deutscher auf diese Toilette geschrieben: »Nur für Kanaken«.

1985

Nachtrag

Am 20.10.1986 beginnt vor der Wirtschaftsstrafkammer des Duisburger Landgerichts der Prozeß gegen Hans Vogel wegen Betrugs, Steuerhinterziehung und Verstößen gegen das Arbeitnehmerüberlassungsgesetz, bei dem er mit einer relativ milden Strafe davonkommt: Er wird zu 15 Monaten Freiheitsentzug auf Bewährung verurteilt, außerdem zu einer Geldstrafe von 3600 DM. (Gegen Thyssen wird ein Bußgeld von 1 Mio. DM verhängt.)

Vogel selbst scheint nichts dazugelernt zu haben. Er schickt mir folgendes Stellenangebot:

VOGEL
INDUSTRIEMONTAGEN KG

Elsterstraße 26
4200 OBERHAUSEN
Telefon (0208) 67 10 03
Telefon 02 03 / 05 / 4 06 23
Telex 856 801 ivo

DIENSTLEISTUNG
– Industriemontagen
 – Rohrleitungsbau
 – Behälterbau
 – Stahlbau
Entrostung und Anstrich

V.I.M.-VOGEL-KG · Elsterstraße 26 · 4200 Oberhausen

Herrn
Günter Wallraff
Thebäerstr. 20
5 Köln 30

Unsere Zeichen
HV/GR

Datum
7.8.1986

Betr.: Stellenangebot

Sehr geehrter Herr Wallraff!

Wie Sie sicherlich noch wissen, betätigen wir uns u.a. im Dienstleistungsbereich mit der Reinigung und Entsorgung von Groß-Toiletten.
Seinerzeit hatte ich vor, daß Sie diesen ganzen Bereich managen sollten.
Für einen "Türken" doch eine bemerkenswerte Karriere.
Nachdem Sie uns so plötzlich verlassen haben, mußte ich anderweitig disponieren.
Mittlerweile hat sich aber dieses Geschäft so ausgedehnt, daß wir noch zusätzlich Leute hierfür einstellen müssen.
Da wir Sie nach wie vor einfach für prädestiniert halten, mit Fäkalien umzugehen, stehen wir auch heute noch zu unserem damaligen Angebot.
Falls Sie ebenfalls noch Interesse an einer sicheren Lebensstellung haben, bitten wir um kurzfristige Nachricht.

Ihre Aufgabe wäre:
Täglich die Stellen abfahren an denen sich die Groß-Toiletten befinden und von Hand mit Eimern und sonstigen Geräten säubern und entsorgen.
Wir stellen Ihnen anheim, bei dieser Gelegenheit ebenfalls täglich die Toilette der Fa. Remmert zu reinigen und entsorgen, da gerade diese Toilette sich ja gem. Ihrem Buch in einem katastrophalen Zustand befinden muß.
Ihre früheren türkischen Kollegen würden Ihnen bestimmt dankbar sein.

Der Stundenlohn ist, wie Sie wissen   DM 6,--
Tägliche Arbeitszeit von 6,00 h bis 20,00 h, also 14 Stunden.
Überstundenprozente werden, wie Sie ebenfalls wissen, nicht gezahlt.
Nach 3-monatiger Probezeit sagen wir Ihnen schon jetzt eine kräftige Lohnerhöhung zu.
Ob Sie ganz, teilweise oder überhaupt nicht bei der AOK angemeldet werden, können wir in einem persönlichen Gespräch abklären.

Wir hoffen sehr, Ihnen eine ansprechende Tätigkeit, entsprechend Ihren Fähigkeiten angeboten zu haben und sehen Ihrer Nachricht mit Interesse entgegen.

Mit freundlichen Grüßen
VOGEL-Industriemontagen KG

Und macht euch die Erde untertan ...
Eine Widerrede*

»Am Anfang schuf Gott Himmel und Erde. Und die Erde war wüst und leer, und es war finster auf der Tiefe.«

Diese Worte aus der biblischen Schöpfungsgeschichte sind in jüngster Zeit vielfach zitiert worden: als Prophezeiung! Wüst und leer und finster, so würde die Erde aussehen nach dem atomaren Holocaust. Amerikanische Klimaexperten haben herausgefunden, daß durch die unzähligen Brände – von Industrieregionen, Ölfeldern, Städten, Wäldern – der Himmel wochen- und monatelang verdunkelt wäre. Die Folge: eine endlose Dezemberdämmerung, auch im Sommer. Unter solchen Bedingungen würde das Wachstum der Pflanzen aufhören, und die Ernährungsgrundlage für die überlebenden Menschen und Tiere wäre zerstört. Das Ende der Schöpfung gleicht in solchen Szenarien ihrem Anfang: Beide spielen sich auf dramatische Weise ab. Wir wissen aber heute auch, daß sich die Schöpfung sehr undramatisch entwickelt hat und entwickelt. In drei Milliarden Jahren brachte die Erde unzählige pflanzliche und tierische Arten hervor. Die Vielfalt von Lebewesen, deren Zeitgenossen wir sind, ist eigentlich nur eine Momentaufnahme einer geradezu verschwenderischen Natur. Keine neue Arche Noah, auch keine »Gen-Bank« könnte das retten, was die Menschheit, voran die »westliche Zivilisation«, eingekreist hat und im Begriff ist, in nur wenigen Jahrzehnten auszurotten.

Aus der christlich-jüdischen Tradition stammen die Vorstellungen, wie wir mit der Natur, mit unserer eigenen Lebensgrundlage umgehen. Der Sündenfall des Menschen besteht darin, sich zum

---

* Eine »heidnische Predigt« zu Joseph Haydns Oratorium »Die Schöpfung«, 2. und 3. Oktober 1987 im Großmünster Zürich; ausgestrahlt von DRS und ARD.

Ebenbild Gottes gemacht zu haben. Selbst noch für den hartgesottensten Atheisten und Materialisten ist der Mensch die *Krone der Schöpfung*, der eigentliche Zweck der Evolution. Und nur der Mensch, und zwar der gläubige Mensch, darf auf Erlösung hoffen, während nicht-menschliche Wesen von vornherein davon ausgeschlossen sind. Pflanzen, Tiere, zuweilen sogar Frauen, haben nämlich keine Seele.

Eine zweite Idee aus der Schöpfungsgeschichte ist erst in unserer Zeit richtig zum Durchbruch gelangt:

»Seid fruchtbar und mehret euch, und füllet die Erde, und machet sie euch untertan, und herrschet über die Fische im Meer und über die Vögel unter dem Himmel und über alles Getier, das auf Erden kriecht.« (Genesis, Kap. 1)

Sich die Erde untertan machen: Das kann etwas Befreiendes sein, nämlich Naturzusammenhänge zu erkennen und zu verstehen. Davon sind wir aber weit entfernt. Die großen wissenschaftlichen Entdeckungen der Neuzeit sind in den Händen der Mächtigen zu Mitteln der Ausbeutung von Mensch und Natur geworden. »Und machet sie euch untertan«. Im alten Volk Israel ist über die Jahrhunderte hinweg ein waches Bewußtsein dafür vorhanden, daß es vor allem die Mächtigen sind, die dem gefühllosen gefährlichen Größenwahn verfallen, die immer wieder Katastrophen herbeiführen.

In der Geschichte vom »Turmbau zu Babel« wollen sie »eine Stadt bauen und einen Turm, dessen Spitze bis an den Himmel reicht« (Genesis, Kap. 11). – Supermachtsgebärden, Gigantomanie: Die größenwahnsinnigen Architekten und ihre Auftraggeber scheiterten bekanntlich.

Die Mächtigen haben schließlich die Botschaft des Evangeliums vom liebenden Gott auf den Kopf gestellt und einen rachsüchtigen, rassistischen Kriegsgott auf den Thron gehoben, der keine anderen Götter neben sich duldet – alleinseligmachend –, ein Gott, der Menschen anderer Religion und anderer Hautfarbe unterdrücken und verfolgen läßt. Die Missionierung der nicht-christlichen Völker und Stämme glich vielfach Ausrottungsfeldzügen. Nur wer sich zum sogenannten wahren Glauben bekannte, hatte überhaupt eine Chance, zu überleben. Hatuey, ein Indianerhäuptling aus Haiti, floh vor den weißen Konquistadoren in die Wälder Kubas. Dort zeigte er auf einen Korb mit Gold und sagte: »Das ist der Christengott. Seinetwegen verfolgt man uns. Seinetwegen mußten unsere Eltern und Geschwister sterben.« Drei Monate später wird Hatuey ergriffen. Er wird an einen Pfosten gebunden. Bevor das Feuer entfacht wird, verspricht ihm ein Priester Seligkeit und ewigen Frieden, falls er sich taufen läßt. »Kommen in diesen Himmel auch die Christen?« – »Ja.« – Hatuey entscheidet sich gegen diesen Himmel, und das Brennholz beginnt zu knistern!*

Wir stehen heute, gegen Ende des 20. Jahrhunderts nach Christus, nicht nur vor dem möglichen und erhofften Zusammenbruch der Supermächte zugunsten einer blockfreien, gerechteren und friedvolleren Welt, sondern erstmals auch vor der Gefahr der Auslöschung allen Lebens auf der Erde. Es gibt kein Land, kein Gebiet, das von der Gefährdung der Schöpfung nicht betroffen ist. Boden, Wasser und Luft sind von zum Teil hochgiftigen Stoffen verseucht, die entweder gar nicht oder nur schwer abbaubar sind. Hinzu kommt, daß schon jetzt fünf Milliarden Menschen auf einer völlig überlasteten Erde leben, *täglich* 200 000 hinzukommen und wir mit immer weniger regenerationsfähigen Ressourcen auskommen müssen. Unter solchen Voraussetzungen Mittel zur Schwangerschaftsverhütung zu ächten und zu verbieten, wie das die katholische Kirche tut, geht weit über den Tatbestand der Intoleranz und Menschenverachtung hinaus, bedeutet, daß Millionen Menschen dem Hungertod ausgeliefert werden.

Auf der anderen Seite gelten alle Anstrengungen der sogenannten entwickelten Länder dem wirtschaftlichen Wachstum, um die Profitrate weiter zu erhöhen. Um diesen Zweck zu erreichen, werden nun auch noch die letzten Naturreserven angegriffen, Bodenschätze aus den vereisten Tundren des Nordens, aus der Tiefsee, aus der Antarktis geholt. Ganze Industriezweige existieren nur

---

* Siehe: Eduardo Galeano, in: »Erinnerungen an das Feuer«, Peter Hammer Verlag, Wuppertal.

dadurch, daß sie Nachschub für die Waffenarsenale liefern. Oder sie produzieren immer neuen Tand für die postmodernen Wohlstandsschichten, in denen Endzeit und Weltuntergang als ästhetisches Ereignis begangen werden. Totale Erschöpfung der Natur und Exzesse der Verschwendungssucht scheinen unauflöslich zusammenzugehören.

»Wir sind so weit, daß die Natur den Menschen um Gnade bittet«, so die späte Erkenntnis eines sowjetischen Politikers in diesen Tagen.*

Aus dem 3. Jahrhundert vor Christus, der Zeit der Perserherrschaft, stammt eine grundlegende Erfahrung, die »Daniel-Vision«, in der die Weltgeschichte als eine von Gott gelenkte Aufeinanderfolge von Weltreichen gedeutet wird, an deren Ende der Zusammenbruch der Supermächte und die Gottesherrschaft ohne Gewalt steht. Phantasievollster Ausdruck solcher Visionen: der »Koloß auf tönernen Füßen«. Ein riesiges Standbild; der Kopf aus Gold, Brust und Arme aus Silber, Bauch und Beine aus Eisen; die Füße halb aus Eisen, halb aus Ton.

Folgendes geschieht: Ein Stein bricht von einem Berg los, zermalmt die Füße – die ganze Akkumulation von Macht, Kapital und Militär, symbolisiert von Gold, Silber und Eisen, bricht zusammen. »Danach«, so heißt es in der Vision, »wird der Gott des Himmels ein Reich erstehen lassen, das ewig unzerstörbar bleibt« (Daniel, Kap. 2) – ohne Wiederkehr menschlicher Gewaltherrschaft und Ausbeutung.

Im »Tanz ums goldene Kalb« wird Profitgier und Besitzkult symbolisiert. Auch unsere Zeit hat ihre Götzenbilder: Geld, Konsum und Wohlstand, meist auf Kosten anderer erworben, sind die Götzen unserer Tage.

Die Natur nicht auszubeuten und ihre Früchte nicht zu verprassen, sondern zu achten, war für Naturvölker keine Frage. Sie emp-

---

* Walentin Falin in einem Gespräch mit Horst-Eberhard Richter, anläßlich eines Kongresses in Moskau, zitiert aus: »Leben statt machen«, Hoffmann und Campe Verlag, Hamburg.

fanden sich als Teil der *unio magica*, des ursprünglichen Weltzusammenhangs; sie reflektierten nicht, daß sie etwas von der Natur Verschiedenes sein könnten. Die Welt, also auch die Natur, war von Geistwesen bevölkert. Bei den Aborigines, den Ureinwohnern Australiens, haben Bäume, wie jedes Ding, eine Seele. Einige Bäume etwa stellen wiedergeborene Stammesgenossen dar, sie können reden.

Bei sibirischen Völkern (bei den Tungusen) war es üblich, nach dem Erlegen eines Tieres, das man dringend als Nahrung benötigte, dessen Geist um Verzeihung zu bitten und zu besänftigen.*

Heute werden Millionen von Tieren in Einrichtungen gehalten, die ihnen das Leben zum dauernden Leiden und zur ständigen Qual machen.** Wo die Achtung vor den Geschöpfen Gottes nicht mehr existiert, gibt es auch keine Achtung mehr vor den Menschen selbst.

Die Mächtigen heute und ihre Helfershelfer leben in Wahnwelten. Sie leiden unter paranoiden Zuständen, die sie nur dadurch kompensieren können, daß sie auf immer irrwitzigere Ideen verfallen. Mit der Gentechnologie wollen sie die unvollkommene Natur perfektionieren und die Schöpfung übertreffen, auf daß sie sich noch besser ausbeuten läßt.

Wir haben uns selbst allein gelassen, aufgegeben, entseelt und aus jedem Zusammenhang gerissen. Unsere selbstgeschaffene Einsamkeit wird uns unerträglich. In unserer Verzweiflung suchen wir nach Antwort in und aus dem Weltall – auch von höheren, gerechteren, intelligenteren Lebewesen. Rund um die Uhr werden von amerikanischen Weltraum-Forschungsstationen Botschaften bis in die entferntesten Planetensysteme geschickt. Die Menschheit versucht sich in Form von Symbolen als Adam und Eva bekannt zu

---

* Die sibirischen Ostiaken glaubten nicht nur daran, »ihre Freunde jenseits des Grabes wiederzufinden, sondern auch ihre Rentiere, Hunde und sogar alle Bären, Wölfe und Hyänen«, die sie je hatten erlegen müssen. (Siehe »Sitten und Gebräuche aller Nationen« von K. Lang, Bd. 4, Nürnberg 1811.)
** Zur weiteren Information empfehle ich: »Das Tierbuch« von Eva Kroth, Zweitausendundeins Verlag, 1985.

machen. Zugleich tasten riesige Radioteleskope in das Dunkel des Raums nach einer Antwort, jedoch die Hilfeschreie verhallen unerhört in der Unendlichkeit des Alls. Wir sind uns unserer Einsamkeit und Verlorenheit auf dem kaum mehr navigationsfähigen Raumschiff Erde um so bewußter.

In vielem ist unsere Religion Reglementierung. »Du darfst nicht, du sollst nicht« – Verbotskatalog und bei Verstößen Androhung von Strafen.

Unvorstellbar für uns *Gottes-fürchtige* ein Gottesbegriff, wie ihn die Indios Zentralbrasiliens mit ihrer höchsten Gottheit »Tupa« verbinden. Tupa kann zwar auch zornig und drohend sein, wenn er ihnen Blitz und Donner und Unwetter schickt. Nach der Vorstellung der Tupinambas und Guaranis aber steht diesem höheren Wesen – ganz menschlich – eine Frau zur Seite, die seine Wut zu zähmen weiß.

Aus der Schöpfungsgeschichte der Guarani-Indianer mündlich überliefert: »Tupa war wild, schleuderte Blitze, riß alles nieder und verwüstete alles. Da unterbrach ihn seine Frau: ›Tupa, lenk nicht ab. Wo hast du dich wieder rumgetrieben?!‹«

Und sie beginnt nun, den Gott zu kitzeln, er muß ein bißchen lachen, sie kitzelt ihn heftiger, mit der Folge, daß er sich vor Kichern und Lachen kaum halten kann.

Insofern ist Tupa typisch für die höheren Wesen der Guarani-Religion. Er wird nicht allein verehrt, sondern auch bespöttelt, er ist zugleich mutig und stark, aber auch lustig und kindlich-verspielt und darf auch Schwächen zeigen. Derartig sympathische Verhaltensweisen sind uns aus unserer Heiligen Schrift von unseren Göttern nicht übermittelt. Gott-Vater zürnt, aber lacht nicht, und der lachende Christus wurde uns von seinen Aposteln vorenthalten.

Auch der Prophet Mohammed, so wird überliefert, soll nie gelacht haben. Das Lachen erschien ihm, so wörtlich, »wie ein Signal an den Satan« und sei »als Zeichen von Schwäche und Mangel an Durchsetzung anzusehen«.

So ein einschüchternder Gottesbegriff führt dazu, daß viele Kirchengemeinden ihr Abendmahl so angestrengt, sauertöpfisch und lustlos zelebrieren, weniger als ein Fest, mehr als Pflicht, eben als Gottes-*Dienst* verrichten.

Wieviel ausgelassener, bunter, fröhlicher, unreglementierter, bis hin zum Tanz, nehmen sich da die Gottes-Feste in vielen lateinamerikanischen oder afrikanischen Kirchengemeinden aus. »Eure Religion wurde auf steinerne Tafeln geschrieben mit dem eisernen Finger eines zornigen Gottes, damit ihr sie nicht vergeßt«, kennzeichnete Häuptling Seattle die Missionierung der Weißen.

Die positiven ganzheitlichen Erfahrungen vieler Naturreligionen hat das Christentum ausgemerzt. An die Stelle des Sanften, Lebensbewahrenden ist das Harte, Zerstörerische getreten. Die weißen Europäer, die als Konquistadoren, als Eroberer mit dem Schwert ihren Glauben verbreiteten, haben den Völkern Amerikas und Afrikas nicht nur die Lebensgrundlagen geraubt, sondern mit der Zerstörung der Religionen auch die kulturelle Identität. Und sie haben überallhin ihre unchristliche Philosophie mitgebracht: Besitz- und Profitsucht. Das Leben ist Gier geworden, das absolute Überspielen der eigentlich lebenswerten Dinge. Alles, was sich nicht in Mehrwert, Status und Prestige, in Überlegenheit und Macht ausdrückt, gilt als minderwertig und *wird ausgemerzt*.

Die Natur schlägt zurück, so lauten Schlagzeilen nach den letzten Katastrophen in den Alpen. In der Tat schlägt die Natur zurück, die Erde beginnt, sich von den »Segnungen« der menschlichen Zivilisation zu reinigen. Und das trotz unseres Glaubens, wir hätten die Intelligenz, die Natur und die Naturgesetze zu durchschauen. Wir seien gerade darin den Tieren überlegen. Sokrates' Satz »*Ich weiß, daß ich nichts weiß*«* ist jedoch heute aktueller denn je. Nur: Wir glauben, viel zu wissen; in Wirklichkeit wissen wir von den Zusammenhängen, in denen wir leben, sehr, sehr wenig. Wir haben hochentwickelte Wissenschaften, aber nicht das, was man Weisheit oder Einsicht nennen könnte. Statt weiser Selbstbe-

---

* oder auf unsere Zeit übertragen: Je mehr wir wissen, um so mehr wissen wir, was wir alles nicht wissen.

scheidung regiert die hybride Auffassung, alles sei machbar, Probleme, auch die ökologischen, seien letztlich technisch zu lösen. Wir alles verplanenden Macher und überqualifizierten Besserwisser. *Wir* sind es, die Entwicklungshilfe bitter nötig hätten!

Den Hunger in der Dritten Welt hält man draußen, indem man die Einwanderungsgesetze und Asylrechtsbestimmungen verschärft. Die Vergiftung der Biosphäre kann man in den Griff bekommen, wenn man sie in zahllose Einzelereignisse aufsplittet, die dann irgendwo in den letzten Seiten der Tageszeitungen auftauchen. Größere Einzel-Katastrophen haben immerhin noch einen gewissen Unterhaltungswert, vor allem, wenn sie lokal begrenzt bleiben und man selbst nicht davon betroffen ist.

Das sind die Rezepte, die die alten apokalyptischen Alpträume schnell wahr werden lassen. So wie in der bekannten Sage von der Sintflut, die nicht nur vom Volk Israel, sondern von allen Nachbarvölkern erzählt wurde. An warnenden Stimmen und an Menschen, die von heute auf morgen damit anfingen, eine natur- und damit menschengemäße Lebensweise zu leben, hat es eigentlich nie gefehlt.

Schon jene Schöpfungs-Untergangs-Geschichte offenbart, daß es *Gott sei Dank* von alters her eine gegenläufige Bewegung gibt. Eine Bewegung, die auf Bewahrung der Schöpfung, *nicht* auf ihre Zerstörung zielt.

Diese düstere Sintflutgeschichte, in der die totale Bedrohung des Ökosystems als Folge menschlichen Frevels gesehen wird, endet mit der Hoffnung im Zeichen des Regenbogens: »Und Gott sprach: Dies ist das Zeichen des Bundes, den ich zwischen mir und euch und allen Lebewesen, die bei euch sind, auf ewige Zeiten schließe: Meinen Regenbogen stelle ich in die Wolken ...« (Genesis, Kap. 9) Ein Bündnis mit Mensch und Tier gleicherweise. Und Noah hat dafür gesorgt, daß keine Tiergattung mehr zugrunde geht. Paarweise hat er sie nach der Phantasie der alten Sage mit in die Arche genommen. Ich finde: Wenn die katholische Kirche schon soviel Politik mit Heiligen betreibt, dann sollte sie wenigstens Noah zum Heiligen der Tierschützer küren!

Das Leid, das wir den Tieren zufügen, entspricht dem Leid, das wir uns selbst zufügen. Unsere Gefühllosigkeit und Verrohung gegenüber von uns als minderwertig eingestuften Lebewesen hat uns selbst abgestumpft, unsensibel, kalt und phantasiearm gemacht. Die Indianer sagen: »Was ist der Mensch ohne die Tiere? Wären alle Tiere fort, so stürbe der Mensch an großer Einsamkeit des Geistes. Was immer den Tieren geschieht – geschieht bald auch den Menschen. Alle Dinge sind miteinander verbunden.«

Kein Zweifel: ein Prophet wie Jesaja steht jedem Dünkel und Größenwahn des Menschen entgegen, der mit der Erde und ihren Lebewesen umgeht, als wäre da noch eine zweite. Der alte Glaubenssatz Israels, auf dem auch Jesaja fußt, heißt: »Die Erde gehört Gott.... Der Mensch ist nur ihr Mieter.«

Privateigentum an Grund und Boden ist von daher absurd. Wie sagen es die Indianer später: »Die Erde ist unsere Mutter, seine Mutter verkauft man nicht... Der weiße Mann, vorübergehend im Besitz der Macht, glaubt, er sei schon Gott – dem die Erde gehört. Wie kann ein Mensch seine Mutter besitzen?« Der Indianerhäuptling Sitting Bull zeichnete 1866 bereits prophetisch die Folgen von Raubbau, Wohlstandsmüll, Überdüngung, Versteppung und Zerstörung der Erde: »Sie beschmutzen unsere Mutter (die Erde) mit ihren Gebäuden und ihrem Abfall. Sie zwingen unsere Mutter, zur Unzeit zu gebären. Und wenn sie keine Frucht mehr trägt, geben sie ihr Medizin, damit sie aufs neue gebären soll. Was sie tun, ist nicht heilig.«

Schmohalla, der legendäre Medizinmann des Wamapum-Stammes und einer der bedeutendsten religiösen Führer der nordamerikanischen Indianer, beschwor voll Zärtlichkeit und Liebe die Einstellung seiner Landsleute zur gottgegebenen Natur: »Wir nehmen die Gaben, die uns die Mutter Natur schenkt. Wir verletzen die Erde nicht mehr, als der Finger des Säuglings die Brust seiner Mutter verletzt. Der weiße Mann aber reißt riesige Flächen des Bodens auf, zieht tiefe Gräben, holzt Wälder ab und verändert das ganze Gesicht der Erde. Jeder aufrichtige Mensch weiß in seinem Herzen, daß das gegen die Gesetze des großen Geistes verstößt.

Aber die Weißen sind so habgierig, daß sie sich darüber keine Gedanken machen.«

Dieses Prinzip der Raffgier greift auch der Prophet Jesaja an: »Weh denen, die Haus an Haus reihen und Acker an Acker rücken, bis kein Platz mehr ist und ihr Alleinbesitzer seid mitten im Land.« Es gibt trotz aller Unterschiede einen tiefen Zusammenhang zwischen der Zerstückelung von Land, von Tieren und schließlich von Menschen!

Wer wirklich im Einklang mit der Schöpfung lebt, ist von Profitgier und ihren blutigen Auswirkungen befreit. Der kann wie Jesus über Konsum- und Prunksucht spotten: »Warum sorgt ihr euch um die Kleidung? Seht die Lilien auf dem Felde ... auch Salomo in all seiner Pracht war nicht so gekleidet wie eine von ihnen.«

Wenn wir die oft blutige Spur der Christen durch 2000 Jahre verfolgen, müssen wir feststellen: Sie kümmerten sich mehrheitlich einen Dreck um das, was Jesaja oder Jesus sagten. Wir stehen vielmehr heute vor den »gnadenlosen Folgen des Christentums«, wie Carl Amery es in seinem Buch »Die Vorsehung« nannte. Ferne Kontinente und Kulturen wurden erobert und unterjocht und nicht erkannt und entdeckt, Menschen versklavt, Bodenschätze ausgebeutet und geplündert, Wälder vernichtet, Flüsse und Luft vergiftet. Jetzt ist die Erde, der Rhythmus unseres Lebens bis zur Unkenntlichkeit entstellt, erschöpft und kurz vor dem Koma. »Was hat ein Mensch davon, wenn er die ganze Welt gewinnt, aber sein eigentliches Leben verliert? Dann werden zuletzt die Überlebenden die Toten beneiden!«

Der norwegische Friedensforscher Prof. Galtung hält die Überwindung des christlich-manichäischen Dualismus für die Voraussetzung einer friedfertigen Welt:

»Um den Einsatz der Waffen gegen die andere Seite zu legitimieren, muß man die andere Seite zuerst verteufeln ... Die schlimmsten Gesellschaften sind die Industriegesellschaften, die von Wachstum und besonders von Rohstoffen, Märkten von außen abhängig und deswegen expansionistisch sind. Die schlimmsten Kulturen sind die Kulturen, die glauben, daß sie die letzte

Wahrheit für die ganze Menschheit und für die ganze Welt endgültig gefunden haben. Das sind also besonders die Religionen und die Ideologien, die, wie wir sagen, singulär und universell sind, also der einzig wahre Glaube für die ganze Welt ...«

Toleranz ist das Gebot der Stunde. Hineinversetzen in den anderen, auch und gerade in den politischen Gegner, wenn nicht Verständnis, so doch Verstehen. Der Geist der Bergpredigt: »Tuet Gutes denen, die euch hassen! Was ihr von anderen erwartet, das tut ebenso auch ihnen!«

Da, wo es die Selbstgerechten nie erwarteten, wurden *jetzt* Selbstkritik und ein Stück Feindes-Liebe praktiziert. Ein sogenannter Gottloser* aus dem »Reich der Finsternis«** ward vom Heiligen Geist erleuchtet, und seine Vorleistungen und das öffentliche Eingeständnis von Fehlern und Schwächen wirken auf die Pharisäer der sogenannten Freien Welt *entwaffnend!*

Die große Wirkung und der tiefe Eindruck, die von Anfang an von dem radikalen, revolutionären Text der Bergpredigt ausgegangen sind, haben der offiziellen Kirche und ihren Amtsinhabern nie sehr gefallen. Noch heute geht der theologische Streit darum, wie die entschiedenen sittlichen Forderungen Jesu wohl auszulegen seien. Der Verzicht auf Gewalt und die Durchsetzung eigener Rechtsansprüche waren bis jetzt Sache der Kirche nicht. Denn wenn es darauf ankam, stand sie zumeist auf der anderen Seite der Barrikade, bei den wirtschaftlich und politisch Mächtigen.

Seien wir Realisten: Fordern wir das Unmögliche! Das heißt: gewöhnen wir uns nicht an das zur Gewohnheit gewordene Unrecht und tägliche Verbrechen an der Schöpfung! Unsere Utopien und Träume von heute müssen die Realitäten von morgen sein, sofern es noch eine Zukunft der Menschheit im nächsten Jahrtausend geben soll! Wer will, daß die Welt so bleibt, wie sie ist, will nicht, daß sie bleibt!

1987

* gemeint ist der damalige Generalsekretär der KPDSU, Michail Gorbatschow
** so der damalige US-Präsident Ronald Reagan über die Sowjetunion

Plan-Abschußsoll
Ein Protokoll aus dem Jahr 1990

Wolfgang Kästner (40) war von 1978 bis Ende 1989 hauptverantwortlicher Jäger, Heger und Organisator des Gäste- und Sonderjagdreviers der SED in Suhl/Thüringen.

Wolfgang Kästner: »Ich wollte als Kind schon Förster werden, und mit achtzehn wurde ich der jüngste Jäger und Jagdleiter im Bezirk Suhl. Um die Jagderlaubnis zu bekommen, mußtest du auf alle Fälle SED-Mitglied werden. Und um Revierförster zu werden, mußtest du dich freiwillig länger zur Armee melden. Hab ich gemacht, obwohl es mir gegen den Strich ging.«

Vater Kästner: »Man kann sagen, daß die Jagd bei uns in den ersten Jahren mal dem Volk gehörte. Der Beitrag jeden Teilnehmers richtete sich nach dem Verdienst, um die fünfzig Mark im Jahr. Bis in die siebziger Jahre war es noch eine Volksjagd. Man traf sich, man kannte sich. Es war Liebe zur Natur. Wenn man nichts schoß, war man auch zufrieden. Es gab noch keinen Jagdneid und nicht diese Über- und Unterordnung.

So, wie die politische Entwicklung in der DDR ihren Lauf nahm, der immer größere Machtanspruch der Partei, das Entstehen einer neuen Bonzokratie, so verluderte auch die Jagd.«

Wolfgang Kästner: »Es galt plötzlich als schick, wenn man zur Jagd ging. Ob man Generalsekretär war oder Politbüromitglied oder sonstwie das Sagen hatte. Man hatte es in Berlin auf einer Konferenz erfahren: Du, ich geh auf die Jagd, probier's doch auch mal. Ich hab Beziehungen, das läuft schon.

Und solche, die nur aufgrund ihrer gesellschaftlichen Stellung und Funktion reingekommen sind, gaben dann den Ton an.

Aus Hege und Pflege des Wildes wurden Mordlust und Trophäensucht.

Die hohen Gäste zum Schuß zu bringen, war unsere Verpflichtung. Dem hatte sich alles andere unterzuordnen. Ich war hinter jedem Spaziergänger oder Pilzsucher her. Das ist ein verdammt gutes Steinpilzgebiet, und die besten Steinpilze gibt's in der Brunftzeit. Wir haben das über den Dreh mit den Schildern ›Militärisches Sperrgebiet‹ gemacht.

Wir hatten eine sehr hohe Wilddichte. Die Tiere wurden angefüttert, damit die Jagdgäste auf jeden Fall zum Schuß kamen. Wenn zum Beispiel der Minister für Handel und Versorgung, Briksa, einer der geilsten Schießer, uns mit seinem Besuch beehrte, dann lautete die Parole: ›Wenn der heute keinen Hirsch schießt, bekommt der Bezirk Suhl morgen keine Bananen!‹ Das war dann ein dienstlicher Befehl. Wenn was schiefging, war ich der Verantwortliche.

Im Schnitt schoß der Briksa allein bei uns zehn Hirsche im Jahr. Der ging zur Jagd wie früher ein General in die Schlacht. Der machte sich vorher eine genaue Skizze, wollte von mir wissen: Um wieviel Uhr kommt der Bock von woher? Da hatte der Briksa seine Zeichnung. Busch A, Hecke B, Bock, und dann hat er Striche gemacht wie auf einem militärischen Einsatzplan.

Selbst Schonzeiten galten nicht, wenn es von oben angeordnet wurde. Die setzten alle Gesetze außer Kraft, wenn es ihnen opportun erschien. Als der Stellvertreter vom Arafat hier war, gab mir mein Chef die Order: ›Der muß unbedingt zum Schuß kommen!‹

Ich: ›Was soll der denn schießen? Es ist alles zu, bis auf das und das, und das kommt dort heute Abend garantiert nicht.‹

›Wolfgang, du mußt das verstehen, der kann morgen in der Wüste sein Leben lassen. Dem Mann wird das in ewiger Erinnerung bleiben, dass er hier im Bezirk Suhl was geschossen hat. Der schießt heute Abend das, was kommt!‹ Dann hat er halt geschossen, eine führende Bache, also eine mit Frischlingen, und die sind eigentlich absolut geschützt. Einem Normalsterblichen aus einer normalen Jagdgesellschaft hätten sie sofort die Jagderlaubnis entzogen. Unser Ehrengast durfte noch nicht mal wissen, daß er sich strafbar gemacht hatte.

Dasselbe Spiel mußte ich mitspielen, als es um so 'nen Wettkampf und Kongreß eines internationalen Sportschützenverbandes ging. Die Unsern wollten unbedingt einem Schweden besonders zu Gefallen sein, weil der als Vorsitzender in den Verband gewählt werden sollte. Da scharwenzelten die Bezirksparteispitzen um mich rum: ›Wolfgang, das ist was Hochpolitisches, der ist ganz wild auf 'ne Sau, hat noch nie eine geschossen, wenn du ihm eine vorlegst, wird der sich später auch bei Abstimmungen in unserem Sinn erkenntlich zeigen!‹

Bei Treibjagden wurde ich am meisten gehetzt. Da haben sie mir als Plan-Abschußsoll zum Beispiel sechzig Sauen vorgegeben auf einem Territorium von über tausend Hektar. Es mußten neue Leitern, neue Ansitze gebaut werden. Alles generalstabsmäßig. Siebzig Treiber organisiert, Freunde dazu, zehn Mann, die das Jagdhorn blasen, Hundeführer, Köche und Köchinnen. Und dann hab ich nur noch geschwitzt und gezittert, daß da bis abends alle am Leben bleiben, denn von den hohen Geladenen aus Berlin hatten doch viele keine Ahnung. Die haben einfach in die Gegend geballert.

Auf die Treiber wurde keine Rücksicht genommen. Wenn's zum Beispiel regnete, sie durchnäßt waren, und es wurde Frühstück gemacht, dann standen sie draußen ums Feuer rum und froren, und drinnen in der Jagdhütte wärmte man sich von außen und innen auf, und Trinksprüche machten die Runde. Wenn mein Chef im zweiten oder dritten Treiben noch nichts geschossen hatte, dann wurde auch noch ein viertes oder fünftes angesetzt. Für die Treiber wurde es Nacht, obwohl sie nur bis sechzehn Uhr verpflichtet waren, »ehrenhalber« übrigens, nach dem Motto »Dabei sein ist alles«.

Nicht ein einziges Mal habe ich erlebt, daß die erlauchten Gäste einem Treiber was abgegeben hätten. Keiner, der gesagt hätte: ›Hier, Treiber Fritz, gleich ist Heiligabend oder Silvester, nimm die Wildschweinleber mit zu deiner Familie.‹ Nein, da haben sie ihre

Prinzipien, die sind vom Stamme ›Nimm, alles heim ins eigene Reich!‹ Und die Treiber, durchnäßt, müssen das Wild noch aufladen und in die Kühlkammern fahren.

Eins hab ich in den zehn Jahren begriffen: Es gibt nichts auf der Welt, nicht einmal die Liebe, wo ein Mensch seinen Charakter so offenbart wie bei der Jagd.

Sicher bin ich mitschuldig geworden. Wir haben sie verwöhnt, und wir waren ihr liebstes Spielzeug. Für die Spitzen unserer Gesellschaft war die Jagd die Krönung. Wenn sich zwei Minister begegnet sind oder zwei Wirtschaftsleute, haben die sich in der Regel zuallererst über die Jagd ausgetauscht. Und nicht etwa: Wieviel Wildbruch habt ihr denn bei euch im Bezirk?, sondern als erstes, was, wann, wieviel wo zuletzt geschossen wurde. Ob die nun Sindermann, Stoph, Pfaff, Honecker oder Mittag hießen. Der Mittag, so hörte man, war der trophäenwütigste Schießer. Der wußte nachher nicht mehr, wohin mit seinem ganzen Trophäengestänge und -gepränge, und hat seine Garagenwände von außen damit bestückt.

Nebenbei war ich Jagdleiter im sowjetischen Militärgebiet im Bezirk Suhl, achttausend Hektar groß. Die Russen sind meistens Fleischjäger. Die können dieser deutschen Protz- und Trophäenjagd nichts abgewinnen.

Nach den Jagdgesetzen der DDR und Vereinbarungen mit den sowjetischen Militärs war festgelegt, daß in deren Jagdrevier achtzig Prozent der Strecke von den sowjetischen Genossen erlegt sein mußten, die restlichen zwanzig Prozent von uns. Nun war's in der Praxis umgekehrt, und ich war dazu verdonnert, Ende des Jahres die Wildbilanzen zu frisieren. Mußte für das erlegte Wild einen Ursprungs- und Totenschein ausstellen und nachweisen, wer jedes Tier geschossen hatte. Da hab ich halt, wenn der Minister Briksa zum Beispiel in einer Saison zehn Böcke geschossen hatte, dahinter geschrieben: ›Erleger: sowjetischer General‹. Damit auf dem Papier alles seine Ordnung und Richtigkeit hatte. Als ich mich irgendwann den sowjetischen Freunden anvertraut hatte, war ich bei meinen Vorgesetzten plötzlich der ›Russenfreund‹. Und das war kein Ehrentitel. Spätestens beim deutschen Hirschen hörte bei ihnen die deutsch-sowjetische Freundschaft auf.

Die Russen waren nicht so steif und förmlich wie die Unseren, und wenn man da einen Freund hatte, da wußte man auch, daß der ein richtiger Freund war. So arrogant, überheblich und gefährlich viele unserer Führungsleute sind, so offenherzig, großzügig und hilfsbereit sind in der Regel die russischen Offiziere. Richtig über die hergezogen sind die Unseren, haben voll die Sau rausgelassen, als Gorbatschow mit Glasnost und Perestroika begann. Da kamen die ganzen alten Vorurteile von früher wieder hoch:

Russen seien faul, schlampig, oberflächlich und könnten vor allem nicht organisieren, worin wir ja bekanntlich Weltmeister sind. Die sollten gefälligst arbeiten und ihren eigenen Saustall in Ordnung bringen, statt uns vorzuschreiben, was Sozialismus ist ...

Eines Tages habe ich mir beim Holzhacken den Daumen abgehackt. Ich hab ihn in die Hand genommen und bin ins Krankenhaus gefahren. Weil ich so schnell war und weil's ein glatter Durchschnitt war, konnten sie mir den Daumen wieder annähen.

An dem Abend sitz ich noch ganz benommen mit starken Schmerzen zu Hause, da steht mein Chef vor der Tür und sagt: »Mach dich fertig, ich will zur Jagd!« Da mußte ich mit. Er hat zwei Rehböcke geschossen, die ich mit nur einer Hand aufbrechen mußte. Weil diese Leute besonders gern die Leber essen und man die Leber von der Lunge trennen muß – dazu braucht man eigentlich zwei Hände –, hab ich einen Fuß zu Hilfe genommen. Meinst du, der wäre auf die Idee gekommen, wenigstens mal mit anzufassen?

In den nächsten Tagen mußte ich noch mal mit Jagdgästen raus, und dann gab's Komplikationen, der Daumen hat stark geeitert.

Der Briksa hat mir mal ein neues Auto in Aussicht gestellt. Meine Karre löste sich langsam auf, die war total verrostet. Er hatte mit versprochen: »Wenn du mal ein neues Auto brauchst, das ist für den Minister für Handel und Versorgung ein Schnippser. Da mußt du nicht achtzehn Jahre warten, du kriegst es in achtzehn Stunden.«

Im Herbst kam er wieder, um seine Trophäen abzuholen. Da habe ich gewagt zu sagen: »Mein Auto ist am Ende. Ich bräuchte dringend ein neues.« Seine Antwort: »Also, mit deinem Daumen dieses Jahr hast du dir wirklich kein Auto verdient!«

Ich war an zweihundert Tagen im Jahr mit Jagdgästen unterwegs, zusätzlich an fünfunddreißig Wochenenden, an Heiligabend, Silvester und an den meisten Feiertagen. Sie kamen bei mir wirklich fast alle zum Schuß.

Heute machen die, die uns über die Jahre getriezt und gepiesackt haben, in deutsch-deutscher Verständigung. Unser oberster Jagdchef stößt jetzt mit dem ehemaligen Chef des bayrischen Nachrichtendienstes, dem jetzigen Vorsitzenden des Deutschen Jagdschutzverbandes, auf deutsch-deutsche Ewigkeit an. Derselbe, der die Gesetze mit ausarbeitete, nach denen wir Waffenträger unsere Jagdwaffen abgeben mußten, wenn in der Nachbarschaft auch nur ein Westwagen gesichtet worden war.

Mein ehemaliger Chef ist immer noch amtierender Jagdleiter der Bezirksjagd und Ratsvorsitzender, so, als wäre nichts gewesen. Jetzt kommen die dicken Schlitten aus dem Westen und sondieren. Da pirschen sich welche ran, nehmen Witterung auf und setzen erste Duftmarken...«

Know-how aus Deutschland*

Lea Fleischmanns Tagebuch besticht durch Offenheit und Ehrlichkeit. Sie schildert freimütig, wie sie die alptraumartige Zeit unter ständiger irakischer Raketenbedrohung erlebt hat, selbst wenn sie manchmal vielleicht zu hart und ungerecht urteilt. Ihre Betroffenheit macht sie einseitig und glaubwürdig zugleich.

Sie schielt nicht nach dem falschen Beifall falscher Freunde, die – in gesicherter Entfernung immer weit genug weg vom Schuß – voll blasierter Saturiertheit und arroganter Ignoranz, und damit lernunfähig, anderen in unmittelbarer Todesgefahr den Verzicht auf eigene Schutzmaßnahmen und absolute Gewaltlosigkeit vorschreiben wollen. Demgegenüber lautet einer der Leitsprüche der Autorin: »Ben Soma (ein jüdischer Weiser) lehrt: ›Wer ist weise? Der von jedem Menschen lernt.‹«

»Dies ist nicht mein Land« war Lea Fleischmanns provozierendes Fazit ihrer Jahre in der Bundesrepublik. 1979 gab sie aus Protest gegen Intoleranz und die westdeutsche Berufsverbotspraxis ihre Beamtenlaufbahn als Studienrätin auf und wanderte aus, um in Israel ihr Land zu finden und dort ein zweites Leben zu beginnen. Ihre zweite Lehrzeit begann, und sie verzichtete auf die mit materiellen Vorteilen verbundene zweite Staatsbürgerschaft als Deutsche und lebte die ersten Jahre in Israel in freiwilliger relativer Armut. Ihre Radikalität, unbestechliche Geradlinigkeit und Konsequenz drücken sich nicht zuletzt darin aus, daß es ihr bis heute nicht eingefallen ist, sich ihre Rentenzahlungen aus ihrer Beamtenlaufbahn vom deutschen Staat zurückerstatten zu lassen. – Sie hat auf ihre Art mit dem deutschen Staat abgerechnet, seine Schatten verfolgen sie jedoch noch immer. – Es sind die nach

---

* Auszüge aus dem Nachwort zu »Gas. Tagebuch einer Bedrohung – Israel während des Golfkriegs« von Lea Fleischmann, Göttingen 1991

wie vor agierenden wiederbelebten und mutierten Gespenster der Vergangenheit, die sie und ihre Familie und die Abertausenden jüdischen Emigranten- und Auswandererfamilien um den Schlaf bringen und nicht zur Ruhe kommen lassen.

Paul Celans *Todesfuge* klingt nach: »Der Tod ist ein Meister aus Deutschland«, wieder einmal!

Mit Hilfe deutscher Firmen, Techniker und Wissenschaftler produzierte Saddam Hussein monatlich 60 Tonnen Lost, das aus dem 1. Weltkrieg als Senfgas bekannt ist. Die geschätzte Gesamtlagerung im Irak betrug zirka 1000 Tonnen.

Bei den noch teuflischeren chemischen Kampfstoffen Tabun und Sarin (ein stecknadelgroßer Tropfen auf der Haut führt zum qualvollen Tode) wurde die monatliche Produktion im Irak auf zirka acht Tonnen geschätzt.

Wie Zyklon B, das unter Hitler für die Massenvernichtung der Juden in den Gaskammern eingesetzt wurde, sind auch Tabun und Sarin deutsche Erfindungen.

Dieselben Forscher, die seinerzeit den Ehrgeiz hatten, sich in den Bezeichnungen der Massenvernichtungsgifte mit ihren eigenen Namen zu verewigen – Sarin ist zum Beispiel zusammengesetzt aus den Anfangsbuchstaben der Namen Schrader, Ambros, Ritter, Linde –, waren nach 1945 erneut in leitenden Funktionen der chemischen Industrie tätig. Schrader, der als »Vater der modernen chemischen Kampfstoffe«, der Nervengase, gilt, dessen Arbeiten von 1937 bis 1945 in Geheimpatenten der IG-Farben verankert wurden, wurde nach dem Krieg Leiter des wissenschaftlichen Laboratoriums für »Insektizidforschung« der Bayer AG Wuppertal-Elberfeld und arbeitete bis zu seiner Pensionierung mit umfangreichem Mitarbeiterstab an der gleichen Sache weiter. (In der NS-Zeit bereits wurde die Entwicklung der Kampfstoffe Tabun, Sarin, Soman als »Insektizidforschung« getarnt.)

Noch 1955 reichte Schrader zusammen mit anderen Forschern für die Bayer Werke AG einen Patentantrag für V-Kampfstoffe ein. Die Einatmungsgiftigkeit solcher V-Kampfstoffe ist fünfmal so groß wie die von Sarin.

Keine großen Worte machen, leben, handeln und darüber schreiben, sind für die Autorin eine Einheit. Tun, was man sagt: das ist ihr Grundsatz. Der hebräische Begriff dafür lautet: »dabar« (er bedeutet zugleich »reden« und »handeln«).

Eine falsche deutsche Übersetzung im Text des »Alten Testaments« reduziert den ursprünglichen Sinngehalt beinah ins Gegenteil:

Am Anfang sei allein das Wort gewesen,
heißt es da.
Da hat uns ein typischer Schwätzer
als arglistiger Übersetzer
ein faules Urei gelegt.

Nach Ablauf des Ultimatums Mitte Januar war der Krieg am Golf unvermeidbar, und man mußte mit dem Schlimmsten rechnen.

Der irakische Diktator hatte die »Auslöschung« Israels angekündigt: »Für die Probleme der arabischen Welt sind Israel und die Zionisten verantwortlich. Folglich werden wir bei einem Angriff Israel als Aggressor ansehen, verbrennen und ausradieren!« – Die Vernichtungsdrohungen Saddam Husseins mußten ernst genommen werden, hatte er doch wenige Jahre zuvor Tausende irakischer Kurden mit Giftgas ermordet.

Es gibt selten so eindeutige Recht- und Unrechtsituationen in der Weltgeschichte. Hier war sie mehr als eindeutig, und darum überwand ich meine Angst, um mich mit den Opfern zu solidarisieren.

Ich reiste nach Israel, denn ich habe mich in jenen Tagen dort eher am Platz gefühlt als hier. Es war wieder einmal von der »Endlösung der Judenfrage« die Rede, wobei das Know-how für das Giftgas und die Reichweite der Raketen aus Deutschland stammte. Mir war in dieser Situation der Aufenthalt in Israel ein ganz persönliches Bedürfnis, eine – wenn auch hilflose – Geste der Solidarität.

Als sich Israel dazu entschloß, trotz der permanenten Angriffe militärisch nicht zurückzuschlagen, bestätigte dies im nachhinein meine Entscheidung.

Wer sich nicht in Gefahr begibt, kommt nicht weit herum und erstickt letztlich an sich selbst ...

Ich habe bei meinen Gesprächen in Israel einen hohen Grad demokratischer Kritikfähigkeit erlebt. Dort herrscht eine wesentlich differenziertere Gesprächs- und Streitkultur als in unserem Land, das mir in vielem in einem starren Freund-Feind-Blockdenken festgefahren scheint. Die meisten Israelis, die ich traf, nahmen den Palästinensern gegenüber eine Haltung ein, die der israelische Schriftsteller Amoz Os so formuliert: »Die Israelis sollten sich noch immer für den Kompromiß mit den Palästinensern einsetzen, und zwar für die Zwei-Staaten-Lösung. In diesem Punkt bin ich durch und durch ein Anhänger der Friedensbewegung. Nichts hat sich geändert. Ich bin sehr enttäuscht von der PLO, die sich entschlossen hat, auf Saddam Husseins Seite zu treten. Aber ich glaube, daß Unabhängigkeit, Selbstbestimmung und Nationalstaatlichkeit nicht nur netten Menschen vorbehalten sein kann und daß es keine Auszeichnung für Wohlverhalten ist. Wenn dies der Fall wäre, würde die Hälfte aller Nationen heute Punkt Mitternacht aufhören zu existieren. Aussöhnung mit den Palästinensern ist noch immer die einzige Antwort, und sobald der Krieg vorbei ist, werde ich wieder dafür kämpfen. Aber im Augenblick sind wir im Krieg.«

Bei meinen Gesprächen in den besetzten Gebieten stellte der palästinensische Arzt Mohamed Abu-Zaid eine wohltuende Ausnahme von der Masse der Palästinenser dar, die sich über jede in Israel einschlagende Rakete freuten. Er setzt auf Verständigung und Dialog mit den gesprächsbereiten Israelis, lernt zu diesem Zweck Hebräisch und bekennt, daß viele Palästinenser die Geschichte der Judenverfolgung überhaupt nicht kennen oder nicht wahrhaben wollen. Aus diesem Grund verleiht er im Freundeskreis Videokassetten und Literatur über den Holocaust und löst damit Betroffenheit und Entsetzen aus.

So zivil, unmilitant und aufgeschlossen ich Soldaten in Israel erlebte, so rüpelhaft, provozierend und anrempelnd erschienen sie mir jedoch als Sondereinheiten in den besetzten Gebieten.

Die Kibbuzim, die ich kennenlernte, sind basisdemokratische Lebens- und Produktionsmodelle, vielleicht die einzig wirklich funktionierenden sozialistischen Produktionsgenossenschaften in der Welt.

Immer wieder begegnete ich Überlebenden des Holocaust. Ich war beschämt und erleichtert zugleich, daß sie mit mir reden wollten, mich herzlich aufnahmen, sogar auf mich zugingen und das Gespräch suchten. Judith und Nathan Rubin lernte ich in der Kantine des Kibbuz En Gedi kennen. Judith Rubin war zwischen ihrem 13. und 20. Lebensjahr in Auschwitz als Zwangsarbeiterin MBB (Messerschmitt-Bölkow-Blohm) zugeteilt. Der Rüstungskonzern hatte die Essensrationen so bemessen, daß viele bei der schweren Arbeit verhungerten. Judith Rubin war zuletzt auf 20 Kilogramm abgemagert und leidet noch heute an Organschäden.

Ihre Mutter war dem KZ-Arzt Mengele als Hausmädchen zugewiesen; sie mußte die medizinischen Versuche an den Häftlingen aus nächster Nähe miterleben ...

Die Deutschen sind erneut am jüdischen Volk schuldig geworden, aber in Israel differenziert man sehr genau. Man war wütend auf die deutsche Regierung, die Hussein jahrelang unterstützt hat, man war empört über die Waffenschieber, aber ich bin nirgendwo auf Deutschfeindlichkeit gestoßen.

In Deutschland hat man in der Vergangenheit die Bedrohung Israels nur vergröbert wahrgenommen. Die westdeutsche Friedensbewegung und Linke hat sich nur ungenügend mit der angedrohten Vernichtung Israels auseinandergesetzt, und sie hat es versäumt, öffentlich Solidarität mit diesem bedrohten Land zu üben. Eine Differenzierung der pazifistischen Grundhaltung ist nötig, denn es kann Formen der Unterdrückung geben, die den bewaffneten Widerstand unumgänglich machen. Die Tatsache, daß sich viele Grüne gegen die Lieferung der Patriot-Abwehrraketen ausgesprochen haben, ist eine unfaßbare, gefühllose Reaktion auf das schutzlos der Vernichtung ausgelieferte Volk der Juden. Es ist eine kalte, ungeheuerliche Prinzipienreiterei, die in der alten, typisch deutschen politischen Tradition zu suchen ist, die die »reine Lehre« und vermeintlich »absolute Wahrheit« höher als Menschenleben stellt.

Die Herausgeberin der Zeitschrift »Frankfurter Jüdische Nachrichten«, Shoshana Alter, schreibt mir nach meiner Rückkehr: »... So enttäuscht die Israelis und wir jüdischen Nachkriegsdeutschen vom Verhalten zahlreicher ›Linker‹ auch waren – von ihrem Unvermögen, unsere Ängste zu verstehen (von den anderen haben wir es nicht erwartet) –, so zeugt doch deren innere Auseinandersetzung davon, daß sie dem Geschehen nicht gleichgültig gegenüberstehen. Es war nicht die vom Ausland vielzitierte Teilnahmslosigkeit, die die Deutschen davon abhielt, sich in diesen Krieg zu involvieren, es war vielmehr ihr Erbe von Auschwitz, nie mehr Täter sein zu wollen – wie es der umgekehrte Fall bei den Juden zu sein scheint, nie mehr Opfer sein zu müssen.
Und das macht Hoffnung, wenn man in diesem Land lebt. Die Exporteure des Todes waren Deutsche, aber nicht *die* Deutschen.«

1991

Die Kurdenverfolgung
der türkischen »Militärdemokratur«*

Die jahrzehntelange gewalttätige Assimilierungs- und Unterdrückungsstrategie des türkischen Militärs hat erreicht, daß es in den kurdischen Regionen kaum mehr eine Familie gibt, die keine Opfer zu beklagen hat. Der bedeutendste lebende türkische Dichter, Yasal Kemal, Friedenspreisträger des deutschen Buchhandels, der selber wegen »Separatismus« angeklagt und verurteilt wurde, stellte kürzlich fest:

»Nach Ansicht des türkischen Staates ist es so, daß alle Menschen, die zwischen sieben und 70 Jahre alt sind und in den kurdischen Gebieten leben, als Terroristen gelten müssen. Das ist für mich so etwas wie eine indirekt verhängte Todesstrafe. Seit mehreren Jahren gibt es zum Beispiel ein Nahrungsembargo gegen die Kurden im Osten der Türkei. Großfamilien wird von staatlichen Stellen auch noch der eine Sack Mehl, den sie haben, zur Hälfte weggenommen. Der Grund: damit sie nicht die wahren Terroristen unterstützen. Viele Menschen hungern. Selbst Nußbäume werden gefällt, und das Vieh wird ausgerottet. Dabei ist es eine Illusion, daß der Guerilla dadurch geschadet wird. Die kommt aus Syrien, aus dem Iran und Irak und hat diese Unterstützung nicht nötig.«

Bereits im Schulunterricht wird die fast 3.000jährige kurdische Identität, Sprache und Kultur geleugnet und systematisch verächtlich gemacht bis hin zu den abstrusesten Geschichtsfälschungen: Da werden die schätzungsweise 12 bis 15 Millionen in der Türkei lebenden Kurden zu halbwilden unzivilisierten Bergtürken gestempelt. In Schulbüchern wird behauptet, das Wort »Kurde« sei von dem Geräusch »krrr« abgeleitet, das entstehe, wenn man auf

---

* Aus dem Herausgeber-Beitrag zu »Meine einzige Schuld ist, als Kurdin geboren zu sein« von Devrim Kaya, Frankfurt/M. – New York 1998

dem Schnee läuft, und im übrigen sei wissenschaftlich bewiesen, daß die Kurden ohnehin von den Türken abstammen.

Seit der Staatsgründung im Jahr 1923 durch Mustafa Kemal, den »Atatürk« (Vater der Türken), wird die Türkei als eine »einheitliche und unteilbare Nation« deklariert. Dabei gehören dem Vielvölkerstaat so unterschiedliche Kulturen an wie Armenier und Aramäer, Tscherkessen und Lasen, Griechen und Araber, von denen einige bereits vernichtet oder vertrieben worden sind. Kemal kannte nur noch Türken und keine ethnischen Minderheiten mehr. Anfang der 30er Jahre ließ er »wissenschaftlich unter Beweis stellen«, daß »die Türken von den grauen Wölfen in Zentralasien abstammen und der arischen Rasse angehören«. Bis heute wird den Kindern in den Lehrbüchern eingeimpft, daß »die Türken unbesiegbare und tapferste Helden einer großartigen Nation mit edlem Blut« seien. In den Marschliedern, die die Rekruten an den Militärschulen lernen, finden sich einerseits Strophen, die sich auf »dreckiger Grieche«, »griechische Hure« oder »verdammter Armenier« reimen, andererseits der heroisch selbstgenügsame Slogan: »Das türkische Volk hat keine anderen Freunde als die Türken.« Die nationalistischen Phrasen gipfeln im angeblich besonderen »Glück, sich Türke nennen zu dürfen« (Atatürk) – bis heute an allen Schulen der Türkei als Glaubensbekenntnis gelehrt sowie als Provokation und zur Demütigung der kurdischen Bevölkerung mit weiß bemalten Steinen in deren Landschaften und Berghänge gepflastert.

Laut offizieller Verlautbarungen wurden 3.000 kurdische Dörfer von der Armee zerstört und zwangsweise evakuiert unter dem Vorwand, »die Guerilla zu vernichten«. Mindestens drei Millionen Menschen sind in der Türkei auf der Flucht. Im Südosten stirbt nach Angaben der Ärztekammer von Diyarbakir jeder zehnte Säugling. Die Hälfte aller Malariafälle der Türkei werden hier registriert. 90 Prozent der ländlichen Krankenstationen sind geschlossen, es fehlen mindestens 2.000 Ärzte. Ein Drittel des Landes wurde wirtschaftlich ruiniert, das soziale und kulturelle Leben von Millionen Kurden zerstört. Der Verdacht, daß in einer

Gemeinde oder Ortschaft die PKK mit Lebensmitteln versorgt oder ein Widerstandskämpfer versteckt wurde, reicht aus, um die Ortschaft zu bombardieren, niederzubrennen und unbewohnbar zu machen. Um die Rückkehr der Bewohner zu verhindern, wird manchmal sogar bei abgelegenen Weilern die Umgebung vermint. Selbst die Provinzstadt Sirnak und die Landkreisstädte Cizre, Nusaybin, Dargecit, Lice und Kulp wurden vom Militär teilweise zerstört und die Bewohner zum Wegziehen gezwungen. Laut Stellungnahme des türkischen Innenministers sind von Ende 1991 bis Ende 1994 insgesamt 2.115 Dörfer und bewohnte Ortschaften auf diese Weise geräumt worden.

Der Wiederaufbau und die Neubesiedelung der verlassenen Dörfer ist verboten; die geflohene kurdische Bevölkerung hat keinerlei Chance, jemals in ihre Heimat zurückzukehren.

Die ständig steigenden Kriegskosten werden selbst von offiziellen türkischen Stellen mit zehn bis zwölf Milliarden Dollar im Jahr angegeben, das sind fast 40 Prozent des staatlichen Gesamtetats. Etwa ein Drittel der türkischen Armee, übrigens nach den USA die zahlenmäßig zweitstärkste innerhalb der NATO, ist zur Unterdrückung und Vertreibung der kurdischen Bevölkerung im Südosten der Türkei stationiert.

Die Türkei, offiziell eine parlamentarische Demokratie, wird tatsächlich, auch ohne vierten Militärputsch, im wesentlichen von den Militärs regiert. Ich habe mir erlaubt, diese Staatsform mit dem Begriff »Militärdemokratur« kenntlich zu machen. Wer Terrorist ist, bestimmt das Militär, oft erst im nachhinein. Es kann ein harmloser Schafhirte sein, der vom Helikopter aus abgeknallt, oder jemand, der aufgrund einer Verwechslung aus dem Hinterhalt erschossen wurde. Wenn man mal wieder eine Erfolgsmeldung braucht, dann erschießt man irgendwo wahllos Dorfbewohner. Hinterher legt man Waffen neben die Leichen, das staatliche Fernsehen wird zum Tatort beordert, und die Siegesmeldung in den Abendnachrichten lautet in solchen Fällen stereotyp: »In einem Gefecht mit den Sicherheitskräften PKK-Terrorist(en) tot gefangengenommen!« Daß »Tote gefangengenommen« werden können, ist eine der makabren Spracherfindungen dieses durchmilitarisierten Staates.

Kriegsdienstverweigerung wird in der Türkei wie ein schweres Verbrechen geahndet. Langjährige Haftstrafen und Aberkennung des aktiven und passiven Wahlrechts bis hin zur anschließenden Aberkennung der Staatsangehörigkeit sollen davon abschrecken. Und dennoch verweigern oder desertieren immer mehr Jugendliche. Nach offiziellen Schätzungen sollen es bereits 250.000 sein: Kurden, die nicht gegen ihre Landsleute kämpfen, junge Männer, die sich den bestialischen Schikanen in der Armee nicht ausliefern wollen oder ganz einfach Angst vor dem Heldentod im Kurdistankrieg haben.

Die Verfolgungs- und Vertreibungspolitik des türkischen Militärs hat bereits jetzt erreicht, daß etwa ein Viertel der kurdischen Bevölkerung aus dem Osten und Südosten der Türkei in die Großstädte des Südens und in den türkischen Westen geflohen ist. Ganze Dorfgemeinschaften siedeln sich in Elendsquartieren in den Randgebieten der Großstädte an. »Geçekondu«, »über Nacht erbaut«, das ist die türkische Bezeichnung für diese Slumviertel. Der Name entstand einem alten Gesetz zufolge, wonach Häuser, die binnen einer Nacht auf staatseigenen Grundstücken fertiggestellt wurden, nicht mehr abgerissen werden durften. Etwa die Hälfte von Istanbuls Bewohnern lebt inzwischen in den Geçekondu. Oft hausen in einem solchen Quartier mit zwei Zimmern drei bis vier kurdische Familien. Dort finden regelmäßige Razzien statt, bei denen Kurden nach ihrem Geburtsort identifiziert und oft willkürlich verhaftet werden. Die Diskriminierung setzt sich bei der Arbeitssuche fort. »Das erste, wonach du gefragt wirst, wenn du Arbeit suchst, ist, ob du Kurde bist. Die Leute sehen viel fern, und wenn im Fernsehen Kurden vorkommen, dann sind es immer angebliche Terroristen.« Die massiven Wahlerfolge der islamistischen Refah-Partei gerade in den Großstädten – dort stellen sie zum Teil die Bürgermeister – sind nicht zuletzt auf die Arbeitslosigkeit und Verelendung der kurdischen Flüchtlinge zurückzuführen. Obwohl sie keine religiösen Fanatiker sind, gehen sie den Heilsversprechen der Islamisten auf den Leim und wählen sie aus Protest, zumal die kurdische Partei DEP verboten ist und ihre Abgeordneten aus dem Parlament heraus verhaftet und zu 15jährigen Haftstrafen verurteilt wurden.

Die Todesstrafe wird in der Türkei zwar durch Gerichtsurteil noch verhängt, aber seit 1984 nicht mehr vollstreckt. Dafür ist die Zahl der in der Türkei begangenen »nicht aufgeklärten Morde« seit 1990 auf weit über 5.000 angestiegen. Von den Mördern ist bisher kein einziger verhaftet worden. Die über 5.000 ermordeten Menschen hatten eines gemeinsam: Sie waren alle Oppositionelle, die meisten von ihnen Kurden, darunter Rechtsanwälte, Abgeordnete, einflußreiche Geschäftsleute, Journalisten und Schriftsteller. Amnesty international berichtet, daß bereits seit den 80er Jahren in der Türkei Fälle von »Verschwindenlassen« vorgekommen sind. Die Methode, Regimegegner an einen unbekannten Ort zu verschleppen, zu foltern, sie dort umzubringen und die Ermordeten dann verschwinden zu lassen, ist in der Vergangenheit von der Geheimpolizei der argentinischen und chilenischen Militärdiktatur häufig angewandt worden. »Dieses in der Türkei bis dahin recht unbekannte Phänomen hat in den 90er Jahren immer bedrohlichere Ausmaße angenommen«, stellt amnesty international fest.

Der kurdische Journalist Selahattin Çelik, der im Exil in Deutschland lebt, hat in einem bisher unveröffentlichten umfassenden und fundierten Werk mit dem Titel *Todesmaschinerie. Die türkische Konterguerilla* zahlreiche Fälle von »Verschwundenen« recherchiert. In dem Kapitel »Sind sie ›verschwunden‹ oder findet man nur ihre Leichen nicht?« läßt er einen zufällig überlebenden Augenzeugen zu Wort kommen. A. T., ein Einwohner von Batman, war am 21. Juli 1994 in eine Falle geraten und von einer Militärsondereinheit, genannt »özeltim«, verschleppt worden:

»Wir bekamen vier Tage nichts zu essen und zu trinken, durften nicht schlafen und wurden ständig schwer gefoltert. Wir wurden mit Strom gefoltert, an den Armen aufgehängt, mit Dreckwasser bespritzt und verprügelt. Außer uns waren noch Dutzende Bauern aus dem Operationsgebiet, aus den Dörfern in der Umgebung des

Cudi-Berges und aus dem Gebiet Silopi in Haft; die meisten von ihnen waren alte Menschen. Die Özeltim-Kräfte und die Soldaten folterten sie brutal. Sie verlangten vor allem von den Alten, zu verraten, wo die PKK ihre Munition deponiert hat. Die Bauern sagten, daß sie nichts wissen, daraufhin drohten ihnen die Spezialteams: ›Entweder arbeitet ihr mit uns zusammen, oder euer Schicksal wird das gleiche sein wie das Hunderter Kurden, die wir umgebracht haben.‹ Außerdem sagten sie, daß sie künftig jeden, den sie festnehmen, egal, ob alter Mensch oder Kind, nicht mehr ins Gefängnis bringen, sondern sofort umbringen würden …

Sobald wir im Panzer waren schlugen sie uns mit Gewehrläufen. Einige Soldaten schnitten uns die Ohren ab. Einer der Schlächter sagte zu Yilmaz Uzun: ›Hey, du bist doch der PKK-Kommandant. Dir werden wir's zeigen!‹, und trennte ihm die Ohren, die Nase und die Arme ab und schnitt ihm zum Schluß die Kehle durch. Auch den anderen schnitten sie die Ohren oder andere Körperteile ab. Mir haben sie mein linkes Ohr abgeschnitten. Yilmaz Uzun brachten sie noch im Panzer um, mit uns hielten sie nach einer Stunde an und ließen uns im Gelände aussteigen.

Von überall her kam ein seltsam beängstigender Geruch. Vielleicht haben sie hier die verschleppten Bauern umgebracht, vielleicht ist das das Grab Hunderter hingerichteter Menschen, von denen sie behaupteten, sie hätten sie ›tot gefangengenommen‹.

An diesem beängstigenden Ort haben sie uns dann die Ketten an unseren Händen und Füßen aufgemacht. Zuerst gaben sie den Befehl, den Leichnam Yilmaz Uzuns in ein schon ausgehobenes Grab zu werfen. Sie stellten uns an einem Graben auf und beschossen uns, schossen Hunderte Kugeln in unsere Richtung. Ich fiel in den Graben, die Kugeln schlugen in die Erde ein, und die Erde bedeckte mich. Dann schwiegen die Waffen, und der Offizier rief: ›Geht hin und schaut nach, ob sie auch tot sind.‹ Nachdem die Soldaten fertig waren, hörte ich sie sagen: ›In Ordnung, mein Kommandant, alle sind erledigt.‹

Nachdem ich einige Zeit gewartet hatte, hob ich meinen Kopf, und Licht fiel in meine Augen. Deshalb versteckte ich mich wieder in dem Grab und stellte mich tot. Nach einer weiteren Stunde entschloß ich mich herauszugehen. Nun sah ich, daß das Licht von der 300 Meter entfernten Militärbrigade Kerîyers kam. Diese Militärstation ist auf einen Hügel gebaut. Gleich gegenüber der Militärstation ist der Fluß Hezil, und auf der rechten Seite kommt nach ein paar Kilometern die Militärstation Gite.«

A. T. gelang es, den Fluß Hezil zu durchqueren und ein Dorf im Gebiet Zaxo in Südkurdistan zu erreichen. Er lag eine Woche lang im Krankenhaus Sabaniye in Zaxo und mußte dann aus Sicherheitsgründen in das Krankenhaus in Dohuk gebracht werden. Der wie durch ein Wunder dem Tod entronnene A. T. hat ein grausames Verbrechen aufgeklärt – aber wie viele solcher Massaker wurden noch begangen, für die es keine Zeugen gibt?

In den letzten Jahren sind in der Türkei zahlreiche Beweise veröffentlicht worden, die belegen, daß der Staat selbst »Todesschwadronen« unterhält und finanziert, jene »unbekannten Täter«, denen nach offiziellen Angaben in den letzten zehn Jahren Tausende Menschen durch Exekution oder Verschleppung zum Opfer gefallen sind – 2.040 allein im Jahre 1995. Es wurde aufgedeckt, daß der »Nationale Sicherheitsrat« die Hauptverantwortung trägt, ein Gremium, dem neben dem Staatspräsidenten und Ministerpräsidenten die Chefs der Geheimdienste sowie Mitglieder des Generalstabes und des sogenannten »Büros für spezielle Kriegführung« angehören. Dieses »Büro« wiederum ist die eigentliche Leitstelle für die Todesschwadronen, die Konterguerilla. Der »Nationale Sicherheitsrat« schwebt über allen Institutionen des Staates, ist damit unkontrollierbar und steht über oder vielmehr jenseits von Recht und Gesetz. Als die frühere Ministerpräsidentin Çiller der Unterschlagung in Millionenhöhe aus einem sogenannten »verdeckten Budget« beschuldigt wurde, verteidigte und offenbarte sie sich mit der Äußerung: »Wenn ich preisgebe, was wir mit dem Geld aus dem verdeckten Budget alles gemacht haben, dann bricht die Hölle los; es würde zu Kriegen zwischen Ländern kommen, ich sterbe eher, als heilige Staatsgeheimnisse zu verraten.« Und der ehemalige Polizeichef und Innenminister Mehmet Agar, der selbst an Folterungen teilgenommen hatte, gab – unter Rechtfertigungsdruck und vor laufenden Kameras – die staatlichen Mord- und Terroraktionen indirekt zu: »Die Türkei, die wir erleben, könnt ihr euch nicht mal in der Phantasie vorstellen. Wir haben tausend Operationen durchgeführt und damit für Ruhe und Ordnung gesorgt. Das sind heilige Staatsgeheimnisse, mit denen man eher ins Grab geht, als daß man darüber spricht.«

Im April 1997 kam ein parlamentarischer Untersuchungsausschuß zu dem Ergebnis, daß Kriminelle, Folterer und Mörder bis in »Ministerposten« aufgestiegen seien; innerhalb des Staates hätten sich »kriminelle Organisationen« etabliert, die »Eigeninteressen« verfolgten. Allein deren Einnahmen aus Rauschgiftgeschäften bezifferte der Ausschuß auf 50 Milliarden US-Dollar. So kam heraus, daß die höchsten Vertreter des Staates bis hin zur Ministerpräsidentin und zum Staatspräsidenten gemeinsam mit den Spitzen von Polizei und Militär »Organisationen« unterhalten, die 80 Prozent des europäischen Heroinhandels beherrschen, daß sie mit dem gewaschenen Geld Parteien gründen, nebenbei in anderen Ländern Putsche organisieren (z. B. in Aserbeidschan gegen Staatspräsident Aliyev) und zur »Beseitigung von Hindernissen« weltweit gesuchte faschistische Killer oder Mitglieder von Spezialteams zur Erfüllung ihrer »Aufgaben« mit gefälschten Papieren und Diplomatenpässen ausstatten und daß sie diese ganzen verdeckten Aktionen, wenn sie an die Öffentlichkeit kommen, zu »nationalen Heldentaten« verklären.

Die 1993 einstimmig erfolgte Verurteilung der türkischen Regierung aufgrund »weitverbreiteter …, ständiger …, vorsätzlicher … und systematischer Folter« durch das Komitee gegen Folter (CAT) der Vereinten Nationen hat die Regierung zu keinerlei Maßnahmen veranlaßt, diese Praxis abzustellen und zu verhindern. Auch die Berichte des Sonderberichterstatters der Vereinten Nationen über Folter von 1995 und 1996 bestätigten erneut diese Vorwürfe. Der Europäische Gerichtshof für Menschenrechte hat die Türkei im Dezember 1996 erstmals wegen (vier Jahre zurückliegender) Folterungen verurteilt; mehrere hundert Klagen gegen die Türkei liegen der Europäischen Menschenrechtskommission noch vor. Dies alles läßt die türkische Regierung und die türkische Staatsmacht einschließlich der Militärs offensichtlich unberührt.

***

Die Tatsache, daß es die Autorin Devrim Kaya angesichts ihrer Erfahrungen und der ihrer Familie sowie der Aussichtslosigkeit der kurdischen Situation schließlich zu den »Freiheitskämpfern« hinzieht, ist nachvollziehbar. Da, wo keinerlei demokratische Veränderungsmöglichkeit zugelassen und jede kulturelle wie politische Selbstartikulation durch Terror im Keim erstickt wird, gehen Menschen in den Widerstand, auch in den bewaffneten. Verzweiflung und Hoffnungslosigkeit schlagen bei einem jungen Menschen, der von Idealismus und Gerechtigkeitsempfinden durchdrungen ist, leicht in heroische Todessehnsucht um. Devrim Kaya artikuliert dieses Gefühl in einem Traum: »Ich sah mich mit meinen Kollegen von der PKK mit der Waffe in der Hand auf den höchsten Gipfeln der Berge Kurdistans stehen. Wir waren eins mit den sich im Wind wiegenden Bäumen. Wir waren eine verschworene Gemeinschaft. Jeder von uns war bereit, mit einem Lied für Freiheit und Demokratie auf den Lippen zu sterben.« Und sie nennt ein weiteres Motiv für ihren Entschluß, sich dem bewaffneten Kampf anzuschließen: »Zum ersten Mal in meinem Leben hatte ich das Gefühl, daß ich als Frau Männern gegenüber völlig gleichberechtigt war. In unseren Diskussionen über Politik wurden meine Argumente von Ali und Pala (PKK-Aktivisten; G.W) immer ernst genommen und niemals mit den mir bisher so vertrauten Einwürfen wie: ›Du bist doch eine Frau, was verstehst du denn davon!‹ zurückgewiesen.«

So erklärt sich, daß etwa ein Drittel der auf 12.000 geschätzten PKK-Kämpfer Frauen sind.

Devrim Kaya beschreibt, wie ihr eigener geliebter Onkel – ebenfalls ein PKK-Aktivist – wie so viele andere vor ihm einem Mordanschlag der Untergrundorganisation zum Opfer fällt. Nachdem dies in der kurdischen Bevölkerung Kritik auslöst, läßt sich der große Führer Öcalan herab, den Mord als »Fehler« einzugestehen, und nimmt den ermordeten Onkel sogar in die Reihe der »Märtyrer« auf. Ein Paradoxum, hatte sich Öcalan doch auf dem 5. PKK-Kongreß 1994 als unfehlbar feiern lassen und unter großem Beifall seiner Anhänger wörtlich verkündet: »Mich selber kann ich als absolut fehlerlos bezeichnen!«

Durch eine beispiellose Mordserie gegen parteiinterne Kritiker hat der PKK-Chef (wörtliches Zitat: »Was bedeutet schon ein Menschenleben, wenn eine Nation massakriert wird«) seit Mitte der 80er Jahre seine Macht abgesichert. Allein 50 Gründungsmitglieder ließ er umbringen und unzählige PKK-Kämpfer »wegen Abweichung von der Linie der Führung standrechtlich erschießen«. Denn der von Gott begnadete Führer, dessen Gefolgschaft, wie er glaubt, »in einer göttlichen Verbindung« zu ihm stehe, duldet niemanden neben, geschweige denn über sich – es sei denn die Toten, die zu Märtyrern verklärt oder umgefälscht werden, wenn sie nicht mehr widersprechen können.

Eine Liebesbeziehung zwischen Mann und Frau in der PKK wird von Öcalan mit »Agententum« gleichgesetzt, Heirat ist verboten, denn das lenke vom Kampf ab. Das Tragische ist, daß der selbsternannte Führer Öcalan aus dem sicheren syrischen Exil eine ursprünglich legitime Befreiungsbewegung zu einer Politsekte deformiert hat. Immer mehr Mitglieder – auch Führungskader – wissen dies, gestehen es sich selber ein und ziehen sich in eine Art innere Emigration zurück. Wenn sie nicht aus Angst um ihr Leben schweigen, dann deshalb, »um dem Gegner nicht in die Hände zu spielen«. Nur in den allerseltensten Fällen treten sie an die Öffentlichkeit.

In vielem scheint mir Öcalans PKK Resultat, Produkt und Konsequenz der jahrzehntelangen Verfolgungs- und Vernichtungsstrategie der türkischen »Militärdemokratur« gegen die kurdische Bevölkerung zu sein. Wie in einem System kommunizierender Röhren verhält sich die PKK mit ihren Terroraktionen zu den Massakern der türkischen Sondereinheiten und Todesschwadronen. Über 30.000 Menschen fielen diesem Krieg bisher zum Opfer; Tausende sitzen wegen Mitgliedschaft in der PKK im Gefängnis. Mindestens ebenso viele kurdische Zivilisten wurden Opfer des Militärs, aber auch der PKK, die nicht davor zurückschreckte, bei der Jagd auf »Dorfschützer« zugleich auch deren Familien und Kinder zu ermorden. Vor allem die Militärs drehen weiter an der Gewaltspirale und sind an politischen Lösungen nicht interessiert, um ihre Vormachtstellung, Pfründe und Privilegien nicht zu verlieren.

***

Es ist nun wahrlich kein Geheimnis mehr, Fotos und Filmdokumente belegen es: Die deutsche Bundesregierung leistete gewissenlos und geflissentlich mit ihren Waffenlieferungen Beihilfe zum Kurdenmord. Nur mit Unterstützung der Bundesregierung kann die Türkei diesen Krieg überhaupt weiterführen. Der größte Teil der Waffen und der Kredite kommen aus Deutschland. Im Rahmen von »Verteidigungshilfe«, »Rüstungssonderhilfe« und »Materialhilfe« wurden Rüstungsgüter aller Art von über sieben Milliarden DM an die Türkei geliefert – ein Mordsgeschenk! Darunter befanden sich neben Fertigungsstätten für G3- und MG3-Gewehre auch Leopard-I-Panzer und Munition aller Art. Obwohl die Türkei schon seit vielen Jahren einer der meistbegünstigten Empfänger deutscher Waffen und Rüstungsgüter in der Welt ist, heizten die ab 1991 hauptsachlich aus NVA-Beständen gelieferten Waffen den Bürgerkrieg gegen die Kurden noch zusätzlich an. Nicht nur der riesigen Stückzahlen wegen: Mit 450 Millionen Stück Munition, über 250.000 Kalaschnikow-Maschinenpistolen, 300 achträdigen BTR-60-Schützenpanzern und vielem mehr wurden Waffen geliefert, die in erster Linie für einen Bürgerkrieg geeignet sind. In vielen Berichten, nicht zuletzt von amnesty international, wurde »auf den Beitrag solcher Rüstungsgüter zu schwerwiegenden Menschenrechtsverletzungen, vor allem gegen die Zivilbevölkerung im kurdischen Südosten der Türkei«, hingewiesen. Beobachterdelegationen aus ganz Europa mit über 300 Teilnehmern – in der Mehrzahl Gewerkschafter – gelang es im Frühjahr 1994, eindeutige Beweise vorzulegen, daß deutsche Kriegswaffen gegen die Zivilbevölkerung eingesetzt wurden.

So fuhr am 23.3.1994 eine Delegation aus Süddeutschland, England, den Niederlanden und Frankreich in die Kreisstadt Lice, etwa 100 Kilometer nördlich von Diyarbakir. Die Delegation hatte die Information, daß zwei bis drei Tage zuvor sieben Dörfer in der Nähe von Lice zerstört und verbrannt worden waren. Vertriebene Dorfbewohner berichteten, daß Militäroperationen in der ganzen Umgebung stattfänden. In Wirklichkeit seien es 20 Dörfer gewesen, die während dieser Manöver angegriffen und zerstört worden waren. Ein Bus der Delegation wurde hinter dem Ortsausgang von Lice von der Geheimpolizei gestoppt. Zu Fuß versuchten einige Delegationsmitglieder, zu einem brennenden Dorf zu gelangen. Sie wurden von einer Gruppe Soldaten festgenommen und in eine Militärkaserne in Lice verschleppt. Dort konnten sie beobachten, wie Armee-Einheiten mit deutschen BTR-60-Panzern vom Einsatz aus dem brennenden Dorf zurückkamen.

Den meisten Delegationen wurde es unmöglich gemacht, in die stärker umkämpften Gebiete im äußersten Osten und Südosten der Türkei und in die Derzim-Region zu gelangen. Mitglieder einer Freiburger Delegation schafften es, sich eine Woche in Cizre, nahe der syrischen Grenze, aufzuhalten. Cizre ist durch immer wieder stattfindende Massaker und Bombardierungen in den letzten Jahren bekannt geworden. (Ich selbst hielt mich dort 1990 mit der später ermordeten Kollegin Lizzy Schmidt mehrere Tage auf, als türkische Panzer vor unserem Quartier Aufstellung genommen und die ganze Stadt umstellt hatten.) Die Delegation wurde Zeuge von Beschießungen der Armenviertel der Stadt. Ca. 4.000 »Dorfschützer« sind hierbei, u.a. ausgerüstet mit deutschen Panzern, im Einsatz gewesen. Die Hälfte der örtlichen Bevölkerung ist mittlerweile geflüchtet. Die Delegierten gaben zu Protokoll:

»Wir waren vom Dienstag, dem 22.3., bis Montag, dem 28.3., in Kurdistan. Eine unserer Aufgaben war, den Einsatz deutscher Waffen gegen die kurdische Bevölkerung zu untersuchen. Die offizielle Haltung der Bundesregierung ist, daß die für über sieben

Milliarden Mark gelieferten Waffen bis auf wenige Ausnahmen zur Sicherung der NATO-Grenzen verwendet werden. Dem müssen wir aufs schärfste widersprechen. Deutsche Waffen sind uns auf Schritt und Tritt begegnet, obwohl wir uns in der zentral gelegenen Region um Diyarbakir aufgehalten haben, weit entfernt von der Grenze. Wir haben in diesem Gebiet etwa 1.000 km zurückgelegt und können im einzelnen folgendes berichten:

In der Kreisstadt Lice, 80 km nördlich von Diyarbakir, wurden wir am 23.3. für drei Stunden in einer Kaserne festgesetzt. In dieser Kaserne befanden sich Leopard-1-Panzer, MAN-Militär-LKW und Marder-Schützenpanzer. Unsere Bewacher trugen G3-Gewehre. Im Gebiet östlich von Lice war zu diesem Zeitpunkt eine Militäraktion gegen kurdische Dörfer im Gange. In etwa fünf km Entfernung konnten wir ein kurdisches Dorf brennen sehen. Aus diesem Gebiet kamen dann gegen 16 Uhr verschiedene Einheiten mit Hunderten von Soldaten in die Kaserne zurück. Sie fuhren auf MAN-LKW, begleitet von BTR-60-Panzern, die meisten Soldaten waren mit G3-Gewehren ausgerüstet, andere trugen NVA-Helme und andere Uniformteile aus ehemaligen NVA-Beständen. Für unsere Rückfahrt von Lice nach Diyarbakir hatte das Militär aus Lice einen Konvoi zusammengestellt, der sich folgendermaßen zusammensetzte: vier Fahrzeuge von uns, dazu zwei BTR-60-Panzer und zwei Marder-Schützenpanzer.

Alle diese Waffen, zuzüglich neuer Daimler-Benz-Unimog-Geländefahrzeuge, haben wir in mindestens 30 Kasernen gesehen.

- An zahllosen Straßensperren wurden vom türkischen Militär Marder-Schützenpanzer eingesetzt.
- Am 25.3. haben wir im Gefängnis von Diyarbakir einen BTR-60-Panzer gesehen.
- In der Kaserne von Kulp konnte die dort festgesetzte Delegation Werbung der Firma Heckler und Koch fotografieren.

Zivilpolizei, uniformierte Polizei und Dorfschützer waren teilweise mit Heckler-und-Koch-Maschinenpistolen bewaffnet.

Dies ist nur eine Auswahl unserer Beobachtungen. Bei allen denkbaren militärischen Einsätzen finden nach unseren Erkenntnissen deutsche Waffen Verwendung im Krieg gegen die kurdische Bevölkerung, bei Dorfzerstörungen, bei Massakern, und das überall in Kurdistan. Die Präsenz deutscher Waffen war erdrückend. Wir schätzen, daß etwa 2/3 aller Waffen, die wir gesehen haben, aus Deutschland stammen oder mit deutscher Lizenz produziert wurden. Kurden und Kurdinnen, denen wir begegnet sind, haben uns unmißverständlich zu verstehen gegeben: ›Unser Volk wird mit deutschen Waffen ermordet‹ oder ›ohne diese Waffen aus Deutschland wäre der Krieg in sechs Monaten beendet‹.«*

Im Mai 1998 gelang es dem Fernsehmagazin »Monitor« erstmals, zwei türkische Offiziere ausfindig zu machen, die in der Schweiz um Asyl nachgesucht haben und den Einsatz deutscher Waffen beim Kampf gegen die Kurden bezeugen können. Yener S., Kommandant einer Militärstation, befehligte 200 Soldaten und floh nach dreieinhalb Jahren Sondereinsätzen im kurdischen Teil der Türkei aus der Armee u. a. wegen der Greueltaten, deren Augenzeuge er war: »Es ist allgemein bekannt, und alle Angehörigen der türkischen Armee wissen es, daß diese Waffen (BTR-60-Panzer) im Rahmen des NATO-Abkommens geliefert wurden. Mit Sicherheit weiß jeder, gegen wen und für welche Zwecke diese Waffen eingesetzt werden dürfen: Man benutzt sie großflächig sowohl gegen die PKK als auch gegen die Zivilbevölkerung. Wir haben sie auch eingesetzt ...«

Ömer S., ein Unteroffizier, war von 1994 bis 1997 als Fahrer auf einem deutschen Panzer abkommandiert und erhielt mehrfach Strafbefehle, weil er sich geweigert hatte, gefangene PKK-Kämpfer zu erschießen:

»Ich fuhr einen Panzer vom Typ BTR-60. Ich kenne alle seine Merkmale. Innen im Panzer waren Schilder angebracht mit deut-

---

* S. auch Reinhard Hockert/Klaus Liebe-Harkort, *Zur Kurdenfrage in der Türkei*, hg. vom GEW-Hauptvorstand, 60444 Frankfurt/M., Postfach 900409.

scher Beschriftung. Oben drüber stand ›Achtung!‹. Und darunter in deutsch die Bedienungsanleitung. Bei den Panzern änderte man die Farbe, sie wurden umgestrichen. Spiegel und Scheinwerfer der Panzer wurden ausgewechselt, man hat statt dessen türkische Scheinwerfer angebracht, um zu verhindern, daß weitere Fotos in europäischen Medien erscheinen ... Wir haben diese Panzer im kurdischen Gebiet gegen die Guerilla aber auch gegen die Zivilbevölkerung eingesetzt. Ich habe es selbst erlebt. Da nahm der Kommandant sein G-3-Gewehr und erschoß wahllos Dorfbewohner ... Es gibt ein Kopfgeld für einen getöteten PKKler. Die Soldaten können die Leichen ja nicht aus den Bergen mitbringen. Sie schneiden ihnen deshalb zum ›Beweis‹ die Ohren ab.«

Auf diese neuen eindeutigen Beweise reagiert die Bundesregierung bisher mit Schweigen. 1995 hatte Bundesaußenminister Kinkel noch versucht, den Ahnungslosen zu spielen, um sich aus der Verantwortung zu stehlen: »Wir haben wirklich keinen eindeutigen Beweis dafür.«

Unter dem Vorwand der »Grenzsicherung« setzt das türkische Militär zunehmend auch Minen ein. Die 870 Kilometer lange türkisch-syrische Grenze ist auf 600 Meter Breite vermint. Allein in diesem Gebiet wurden mehrere tausend Kurden zu Minenopfern, wurden getötet oder verstümmelt. Es ist schon der Normalzustand, daß in jedem Dorf im Grenzgebiet mehrere Bewohner Arme oder Beine verloren haben oder erblindet sind. Im Norden wurden ab 1992 Dutzende Gebiete vermint; jedes Jahr kommen neue hinzu.

Die türkische Armee legt die Minen nicht nur in Nordkurdistan, sondern auch in Südkurdistan, während ihrer jährlichen »grenzüberschreitenden Operationen« gegen die PKK auf irakischem Staatsgebiet. Bei diesen dauernden Besatzungsoperationen werden Täler und die Umgebung entvölkerter Dörfer vermint. Während auf der einen Seite internationale Hilfsorganisationen versuchen, die vom Irak gelegten Minen in Südkurdistan zu räumen, legt auf der anderen Seite die türkische Armee neue Minen, denen die Menschen aus der Zivilbevölkerung zum Opfer fallen.

Deutschland liefert an die Türkei Minen, die mit Fallschirmen aus der Luft abgeworfen werden. Es wurden Minen der deutschen Firmen RTG und Diehl ausgegraben. Die deutsch-niederländisch-schweizerische Gesellschaft Eurometal hat jeweils 80 kleine Bomben enthaltende Streubomben gegen »weiche Ziele« an die Türkei geliefert.

Neuerdings wurde ein Vertrag über den kompletten Transfer der Produktionsanlagen von Eurometal in die Türkei unterzeichnet.

Interview mit Abdullah Öcalan*

Im August 1994 begann ich mich für das Buch von Selim Cürükkaya »Die Suren Apos« zu interessieren. Ein kurdischer Freund, der in der Türkei verfolgt wurde und in Deutschland politisches Asyl erhalten hatte, fürchtete um sein Leben. Der Grund: Er war in der türkischsprachigen Ausgabe von Cürükkayas Buch positiv erwähnt worden. Auf fünf Kurden, die sich für die Verbreitung des Buchs einsetzten, hatten PKK-Aktivisten zuvor in Bremen und Hamburg Anschläge verübt. Die Opfer wurden lebensgefährlich verletzt, einer lag mehrere Tage im Koma. Obwohl oder gerade weil ich der kulturellen Autonomiebestrebung der kurdischen Bevölkerung Verständnis entgegenbringe, entschloß ich mich, den Autor näher kennenzulernen, um ihm bei der Veröffentlichung einer deutschsprachigen Ausgabe behilflich zu sein.

Ich erlebte, wie er und seine Frau Aysel von deutschen Behörden schikaniert wurden, weil sie sich weigerten, vor Gericht als »Zeugen« – sie hätten es als Verrat empfunden – gegen ehemalige Kampfgefährten auszusagen.

Gleichzeitig wurden sie in Mitteilungsblättern der PKK als »Verräter« tituliert, die man »in Spucke ertränken« müsse und die sich fortan »wie Reptilien in Höhlen verkriechen« sollten. (Eine haßschäumende Sprache, wie sie mir von den iranischen Ayatollahs zur immerwiederkehrenden Bekräftigung ihrer Fatwa gegen Salman Rushdie nur zu vertraut ist.) Die Cürükkayas fanden sich in einer Position, die recht unbequem, aber in dieser Situation vielleicht die ehrlichste und anständigste für selbstkritische, nicht korrumpierbare Intellektuelle ist: zwischen den Stühlen sitzend.

Damit sie sich erholen konnten – und um sie aus ihrem 8-Quadratmeter-Verlies herauszuholen –, lud ich sie zu mir ein. Selim überarbeitete und aktualisierte seine »Apo-logie«, um sie auch deutschen Lesern verständlicher zu machen. Dennoch fand sich lange

Zeit kein Verlag zu einer Veröffentlichung bereit. Begründung: für »deutsches Publikum zu kompliziert« oder/und »zu riskant«! Daß ein Autor, der wegen eines kritischen Buches mit dem Tode bedroht wird, schon allein deshalb veröffentlicht werden muß, scheint alles andere als eine Selbstverständlichkeit zu sein.

Um mir ein eigenes Bild zu verschaffen, suchte ich den Kontakt zum PKK-Führer und konfrontierte ihn mit den Hauptvorwürfen. Gleichzeitig hoffte ich, den Mordbefehl gegen Selim aufheben lassen zu können – vergeblich, wie sich zum Schluß des Gesprächs herausstellen sollte. (Heute, 2002, wird Selim Cürükkaya – wie auch andere Dissidenten – nach wie vor von der PKK mit dem Tode bedroht und muß sich versteckt halten.)

Der Versuch eines Gesprächs mit Abdullah Öcalan, genannt »Apo«, dem Führer der PKK, fand Ende Dezember 1996 an einem geheimen Ort in Syrien statt. Dort befindet sich ein Ausbildungs- und Schulungscamp der PKK. Der Hauptteil der »Diskussion« entwickelte sich im Beisein von etwa 100 bewaffneten PKK-Soldaten, meist jüngeren, darunter etwa ein Drittel Frauen.

Öcalan begrüßte mich überaus freundlich mit »Hallo Ali« (in Anspielung auf meinen Namen als türkischer Arbeiter) und offenbarte mir, daß sein Tarnname in den Anfängen der Organisation ebenfalls »Ali« gewesen sei. Im Laufe des Gesprächs wechselte er zwischen dem vertraulichen »Du« und dem distanzierteren »Er«.

Zur Eröffnung erläuterte er seinen Anhängern:
»Günter Wallraff ist hierhergekommen, weil er etwas erfahren will über meine Realität und die der PKK. Ich denke, er erliegt dem Irrtum, ihr wäret klug genug, um meine Theorie umfassend in die Praxis umzusetzen. Dabei führe ich seit Jahren den Krieg nicht so sehr mit der Außenwelt, sondern nach innen. Das ist etwas, was ich jeden Tag hier erzähle. Der Krieg mit der Türkei wird vielleicht zu

---

* Gekürzte Fassung, aus: »PKK – Die Diktatur des Abdullah Öcalan«, von Selim Cürükkaya (hrsg. von G. Wallraff), Frankfurt/M. 1997

Ende gehen, aber mein Krieg mit euch nie! Es gibt ein häufig gebrauchtes Sprichwort: Es ist schwieriger, die Kurden zu vereinen, als ein Atom zusammenzusetzen. Die Kurden sind ganz unten von denen ›da unten‹. Wird Günter das sehen können? Wird er zu diesem Thema etwas schreiben können? Das Thema ist genau auf ihn zugeschnitten. Ich befürchte, er wird es nicht schreiben können. Denn seine kulturelle Mentalität macht es ihm unmöglich, den Kurden zu verstehen. Deswegen muß er mich analysieren. Er muß sich darauf einlassen, mein Freund zu sein. Aber wieviel Kraft hat er als Deutscher dafür?«

G. W.: »Ich empfinde mich eigentlich weniger als Deutscher, eher als Weltbürger, und ich bin als Freund von Selim Cürükkaya hier. Erst einmal muß dieser Mordbefehl aufgehoben werden. Auf die Gefahr hin, daß ich später selber von PKK-Anhängern umgebracht werde: Ich habe mich für die Herausgabe von Cürükkayas Buch in deutscher Sprache eingesetzt, so wie ich mich für die Herausgabe von Salmam Rushdies Buch eingesetzt und ihn selbst mehrfach bei mir als Gast versteckt habe. So auch Selim, er ist heute mein Freund, seit das Buch verboten und seitdem er mit dem Tode bedroht wurde.

Als ich von Selim Cürükkayas massiver Kritik erfuhr und davon, daß er deswegen mit dem Tode bedroht wird und Freunde fast umgebracht wurden, weil sie das Buch gelesen hatten, habe ich mich für das Buch eingesetzt. Nur dadurch lernten wir uns kennen, und ich habe ihm meinen Schutz angeboten ...«

A. Ö.: »Hat er es gelesen? Sind die ›Suren von Apo‹ (*so die Übersetzung des türkischen Originaltitels dieses Buchs, G. W.*) übersetzt worden?«

G. W.: »Ja. Selbst wenn er in einigen Punkten in seiner Kritik zu weit gehen sollte, gibt es doch keinen Grund, ihn deswegen zu töten. Das meiste, was im Buch steht, stimmt. Ich konnte es überprüfen. Kann er hier unter Zeugen versichern, daß Selim Cürükkaya nicht mehr bedroht wird?«

A. Ö.: (lacht lauthals) »Der tötet sich selber. Die haben sich selber in eine solche Lage gebracht. Selim – auch das Problem werde ich erläutern, kein Problem.

Das Subjekt, das er retten will, ist leider kein Subjekt, das den Kurden viel Gutes bringt. Wobei ich Respekt vor Günters Freundschaft habe und wenn er will, falls es einen Mordbefehl gibt, dann werden wir auch ihn begnadigen. Ich bin nicht so rigoros wie die Iraner.«

G. W.: »Ich werde es ihm übermitteln.«

A. Ö.: »Was für Bücher bringe ich heraus und was für welche dieser Selim. Ich erledige diese Angelegenheit. Das Problem Selim ist gelöst. Das ist ganz simpel.«

G. W.: »Wird das auch in kurdischen Zeitschriften erscheinen?«

A. Ö.: »Natürlich, natürlich. Es soll auch das Fernsehen kommen, und wir werden es verkünden. Ich werde es dem ganzen Volk verkünden.«

G. W.: »Dann war der Besuch ja nicht umsonst ...«

A. Ö.: »Aber leider gelten die Bemühungen einem sehr inhaltslosen Subjekt.«

G. W.: »Menschenleben sind immer wichtig, auch wenn's ein einzelnes ist. Und ein Buch ist eine Welt für sich ...«

A. Ö.: »Wenn es etwas Nützliches war, für ihn, dann freue ich mich auch. Aber das ist nicht das Problem. Wenn das so ist, dann gibt sich Günter mit sehr kleinen Sachen ab, sage ich.«

G. W.: »Man muß mit den kleinen Dingen anfangen, sonst kann man auch die Welt nicht retten. Wenn man ›nur‹ die Welt erretten will, kann man auch über Leichen gehen und rettet nicht einmal sich selber.«

A. Ö.: »Selim hat mir ein Buch gewidmet. Günter hat das Buch gelesen. Er soll mir jetzt die Eigenschaft von mir nennen, die er als die gefährlichste ansieht. Das werde ich hier analysieren. Dann wird er vielleicht noch zufriedener sein.«

G. W.: »Also, wo soll ich da anfangen? Da ist dieser Personenkult, seine Selbstherrlichkeit, über Menschenleben zu richten. Menschen, die anderer Meinung waren oder die Kritik geübt haben, wurden sofort als Verräter abgestempelt und hingerichtet, das sind stalinistische Methoden. Schauprozesse ...«

A. Ö.: »Nein, nein. Gibt es auf dieser Welt Menschen, die mehr

Oppositionelle haben als ich? Alle in der PKK sind Oppositionelle. Sie rufen selber, wie sollen wir den tagtäglichen Krieg mit dem Vorsitzenden überstehen? Also, ich habe Respekt vor der deutschen Logik, aber ich habe wohl auch ein Recht, sie zu kritisieren. Ich habe wohl das Recht, zu kritisieren und mich selber zu verteidigen. Er *(Selim Cürükkaya)* ist in Deutschland, lebt bequem ...«

G. W.: »Ihm geht's nicht gut. Er hat sich geweigert, mit den Behörden zusammenzuarbeiten, er lebt im Versteck ...«

A. Ö.: »Er fühlt sich nicht gut, weil er ein großes moralisches Verbrechen begangen hat.«

G. W.: »Er ist ein Vertreter der kurdischen Sache, ein Kritiker der türkischen Politik. Er meint nur, es müßte ein demokratisches Führungsprinzip geben und nicht die Diktatur eines Einzelnen.«

A. Ö.: (aufbrausend) »Nein, mir das zu sagen, ist eine Beleidigung. Das sage ich, Herr Günter, mir Demokratie zu erläutern. Ich bin der Mensch, der dem kurdischen Volk den Mund geöffnet hat, ich bin der Mensch, der ihr Herz geöffnet hat. Muß ich das beweisen? Wer hat Selim herangezogen? Selim und dann noch diese Frau an seiner Seite. Wer hat sie fünf, zehn Jahre auf seinen Schultern getragen? Wer hat Selim vor dem Tode, vor dem Kerker von Diyarbakir gerettet?«

G. W.: Er ist nach elf Jahren entlassen worden.«

A. Ö.: »Aber wer hat ihn rausgeholt, die Entlassung bewirkt? Durch welchen Kampf, welche Aktion, durch welche Anstrengung? Wer hat die Todesstrafen zum Stillstand gebracht? Welche Aktion hat sie zum Stillstand gebracht? Weiß er das überhaupt?«

G. W.: »Er gehörte zu den Hungerstreikenden, zu den Todesfastenden. Er ist fast mitgestorben. Man soll ihn doch jetzt nicht herabsetzen, nur weil er anderer Meinung ist.«

A. Ö.: »Angeblich soll ich Angst vor seiner Opposition haben. Ganz bestimmt nicht. Das Schlimmste, was er über mich sagt, ist, daß ich mit Mädchen lebe. Das hier sind freie kurdische Mädchen.«

(zunehmend erregt, läßt nicht zu, daß ich zu Wort komme)

»Niemand arbeitet so viel wie ich für die Freiheit der Frau auf der Welt. Ich bin jemand, der für die Frauen den größten Krieg...«

(Unter seinen Leuten ist Unruhe aufgekommen. Es scheint ungewöhnlich zu sein, daß der große Vorsitzende seine Beherrschung verliert.)

G. W.: (zu Öcalans Leuten gewandt) »Es redet nur er, ich komme überhaupt nicht zu Wort! Das war nicht Selims Thema. Im Gegenteil: Er hat kritisiert, daß jemand, der ein Verhältnis anfängt, deswegen gemaßregelt wird. Daß er nicht mehr mit seiner eigenen Frau zusammen sein durfte, das war die Kritik. Daß der große Führer sich die Freiheiten herausnimmt, ist ja schön. Aber jeder einzelne hat auch die Freiheit, sich mit seiner Frau oder Geliebten zusammenzutun, das kann er doch nicht verbieten. Ist das hier denn eine Sekte?!«

(größere Unruhe unter seinen Kämpfern)

A. Ö.: (versucht, seine Fassung wiederzuerlangen, beschwichtigend) »Ich sage jetzt, Selim ist jemand, der sich ziemlich hat gehen lassen. Selbst seine Art des Denkens hat er Wort für Wort von uns. Es gibt nichts ihm eigenes, so ist das. Sein Leben hängt von uns ab. Er aber meint, unbedingt ein ›Herr Opposition‹ zu sein. Er sucht etwas, wogegen er opponieren kann: In der Organisation war er nur damit beschäftigt, destruktiv zu sein.«

G. W.: »Er hat sich eine eigene Meinung geleistet! Wenn das schon ein Verbrechen ist! Es wird jetzt doch sehr verharmlost und abgelenkt. Es gibt schwererwiegende Vorwürfe im Buch. Mein Vorschlag, damit überhaupt diejenigen, die jetzt Öcalans Ansicht hören und das Buch gar nicht kennen, mitdiskutieren können: ich werde genug Bücher hierherbringen und verspreche, das ich wiederkomme, und dann diskutieren wir weiter. Dann kann es vielleicht eine offene Diskussion geben.«

A. Ö.: »Wenn wir ihn hätten töten wollen, hätten wir ihn mit einem Handschlag umgebracht. Töten ist eine der einfachsten Sachen. Wir wollten ihn entwickeln. Wir wollen ihn immer noch entwickeln. Wir wollen ihn ein wenig unter den Deutschen leben lassen und ihn rehabilitieren, d. h. mit einer gemeinsamen Anstrengung von Kurden und Deutschen kann Selim gerettet werden. Gibt es noch mehr Demokratentum? So bald als möglich kann er (Günter Wallraff) ihn hierherbringen, das ist kein Problem. Soll er ihn doch retten!«

G. W.: »Ich werde es ihm ausrichten. Nur, daß es ihm nicht ergeht wie den Schwiegersöhnen Saddam Husseins!*

Wie können Sie das überhaupt verantworten, hier in Syrien unter dem Schutz der syrischen Regierung und ihrer Geheimdienste in Sicherheit zu sein und Ihre Kämpfer – halbe Kinder oft – zu opfern und in den Tod zu schicken?!«

A. Ö.: »Ich sage es ganz offen. Ich habe bis heute keine Pistole in die Hand genommen und abgefeuert. Weder ein Schwert noch eine Pistole. Ich habe niemanden getötet. Mehr noch, ich habe nicht einmal jemand aufs Korn genommen. Ich lehne das ab und gebe mich damit nicht ab.«

G. W.: »Ich habe große Schwierigkeiten damit, daß ›Apo‹ Herr über Leben und Tod ist und seinen eigenen Kopf nicht hinhält. Von daher ist da auch ein gewaltiger Unterschied zu Che Guevara ...«

A. Ö.: »Kann schon sein. Che Guevara kann vom seelischen, moralischen Standpunkt her schon etliche Ähnlichkeiten zu uns aufweisen. Vom revolutionären Verständnis her ähnelt er uns. Trotzdem bin ich ziemlich anders. Von der Diplomatie, der Politik, der militärischen Führung und Philosophie marschieren wir anders.

G. W.: »Man berichtete mir, Sie würden zehn Stunden täglich unterrichten, ständig produzieren und dozieren. Wer unterrichtet Sie? Welche Bücher haben Sie in den letzten Jahren gelesen? Was beeinflußt Sie?«

A. Ö.: »Ich unterrichte mich selbst. Ich lese kaum, aber alles was

---

* Sie wurden mit dem Versprechen einer Versöhnung in den Irak gelockt und dort hingerichtet. Auch PKK-Kämpfer, die Kritik an Öcalan geübt hatten, wie Resul Altinok und Saime Askin, ließen sich auf das Angebot eines offenen Gesprächs ein und wurden in Südkurdistan (Nordirak) auf Befehl von Öcalan ermordet.

ich sage, wird festgehalten und über unser Fernsehen (›Med-TV‹) oder über Schriften verbreitet.«

G. W.: »Einige der Schriften habe ich gelesen. Das ist doch sehr allgemein und generalistisch und in Bausch und Bogen ...«

A. Ö.: »Das soll er nicht weiter wichtig nehmen. Das sage ich nur, um meine Leute bei der Stange zu halten ...«

G. W.: »Das Fehlen jeglicher Kritik an ihm ist doch das Zeichen einer Diktatur. Wer kritisiert ihn? Wer hat es schon mal gewagt, ihm ernsthaft zu widersprechen?

Was mich stört – insgesamt bei der PKK –: es werden ständig Monologe gehalten, die Worte des großen Vorsitzenden nachgebetet. Es gibt keine Diskussionen. Man hat für alles fertige Antworten.«

A. Ö.: »Wir kritisieren alles. Wir kritisieren uns untereinander aufs Schärfste. Es gibt wirklich keine Bewegung in der Welt, in der sich die Mitglieder mit einer Härte wie in der PKK kritisieren. Wir haben auch die Weltgeschichte untersucht. Es gibt keine Bewegung und keine Partei, die so offen ist, sowohl gegenüber dem Volk als gegenüber den Genossen. Wir führen einen ständigen offenen Krieg miteinander.

Aber wer hat *ihn* denn beeinflußt?«

G. W.: »Gandhi z. B. Er hat mich mit seinen gewaltfreien Aktionen bei meiner Kriegsdienstverweigerung inspiriert. Leben und Werk, reden und tun, sind bei ihm eine Einheit.«

A. Ö.: »Ich habe ihn nach Personen aus der Geschichte und nicht der Gegenwart gefragt ...«

G. W.: »Leider ist Gandhi längst tot, er wurde ermordet ... Aber mich hat sicher auch Christus in meiner Jugend geprägt, obwohl ich nicht gläubig war und sehr früh schon aus der katholischen Kirche ausgetreten bin.«

A. Ö.: »Mich hat der Erzbischof von Aleppo besucht und mir am Schluß gesagt, daß ich Jesus ähnele. Ich bin als Moslem geboren, aber meine Art und Weise ähnelt dem heiligen Christus ...«

G. W.: »Haben Sie denn mal etwas von der Bergpredigt, von der Feindesliebe gehört oder gelesen ...?«

A. Ö.: »Ich brauche nichts von ihm zu lesen. Meine Art und Weise ähnelt ihm. Seine Moral, Arbeitsweise und die Art zu leben ...«

G. W.: »Aber Jesus überzeugte durch seine Gewaltlosigkeit, und er verbot übrigens keine Liebesbeziehungen ...«

A. Ö.: »Es ist nicht so, wie es aussieht. Das sieht er falsch. Er kennt unser Leben mit den Frauen nicht. Es ähnelt genau dem Leben der Urchristen. Ich vergleiche unsere Lager mit den ersten Klöstern. So spricht man im Volk z. B. davon, daß ich nicht eine neue Politik, sondern eine vierte Religion schaffe. Im Gegensatz zu den Politikern bin ich eigentlich den Propheten näher.

Ich gebe zum Schluß noch eine Selbstkritik für alle Deutschen ab. Leider wird das entwickelte Deutschland aufgrund der Rückständigkeit unseres Volkes etwas verschmutzt. Das macht mich traurig. Deutschland hätte diese Schlechtigkeit nicht zugefügt werden dürfen. Es gibt so viele kurdische Menschen ohne Arbeit und ohne eigenen Boden. Sie kamen aus zerstörten Dörfern und sind auf illegalen Wegen nach Deutschland geschickt worden. Das hätte nicht passieren dürfen. Auch das war ein Verbrechen. Sie wurden in die Elendsviertel der Vorstädte gepfercht. Deswegen macht sich erneut Rassismus breit. Berechtigterweise übrigens! Ich finde, auch die Rechten sind im Recht. Ich sage offen, ich denke an diesem Punkt nicht wie ein Sozialdemokrat. Die Rechten haben recht.«*

Als ›Apo‹ uns zum Wagen geleitete, sagte er noch eher beiläufig: »Bringt beim nächsten Mal den Selim mit. Er hat unsere heiligsten Werte angegriffen. Wenn er das zurücknimmt und Selbstkritik übt, kann er wieder mit uns zusammensein. Wenn nicht, kann ich auch nichts dafür, wenn ein Unfall passiert.«

---

* Vielleicht hat ein Treffen mit dem Rechtsaußen-Parlamentarier Heinrich Lummer seine Wirkung getan. Der argumentiert, was Ausländer und gesunden Volkszorn angeht, ganz ähnlich.

Die Intoleranz des anderen zu dulden ist nichts anderes als Feigheit*

Seit Solingen wurden Tausende neue Anschläge bundesweit verübt. Solingen, Mölln, Hünxe, Rostock, Hoyerswerda und Guben sind jederzeit nach wie vor überall in Deutschland wiederholbar. Ob wieder Menschen verbrennen, erschlagen, zu Tode gehetzt werden oder noch mal soeben mit dem Leben davonkommen, ist oft reine Glückssache!

Mit dem Ende des kalten Krieges ist in den östlichen wie westlichen Gesellschaften der Außenfeind abhanden gekommen. Wo die Grenzen zwischen gut und böse nicht mehr eindeutig zu ziehen sind wie bisher, wird es komplizierter, Feinde auszumachen, denen die eigene unterschwellige Aggressivität untergeschoben werden kann.

»Wer, um ein psychisches oder soziales Gleichgewicht aufrechterhalten zu können, weiterhin auf Schwarzweißbilder angewiesen ist, in denen das Böse, abgespalten vom Guten, nach außen verschoben ist, muß nach neuen Feindbildern Ausschau halten. Wer sich bedrohlichen äußeren und inneren Realitäten nicht stellen will oder kann, ist mehr denn je auf den Ausländer als Sündenbock angewiesen!« stellt der Sozialpsychologe Professor Vinnei fest. So wird erklärbar, daß die Türkenfeindlichkeit in der ehemaligen DDR laut Meinungsumfragen noch verbreiteter ist als im Westteil Deutschlands, obwohl oder gerade weil im Osten Deutschlands so gut wie keine Türken leben. In einer totalen Umbruchsituation voller neuer sozialer Zwänge, in der neuen Erfolgsleiterhierarchie auf den untersten Stufen plaziert, schlägt dieses Underdog- und Isolationsgefühl in Selbsthaß um. Zu schwach oder auch zu feige,

---

* Aus: »Sind die Deutschen ausländerfeindlich?«, hrsg. von U. Arnswald, H. Geißler, S. Leutheuser-Schnarrenberger, W. Thierse; Zürich 2000

ihn an den sozial Stärkeren abzureagieren, verschafft es Erleichterung, sich an der sozial noch schwächeren, fremdesten und unterdrücktesten Gruppe schadlos zu halten.

Erst mit den Ereignissen der letzten Jahre wurde mir klar, was die Festung Europa bedeutet, wo sie errichtet, wie sie hermetisch abgeriegelt werden soll, wo demnächst Armeen aufmarschieren werden, um »unser Europa« abzuschirmen und abzusichern. Insgesamt wächst in den europäischen Zentren die Xenophobie. In der Bundesrepublik zeigt sich seit der Wiedervereinigung, daß sich einiges an unseligen deutschen Untugenden paart und damit potenziert, als da sind: Untertanen- und Anpassungsverhalten, Blockwartmentalität, autoritäre Fixierungen im Osten und stromlinienförmiges Strebertum, Status- und Prestigegeprotze, Überheblichkeit, Arroganz und Herrenmenschenallüren im Westen.

In den neuen Bundesländern leben Menschen, die häufig nur ein abverlangtes, heuchlerisches Lippenbekenntnis zum Internationalismus abzugeben hatten. Dort wurden zuerst diejenigen rausgeschmissen und verfolgt, die jahrelang im Arbeitsprozeß unentbehrlich waren: Angolaner, Moçambiquaner, Kubaner und Vietnamesen. Ich kenne persönlich Afrikaner, die sich im Osten aus Angst vor Gewalt, Anschlägen und Ausweisung versteckt halten, obwohl sie sich dort zu Hause fühlten, Partner und Familien hatten. In manchen Regionen herrscht Jagdstimmung.

Obwohl Einwanderer bzw. Asylbewerber nur einen geringen Prozentsatz an der Gesamtbevölkerung ausmachen, werden sie zunehmend verantwortlich gemacht für Wohnungsnot, Arbeitslosigkeit und angeblich steigende Kriminalität. Produziert wird das Feindbild von sozial benachteiligten Schichten der Bevölkerung, die von gewissenlosen Stimmungsmachern in Politik und Presse aufgehetzt bzw. unterstützt und flankiert werden, wobei von den wahren Ursachen gesellschaftlichen und persönlichen Elends abgelenkt wird. Der Ausländerhaß als Ventilfunktion!

Die sogenannten Zigeuner, die Roma, stellen in den westeuropäischen Ländern zunehmend die Verkörperung der sogenannten dritten Welt dar, werden immer mehr aus der Gesellschaft ausgegrenzt, je stärker der Wohlstand der sogenannten ersten Welt durch die Einwanderung von Armutsflüchtlingen aus den ausgebeuteten Ländern bedroht scheint. Aber gerade wir Deutschen könnten angesichts von fast einer Million durch die Nazis ausgerotteten Sinti und Roma durch die Gewährung eines dauerhaften Bleiberechts – es geht hier derzeit um etwa 20 000 Menschen – eine wenigstens minimale, aber symbolische Form eines Schuldeingeständnisses und für dieses Land die letzte Chance einer fast schon zu späten, wenigstens ansatzweisen Vergangenheitsbewältigung leisten. Ins größte Romaghetto Mazedoniens, nach Schutka/Skopje, sollen die Familien, die seit Jahren hier bei uns leben, deren Kinder hier geboren sind und zum Teil die deutsche Sprache erlernten – wie es im Amtsdeutsch heißt –, »ausländerrechtlich behandelt und rückgeführt«, d. h. abgeschoben, rausgeschmissen werden! Solange die Opfer noch leben, darunter leiden, die Tragödie des Holocaust familiengeschichtlich fortbesteht, solange können wir nicht so tun, als hätte es das nicht gegeben oder als hätten wir nichts damit zu tun, und so etwas könnte es nie wieder geben.

Mir kommt es außerdem oft so vor, als gäbe es zweierlei Maß bei der Bewertung von Rassismus: Die meisten Menschen in Deutschland waren garantiert für die Abschaffung der Apartheid in Südafrika. Aber sobald die Apartheid vor der eigenen Haustür stattfindet, Menschen in Ghettos gepreßt und abgeschoben werden sollen, von Arbeits- und Bildungsmöglichkeiten ausgeschlossen, geächtet, kriminalisiert und immer wieder vertrieben werden, gelten andere Maßstäbe. Mir kommt der Verdacht, daß die Bewertung des Rassismus für viele nur eine Frage der Distanz, räumlich wie zeitlich, eine Frage der Geographie ist. Je weiter die Probleme von uns entfernt sind, um so wärmer wird es uns ums Herz und um so mehr rührt es uns unter Umständen sogar an. Die Politbürokraten fühlen sich zunehmend den Stammtischen verpflichtet, und ansonsten fortschrittliche Politiker sprechen hinter vorgehaltener Hand, wenn man sie persönlich darauf anspricht, von fehlender Akzeptanz, bedauern und reden von zwar richtigen, jedoch nicht mehr mehrheitsfähigen Forderungen und machen ihre Aufwartung den letzten Traditionalisten, Schützen-Trachten-Spießer-Vereinen, und einen großen Bogen um das Roma- und Flüchtlingselend vor der eigenen Haustür.

Unsere Kultur ist die Kultur einer Ober- und gehobenen Mittelschicht. Der Riß zwischen denen oben und denen unten wird zunehmend größer. Was andere Kulturen uns voraushaben, will man nicht wahrhaben, läßt es gar nicht erst an sich ran. Die zukunftsweisende Vorstellung einer ausländerfreundlichen, offeneren multikulturellen Gesellschaft, inzwischen selbst von einzelnen Konservativen gefordert und in ihren eigenen Reihen deswegen heftigst kritisiert und anschließend ausgebootet, hat in der Bevölkerungsmehrheit derzeit wenig Chancen.

Von jeher wurden Taten in diesem Land durch Parolen, Ausgrenzungsideologien und Ausmerzungsphantasien angeregt und freigesetzt. Da fungieren reaktionäre Politiker und die ihnen verpflichtete Massenpresse häufig als geistige Brandstifter und Pogromhetzer mit Begriffen aus dem Katastrophenbereich wie *Asylantenflut, Dämme gegen Asylanten, Zeitbombe, Springflut* usw.

Es ist noch nicht allzulange her, da besann sich ein Repräsentant der germanischen Herrenrasse, der bayerische Ministerpräsident und Kanzlerkandidat Stoiber, wieder mal auf die Überlegenheit der weißen Rasse im Original-NS-Ton. Da war von unzulässiger »Durchrassung und Vermischung« die Rede. Dies ist der braune Dung, auf dem rassistisch motivierte Gewalttaten gedeihen.

Eine erneute Weltwirtschaftskrise, sich ausdehnendes soziales Elend in den zusammengebrochenen Ostblockstaaten könnten diese verordnete und nie erkämpfte Wohlstands- und in vielem nur Schein- und Fassadendemokratie zusammenbrechen lassen, gar nicht mal durch einen Militärputsch, sondern erst mal ganz legal durch Mehrheitsentscheid über Stimmzettel wie schon einmal. Die moderateren Diktatoren in spe und telegenen Volksbeglücker à la Haider und Berlusconi hocken auch bei uns bereits in den Startlöchern und warten auf die Gunst der Stunde.

Wir sollten auch nachdenken über so etwas wieder in Mode Gekommenes, Verhängnisvolles wie übersteigerter Nationalstolz. Dieses amorphe, dumpfe irrationale Gefühl wird jetzt verstärkt propagiert und soll an die Stelle von Internationalismus, Selbstkritik und Zivilcourage treten. Wer keine Selbstachtung hat oder keinen Grund, auf etwas Eigenes stolz zu sein, der klammert sich gern an so etwas Übergeordnetes und Autoritäres. Das gibt es selbstverständlich auch in anderen Ländern zur Genüge. Unser saturiertes und gemästetes Wohlstandsland besteht unterschwellig immer noch aus deutschtümelndem Dünkel und Hochmut. Als ich vor einigen Jahren als türkischer Arbeiter in Köln auf einer Großbaustelle arbeitete, kam es nach Feierabend in einem Lokal zu einer Schlägerei, als ich es mir als Türke erlaubte, national gesonnenen deutschen Thekenstehern vorzurechnen, daß sie ohne Zuwanderung und Renteneinzahlungen von uns Ausländern zu Beginn des nächsten Jahrtausends eine aussterbende, kinderfeindliche und vergreisende, jedenfalls nicht mehr selbständig lebensfähige Gesellschaft darstellen würden und quasi sie auf uns angewiesen seien und nicht etwa umgekehrt.

Heute leben 65 Prozent der Arbeitsemigranten über zehn Jahre hier, 25 Prozent bereits über fünfundzwanzig Jahre.

Das Grundrecht auf Asyl, das vor sechs Jahren wesentlich eingeschränkt und erschwert wurde, ist zu einem reinen Ausnahmerecht geworden. Es ist oft reine Glückssache, ob ein Asylbewerber anerkannt wird oder nicht. Auf jeden Fall gilt: Im Zweifel wird gegen den Asylbewerber entschieden. Vom 1. Januar 1993 bis zum 1. Januar 1998 starben wenigstens 80 Menschen auf dem Weg in die Bundesrepublik oder an den Grenzen. 58 Menschen töteten sich wegen der drohenden Abschiebung selbst. Mindestens 95 Flüchtlinge versuchten, sich zu töten, und überlebten schwer verletzt. Von denjenigen, die in ihre Herkunftsländer abgeschoben worden sind, wissen wir meist nichts Genaueres. Wir wissen, daß drei Flüchtlinge ums Leben kamen. Mindestens 45 Menschen sind von Militär und Polizei mißhandelt und gefoltert worden. Etliche verschwanden spurlos. Neun Flüchtlinge in der Bundesrepublik starben durch Polizeigewalt. Bei Anschlägen auf Flüchtlingsunterkünfte starben seit 1993 mindestens 39 Menschen, 319 wurden zum Teil schwer verletzt.* An den Flughäfen wurden 1996 4.286 asylsuchende Passagiere zurückgewiesen, 1997 35.205 Menschen an den deutschen Grenzen »aufgegriffen«, »erkennungsdienstlich behandelt« und zurückgewiesen. Abgeschoben wird zunehmend »effektiver«, und die Abschiebeknäste wurden vermehrt und sind in der Regel überbelegt.

In Wahlkampfzeiten müssen Arbeitsemigranten und Asylsuchende wieder mal für nicht gehaltene Versprechungen der Politiker ihren Buckel hinhalten. Eine neudeutsche in Bürokratenhirnen ersonnene Sprachregelung hat es geschafft, Flüchtlinge und politisch Verfolgte mit Attributen auszustatten, die Distanz, Mitleidlosigkeit und Verachtung erzeugen sollen: Der Begriff »Asylant«, 1978 erstmals im Bundestag benannt und anschließend in den Medien aufgegriffen, ordnet sich in die Reihe der negativ besetzten Worte wie »Simulant«, »Sympathisant«, »Intrigant«, »Querulant« ein und ist für den Sprachforscher Gerhard Müller von der Gesellschaft für Deutsche Sprache in Wiesbaden »menschenverachtend und zudem diffus«, ein »sprachlicher Pogromausdruck«. Wie aus dem neudeutschen »Wörterbuch des Unmenschen« entsprungen und von Fremdenfeindlichkeit und Menschenverachtung triefend sind auch Begriffe wie »Maßnahmen der Sozialhygiene«, womit Ausweisungen »illegal aufhältlicher Ausländer« bürokratisch korrekt umschrieben werden. Und wenn die »Schüblinge« dann, wie es im Amtsdeutsch heißt, »ausländerrechtlich behandelt« und »rückgeführt« werden, geschieht es ihnen doch gerade recht, selbst wenn ihnen erneut Verfolgung, Inhaftierung und Folter drohen. Was dieser sogenannte Asylkompromiß bewirkt hat, wird überdeutlich, wenn selbst Insider, die ihn ursprünglich gefordert und mitbetrieben, nunmehr erschrecken, was sie damit angerichtet haben.

---

* Siehe »Menschenrechte ohne Asyl in Deutschland«, Komitee für Grundrechte und Demokratie, 1998 (An der Gasse 1, 64759 Sensbachtal).

Seit Jahren hier lebende Ausländer müssen endlich die gleichen Menschen- und Bürgerrechte erhalten wie die Deutschen. Die Dauerstigmatisierung der hier lebenden Arbeitsemigranten und Flüchtlinge zu einem angeblichen Problem muß endlich aufhören. Unsere regierenden Politiker müssen erkennen, daß es sich zuallererst auch um ein Problem der Deutschen selber handelt.

Die längst überfälligen Minimalforderungen:

1. Deutschland, de facto längst Einwanderungsland, bekennt sich rechtswirksam dazu.

2. Die Möglichkeit doppelter Staatsbürgerschaft für die hier lebenden sogenannten Ausländer, vor allem für die hier geborenen, denn wer weiß überhaupt, daß wir das einzige Land in Europa sind, in dem das sogenannte »ius sanguinis«, das »Blutrecht«, zur Erlangung der Staatsbürgerschaft besteht. Wir brauchen ein Einbürgerungsrecht, das sich endlich vom braunen Mythos des »deutschen Blutes« löst. Wem ist überhaupt bewußt, daß das Ausländergesetz nahtlos aus der NS-Reichspolizeiverordnung von 1937 entwickelt wurde?!

3. Kommunales Wahlrecht, später auch bundesweites passives und aktives Wahlrecht für die dauerhaft hier lebenden Ausländer.

4. Schließlich: Das Fördern von Toleranz und Verständnis gegenüber ethnischen Minderheiten bereits in Kindergärten und als Hauptfach an den Schulen: Besuchsreisen in die Heimatländer anderer Kulturen, Ethikunterricht anstatt separatistischen Religionsunterrichts, der oft mißbraucht wird (vor allem in den Koranschulen).

Unsere Utopien von heute müssen die Realitäten von morgen werden, sofern es eine menschlichere Zukunft ohne Haß, Minderheitenausbeutung und Diskriminierung geben soll.

Zehra Cirak, eine deutschsprachige Lyrikerin türkischer Herkunft, sie lebt seit 1963, ihrem zweiten Lebensjahr, in der Bundesrepublik, verleiht einem Lebensgefühl Ausdruck, das die angestammten und eingerasteten Strukturen traditioneller Kulturen sprengt und etwas ganz Neues, Zeitgemäßeres und Lebenswerteres freisetzt. Ein Auszug aus ihrem poetischen Manifest:

»Also würde ich am liebsten japanisch aufwachen auf einem Bodenbrett mit transparenten Scheintüren. Dann würde ich gern englisch frühstücken, danach mit fremder Gleichgültigkeit chinesisch arbeiten, fleißig und eifrig. Am liebsten möchte ich französisch essen und tierisch satt römisch baden, gerne will ich bayrisch wandern und afrikanisch tanzen. Am liebsten würde ich russische Geduld besitzen und mein Geld nicht amerikanisch verdienen müssen. Am liebsten möchte ich indisch einschlafen als Vogel auf dem Rücken eines Elefanten und türkisch träumen vom Bosporus.«

Eine phantastische Vision – zum Weiterträumen empfohlen!

2000

BILD zum Fünfzigsten

Es fing alles ganz harmlos an, und es gab etwas umsonst: ein wahres Danaergeschenk, wie sich Jahre später herausstellte.

Heute vor 50 Jahren (am 24.6.1952) ließ Axel Cäsar Springer die erste Ausgabe der BILD-Zeitung kostenlos verteilen. Der abergläubige Verleger hatte sich für den 1. Erscheinungstag von seiner Hausastrologin eigens eine günstige Sternenkonstellation vorhersagen lassen.

Zunächst erschien BILD ohne Anzeigen, für 10 Pfennig mit vier Seiten Umfang, vorn und hinten Fotos mit Texten und in den Mittelseiten eine dünne Mischung aus Sport, Klatsch und Tratsch, Horoskop und Kochrezepten. Das Blatt ging nicht. Die Auflage stagnierte bei 200 000.

Nun wurde das Konzept geändert. Weniger Bilder, mehr Text und auf der Frontseite die Schlagzeile mit dem Holzhammer. Nun wurden noch weniger politische Themen und noch mehr Unterhaltung präsentiert. Das war für die Deutschen in der Zeit des sogenannten Wirtschaftswunders (BILD-Schlagzeile: »Wir sind wieder wer!«) Springers Leitsatz: »Als ich BILD schuf, habe ich vor allem an eins gedacht: Daß der deutsche Leser auf keinen Fall eines will, nämlich nachdenken.« Das heißt im BILD-Jargon soviel wie »Schwamm drüber«. Die Nutznießer und Schuldigen von einst wurden Ehrenmänner der neuen Gesellschaft, die Opfer vergessen. Wer im kommunistischen oder sozialistischen Widerstand war, galt schon wieder als Vaterlandsverräter. Die Auflage begann zu klettern, die Anzeigen flossen. BILD kam in die Gewinnzonen. Ein Presseforscher schrieb später: »Wäre ein Historiker späterer Jahrhunderte auf die ersten sechs Jahrgänge der BILD-Zeitung angewiesen, so könnte er die wichtigsten politischen Ereignisse kaum in Umrissen konstruieren, sie kommen zum großen Teil nicht vor.«

Kritik an diesem Presse-Produkt wurde damals nur zögernd

laut. Der französische Deutschland-Experte Prof. Alfred Grosser nannte BILD einen »Prototyp des verdummenden und abstumpfenden Sensationsblattes«. Bundespräsident Professor Theodor Heuss sprach von einer »geradezu fürchterlichen Tageszeitung«.

Der Verleger begann den Versuch, aktiv Wiedervereinigungspolitik zu machen. Zuerst reiste er in die USA, fand dort aber wenig Beachtung und wurde auch von Präsident Eisenhower nicht empfangen. Das Resultat der verletzten Eitelkeit war eine antiamerikanische Rede auf der Verlags-Weihnachtsfeier 1957. Originalton des Polit-Verlegers: »Erst werden wir die Wiedervereinigung machen, dann werden wir nach Berlin ziehen und eine Zeitung machen, wie es sie in Deutschland noch nicht gegeben hat. Und mit dieser Zeitung werden wir ein deutsches Volk machen, wie es das auch noch nicht gegeben hat.« Nach einer sich selbstüberschätzenden und gescheiterten Wiedervereinigungsmission bei Chruchtschow in Moskau – Springer erhielt eine totale Abfuhr – war Rache seine Reaktion. Seine Blätter vollzogen einen politischen Kurswechsel um fast 180 Grad. Er beorderte alle führenden Redakteure seiner Zeitungen nach Hamburg in seine Residenz Falkenstein und gab die Parole aus: »Alle Rohre gegen Ulbricht!« Ab Frühjahr 1958 traktierte der in seiner Eitelkeit und seinem Missionsgeist tiefgetroffene Springer seine Redakteure mit immer neuen Memoranden. BILD trommelte, und so erreichte Springer sogar eine Bundestagssitzung in Berlin mit einer gemeinsamen Resolution aller Parteien. Fast kein Tag verging, an dem die Springer-Zeitungen, voran BILD, nicht Sensationsmeldungen über die Absetzbewegungen von DDR-Bürgern in den Westen gebracht hätten. Als Kennedy im Juli 1963 nach Berlin kam, meldete BILD: »Ein Wille! Ein Weg! Ein Ziel!« Nach dem Mauerbau und den Springer zu wenig martialischen Reaktionen der drei Westlichen Berliner Besatzungsmächte hieß die Schlagzeile von BILD: »Wird Deutschland jetzt verkauft?« Ein Jahr später startete Springer noch einmal eine Berlin-Pressekampagne. BILD hetzte tagelang: »Berlin marschiert gegen die Mauer«, »Steinhagel gegen die Sowjets« und »Berlin-Krise wird heiß«. Die Folge waren lebensgefährliche Aktionen von Jugendlichen an der Mauer. Nun protestierte auch der Westen. Die FDP-Politikerin und Alterspräsidentin des Deutschen Bundestages Marie Lüders sagte: »Es ist schon wieder soweit gekommen wie ehedem, als die Nazi-Krawalle auf Befehl und unter Mitwirkung eines gewissen Goebbels in Szene gesetzt worden sind.« Berliner Senat, Bundesregierung und Westalliierte drängten und Springer mäßigte sich etwas. Dabei lebte der Neu-Berliner Springer durch Berlin-Subventionen und Steuer-Vorteile nicht schlecht. Sein Verleger-Kollege Rudolf Augstein stellte fest, Springer agitiere nicht nur am heftigsten gegen die deutsche Spaltung, er profitiere auch am meisten von ihr.

Die Entwicklung von BILD in diesen Jahren läßt sich an den Chefredakteuren des Blattes festmachen. Der erste Chefredakteur Michael kam vom Abendblatt und orientierte sich noch am Motto »Seid nett zueinander«. Dessen Nachfolger Bezold wollte das Blatt sachlicher und liberaler machen, was schon nach knapp zwei Jahren zu seiner Ablösung führte. Der dritte war der Berliner Krawall-Journalist Karl-Heinz Hagen, den weniger das »Was« in einer Zeitung als das »Wie« interessierte. Als Springer eine stärkere Politisierung des Blattes verlangte, stagnierte die Auflage. Hagen ging – einvernehmlich. Sein Nachfolger wurde Peter Boenisch, der »Schlagzeilen-Pistolero«, wie Heinrich Böll ihn nannte, der Schlagzeilen wie Schlagstöcke zu handhaben wußte. Der putschte die Auflage auf über 4 Millionen, der Inhalt wurde immer aggressiver, reaktionärer und noch seichter. BILD wurde damals zum »Zentralorgan des Rufmordes«. BILD gab nach eigenem Selbstverständnis bundesweit den Ton an: »BILD sagt, wie es ist«, hieß das Motto. BILD versuchte sogar, als sein Verkaufspreis von 10 auf 15 Pfennig stieg, in Bonn eine 15-Pfennig-Münze durchzusetzen. Springer hatte auf seine politische Macht gesetzt, mit der er in Hamburg seit Kriegsende Politik machte. So kommentierte er die Wahl von Herbert Weichmann, einem rechten Sozialdemokraten, zum Bürgermeister: »Ich habe in Hamburg den ersten Juden zum Bürgermeister gemacht.«

Der Pressezar und Meinungsmachediktator entwickelt Anflüge

von Größenwahn: »Wenn wir die BILD-Zeitung auf über 5 Millionen haben, dann werden wir den Leuten befehlen, auf Händen zu laufen, und sie werden es tun«, prahlt er gegenüber seinem alten Verlegerfreund John Jahr.

Er bezeichnet BILD wiederholt als seinen »Kettenhund«, mit dem er einschüchtern und bedrohen, und falls angebracht, politische Gegner niedermachen und zur Strecke bringen kann.

In einer von Psychologen für die Blattmacher erstellten vertraulichen sogenannten »Psychoanalyse der BILD-Zeitung« zeigt das Blatt unverhüllt sein wahres Gesicht: »Ein Mittel, um provozierte Ängste und daraus sich ergebende Aggressionen zu verarbeiten, ist die aggressive Haltung, die BILD an den Tag legt. Einfluß und Macht der Zeitung, die als rücksichtslos und brutal erlebte Härte und Durchschlagskraft, geben dem Leser die Möglichkeit, sich mit diesem überlegenen Angreifer zu identifizieren.«

An anderer Stelle wird der verdummte und entmündigte Leser heraufbeschworen und eine Art Über-Ich-Instanz: »BILD übernimmt in gewissen Bereichen eine Elternrolle, man beugt sich einer festen Autorität, BILD ist männliche Autorität und mütterliche Fürsorge gleichzeitig ...« Zitat-Ende. Und noch eine Anmaßung: BILD als oberster Volksgerichtshof: »BILD«, heißt es dort, sei »Berichterstatter und Richter zugleich!«

Es gibt kein zweites Dokument aus dem Hause Springer, das die antidemokratische Einstellung des Verlegers und die Verachtung des Lesers klarer entlarvt. Angesprochen wird nicht der mündige Bürger, sondern der orientierungslose, psychisch und sozial unsichere Leser, der teils aus provozierter Angst und teils aus der Suche nach Autorität immer wieder zu dem Massenblatt greift. BILD zieht »autoritäre Persönlichkeiten« im Sinne der von Adorno und Horkheimer entwickelten kritischen Theorie heran.

Wenn sie unter sich sind, drückt sich bei den Blattmachern tiefe Verachtung und Zynismus den eigenen Lesern gegenüber aus. So sprach Peter Boenisch im internen Kreis gerne von den »Primitivos« und meinte damit nicht seinesgleichen, sondern die als Auflagenfutter herhaltenden, für dumm verkauften BILD-Leser. Der

Springer-Mentor Hans Zehrer, früherer NS-Ideologe und engster Vertrauter und Berater Springers, nannte die BILD-Leser »quicklebendige, moderne, muntere Analphabeten«.

Als Springer – und mit ihm seine Verleger-Kollegen – an die Pfründe der Werbung im geplanten Privat-Fernsehen wollten, machte BILD gegen die ARD mobil: »Schade um den Strom« und dann »Schämt euch! Der größte Käse!« »... selbst unser Hund lief aus dem Zimmer und erschien erst, als die Sendung vorüber war ...«. Gegen das ZDF startete Springer durch seinen Hausjustitiar Hermann F. Arning eine Geheimaktion. Mit Kleinkameras und Tonbändern ausgerüstete Agenten sollten sexuelle und finanzielle Unregelmäßigkeiten bei leitenden Angestellten des ZDF ausspionieren. Als der Skandal bekannt wurde, zog Springer Arning aus der Schußlinie. Vor Gericht gestellt wurde Springer dafür nie.

Am 2. Juni 1967 wird Benno Ohnesorg bei einer Anti-Schah-Demonstration von einem Polizisten erschossen. Ein halbes Jahr zuvor empfahl BILD: »Polizisten-Hiebe auf Krawallköpfe, um den möglicherweise doch vorhandenen Grips locker zu machen.« Jahrelang hatten vor allem in Berlin BILD und BZ gegen Studenten gehetzt. Mit Schlagzeilen wie diesen: »Kein Geld für langbehaarte Affen!« »Da hilft nur noch eins: Härte!« »Jetzt wird aufgeräumt: Unruhestifter unter Studenten ausmerzen!« BILD diffamiert die gesamte Studentenbewegung als »Rote SA«. In diesem hochgeputschten Klima findet sich ein Vollstrecker. Der Hilfsarbeiter Josef Bachmann, ein regelmäßiger BILD-Leser, schießt am 11. April 1968 auf Rudi Dutschke, und verletzt ihn lebensgefährlich. (An den Spätfolgen stirbt Dutschke 12 Jahre später.) In West-Berlin ziehen in der Nacht 5000 Demonstranten zum Sitz des Axel-Springer Verlags. Insgesamt protestieren mehr als 400000 Menschen in 27 Städten und versuchen die Auslieferung der Zeitungen zu verhindern. In ohnmächtiger Wut zünden sie Springer-Autos an, die Polizei schlägt mit aller Härte zurück. In West-Berlin liefert ein Agent provocateur des Verfassungsschutzes den Demonstranten Molotow-Cocktails. BILD erscheint am nächsten Tag mit der Schlagzeile: »Terror in Berlin!« Hans Magnus Enzensberger fordert »den Kampf gegen die mörderische Manipulation, für die in Deutschland der Name Springer und BILD-Zeitung steht.« Wolf Biermann singt: »Drei Kugeln auf Rudi Dutschke, ein blutiges Attentat, die Kugel Nummer eins kam aus Springers Zeitungswald ...« Die BILD-Zeitung war einer der Geburtshelfer des deutschen Terrorismus, der wiederum – neben der »DDR« – lange Jahre ihr liebstes Feindbild wurde. Wenn der Verleger zuweilen über BILD philosophierte, konnte der Eindruck entstehen, es handele sich hierbei geradezu um eine karitative Einrichtung: (Originalton) »BILD ist eine Zeitung, die seit jeher in Großaktionen Verfolgten und Gefährdeten beisteht, Armen hilft, Kranken Linderung bringt und nichts von jenen bösartigen, ebenso intelligenten wie letztlich dummen Blättern hat, deren *zersetzender Intellektualismus* allgemein nicht als verderbenbringend erkannt wird.«

»Zersetzender Intellektualismus« ... diese Sprache hat ihre Wurzeln in einer Zeit, mit der der bekennende Philosemit und Israel-Mäzen ansonsten nicht gerade liebäugelte. Jedoch über BILD propagierte er eine deutschtümelnde Volksgemeinschaftsideologie, die eher einem autoritären Untertanenstaat und weniger einer emanzipierten Demokratie verpflichtet war: »Diese deutsche Jugend im Zusammenhang gesehen – ist ja ganz in Ordnung. Diese Jugend, die morgens in die Fabriktore geht und die Lehrlinge, die ihre Lehrzeit *abdienen* ...« und in einem Kommentar in BILD: »Aber die Theorie von der Gleichheit aller Menschen ist das Todesurteil für echte Freiheit. Freiheit für Terroristen, Freiheit für Radikale, Freiheit für Umsturz, Freiheit für hemmungslosen Sex, Freiheit für Abtreibung, Freiheit für jede Unappetitlichkeit ...«, womit er sicher nicht die Unappetitlichkeit und Geschmacklosigkeiten der BILD-Zeitung gemeint hat.

Und an anderer Stelle bekannte er: »Das Wort Realität bringt mich noch um!«

BILD kassiert nach wie vor die meisten Rügen vom Presserat, aber die beeindrucken nicht und landen dort – wie mir der frühere Chefredakteur Tiedje in einem Streitgespräch süffisant mitteilte – »ungelesen im Papierkorb«.

In einem langjährigen Rechtsstreit mit BILD, in dem ich letztlich obsiegte, bescheinigte der Bundesgerichtshof in einem erstaunlichen Grundsatzurteil, daß es sich bei der BILD-Zeitung »um eine Fehlentwicklung des Journalismus« handele. Und: »Die BILD-Zeitung mache über Emotionen und Vorurteile durch ihre Tendenz, gegen Minderheiten aufzutrumpfen und Hass und Angst zu schüren, Politik.«

BILD erreicht über 10 Millionen Leser, hat eine flächendeckende Verbreitung und damit die Möglichkeit, gezielt Stimmungsmache zu betreiben und Feindbilder zu schaffen.

1992 entfacht BILD eine kontinuierliche Hetze gegen Asylbewerber, teils unter der Verantwortung des Chefredakteurs Tiedje oder, wie der sich mir gegenüber später zu entlasten versuchte, auf Geheiß seines Verlagsdirektors Prinz: Schlag- auf Schlagzeile werden Flüchtlinge und Asylbewerber erbarmungslos ausschließlich als Schmarotzer, einer Landplage gleich, dargestellt:

Staats-Notstand Asyl
Wieder 48.985 da!

Asylbewerber zwang Deutsche zur Heirat,
vergewaltigt, mit Wasserschlauch geprügelt,
in Moschee geschleppt.

Miethai ekelt Deutsche raus –
für Asylanten!

Einer kam als Jürgen Klinsmann
Asyl-Betrüger und ihre miesen Tricks.

Asyl, Asyl! Jetzt kommen sie als Touristen.

Motiv Sex: Falscher Asylant,
erschlug 9 Frauen!

»Deutsches Essen schlecht«
Asylanten im Hungerstreik.

Deutsche Familie muß Asylanten aufnehmen.

Amtmann Müller: Was mir Asylbewerber so erzählen:
Ich Asyl, ich Johnnie Walker.

Nix Suppe, Mark, Mark.
Asylanten entführten Amtmann!

Deutsches Mietrecht
Rentner muß raus für Asylanten.

Das Boot ist voll!

Die Flut steigt. Wann sinkt das Boot?
Fast jede Minute ein neuer Asylant!

Dieses Einhämmern von ausschließlich bedrohenden Negativ-Klischees entfachte in benachteiligten Bevölkerungsschichten eine regelrechte Pogromstimmung, die sich im Mordbrandanschlag gegen eine türkische Familie in Mölln entlud. Heuchlerische Folge-Schlagzeile in BILD: »Die Schande von Mölln, diese Irren machen unser Land kaputt.« Ein Kommentar zu den Tätern von Mölln – oder doch eine Art Selbstanzeige?

Ich bin im Besitz von Abschiedsbriefen von Menschen, die von BILD im wortwörtlichen Sinne gerufmordet wurden und in ihrem Abschiedsbrief BILD für ihren Tod verantwortlich machen.

Jüngst bekannt gewordener Fall: der Rufmord am Schauspieler Raimund Harmstorf. »Seewolf Harmstorf in der Psychiatrie! Mit aufgeschnittenem Handgelenk von der Polizei aufgegriffen!« lautete die BILD-Schlagzeile, und es folgte im Text eine monströse Beschreibung seines Lebens. Eine reine Erfindung. Der Schauspieler hatte nie einen Selbstmordversuch unternommen und befand sich nach einem Klinikaufenthalt wegen seiner Parkinson-Erkrankung auf dem Weg der Besserung. »Lies BILD, da steht mein Todesurteil drin, ich werde nie mehr ein Engagement bekommen«, teilte er seiner Lebensgefährtin mit und nahm sich noch in derselben Nacht das Leben.

BILD als oberster Volksgerichtshof schürt kontinuierlich Stimmungen, die den Ruf nach der Todesstrafe laut werden lassen. Da werden Sexualstraftäter oder Mörder als »Ungeheuer« und »Monster« tituliert, deren Leben »im Knast schöner« wird, »beinahe wie im Hotel«. Oder, noch direkter: »Lederhexen-Freispruch: Hängt die Sau!«

Regelmäßig erfolgen Vorverurteilungen, wenn es für eine Totschlagzeile taugt. Noch kürzlich sprach der Presserat eine Rüge aus, weil BILD in bekannter Manier einen spanischen Taxifahrer als »perverses Taxi-Monster« mit Foto und Adresse als Vergewaltiger einer jungen Frau »überführte«: »Das Doppelleben des Taxi-Monsters«, das »sich seine Opfer abends suchte«. Der Freispruch wegen erwiesener Unschuld rehabilitierte ihn zwar juristisch, die Anprangerung und Vorverurteilung durch BILD wirkt jedoch nachhaltiger. Nach wie vor wird ihm das BILD-Urteil als Schuldzuweisung von Nachbarn und Fahrgästen in einer Kleinstadt bei Köln vorgehalten.

Einem anderen von BILD Vorverurteilten helfen auch die 45.000 DM Schmerzensgeld nicht, die der Hamburger Anwalt Helmut Jipp für ihn erstritt. Mit Foto wurde Rainer M. als »Deutschlands schlimmster Kinderschänder« bundesweit in die Schlagzeilen gezerrt. »Abscheulich: Er soll in zwei Montessori-Kindertagesstätten in Borken und Coesfeld 250 Jungen und Mädchen mißbraucht haben!« ... »Unfaßbar: Der Mann ist auf freiem Fuß! Die Justiz läßt ihn frei herumlaufen!« Allerdings nicht mehr lange. Wenn BILD als oberste Justizaufsichtsbehörde aktiv wird, kann auch mancher Staatsanwalt dem Druck der Straße nicht widerstehen. Die durch Hysterie geschürten Verdächtigungen fielen vor Gericht in sich zusammen. Der Angeklagte wurde freigesprochen und juristisch voll rehabilitiert. Es nutzte ihm nichts. Das mächtige

BILD-Urteil wirkte in seiner Umgebung nach. Er mußte seinen Wohnsitz in eine anonyme Großstadt verlegen und ist heute noch stark traumatisiert. Wer auch immer gegen BILD gewinnt, hat am Ende doch verloren.

Ich war als simulierender BILD-Reporter dabei, als ein Chefreporter Einbrüche zur Fotobeschaffung anempfahl mit dem Bekenntnis: »Ich habe auch schon mal eingebrochen. Jeder gute BILD-Reporter muß einbrechen!« Weil bei BILD die Devise lautet, »ohne Fotos keine Geschichte«, arbeiten die BILD-Täter auch mit Nötigung, suchen die Eltern eines ermordeten Kindes heim und pressen ihnen Privatfotos ab mit der Lüge: »Wenn sie uns die nicht freiwillig rausgeben, haben wir eins aus dem Leichenschauhaus ...«

Die Schauspielerin Marianne Koch und ihr damaliger Lebensgefährte weigerten sich einst, mit einem BILD-Reporter über ihr Privatleben zu sprechen. Daraufhin hinterließ der BILD-Redakteur seine Visitenkarte und schrieb auf die Rückseite: »Durch Zufall habe ich vom Selbstmordversuch Ihres Sohnes erfahren. Deshalb fände ich es für klüger, wenn Sie sich doch noch zu einem Gespräch mit uns bereit fänden.«

Es gab eine Zeit, da unterschrieben Tausende Menschen, BILD keine Interviews und Informationen mehr zu geben. Künstler, Schriftsteller, Professoren und 200 Landtags- und Bundestagsabgeordnete. Darunter auch Oskar Lafontaine, der von »Schweine-Journalismus« sprach und heute ständiger Kolumnist der BILD-Zeitung ist. Gerhard Schröder, unser Kanzler, war auch dabei: Heutzutage outet er sich in und für BILD, steht für ein BILD-Foto sogar Kopf und tut kund, daß er ohne »BILD, BamS und Glotze« (so wörtlich) nicht regieren könne und nimmt sich einen BILD-Journalisten als ständigen Berater und stellvertretenden Regierungssprecher. Stoiber zieht nach und stellt sich einen ehemaligen BILD-Chef als Wahlkampfberater zur Seite.

Es entsteht der Eindruck: BILD regiert mit. Auf jeden Fall gilt: Gegen BILD wagt kaum jemand mehr zu regieren. Schon der damalige Bundeskanzler Helmut Schmidt bekannte: »Es kommt einem politischen Selbstmord gleich, sich mit BILD und der Springerpresse anzulegen.«

Die bestellten und in BILD veröffentlichten Jubel-Gratulationen zum 50. sind oft an devoten Peinlichkeiten nicht zu überbieten: Unterwerfung – teils aus Angst und/oder als Eigenwerbung.

Daß es BILD nach so viel Rufmord und professionellen Lügengeschichten immer noch gibt, ist schon Skandal genug.

Daß BILD für seriöse Medien zum Teil zitierfähig geworden ist, egal, ob's stimmt oder nicht! (s. Sebnitz), zeigt, daß sie nach wie vor Einfluß und Macht haben. Selbst vor Einbrüchen sind sie nicht zurückgeschreckt, haben Telefongespräche abgehört und sogar Menschenleben auf dem Gewissen.

Daß BILD jetzt die Dreistigkeit besitzt, seine 50jährigen Schandtaten auch noch abfeiern zu lassen, ist mehr als unverfroren.

Oder hat sich BILD in den letzten zwei Jahrzehnten etwa doch geläutert, wie es die neuen BILD-Chefs in einer Art Vorwärtsverteidigung weismachen möchten? (»Wallraff war ein heilsamer Schock für uns«, so z.B. BILD-Exchefredakteur Bartels.) Die *Frankfurter Allgemeine Sonntagszeitung*, ein Ableger der BILD ansonsten nicht übermäßig kritisch gegenüberstehenden *FAZ*, stellt als Resümee einer ganzseitigen Analyse zur Fünfzig-Jahr-Feier fest: »Im Kern ist die BILD-Zeitung die alte. Ein entsetzliches, menschenverachtendes Blatt.«

Gegen Grundgesetzartikel 1, »Die Würde des Menschen ist unantastbar«, verstößt BILD ganz regelmäßig und mit der größten Selbstverständlichkeit. Um Frauen mit verächtlich machendem Text und im BILD voller Unterwürfigkeit* zum »*Luder*« abzustempeln, nimmt BILD zuvor die Rolle des Luden, des klassischen Zuhälters, ein. Oft bedarf es des Mitspielens der »Prostituierten«, um der »Verluderung« zur Vollendung zu verhelfen. So ein erbarmungswürdiges und zugleich erbärmliches BILD-Geschöpf offen-

---

* »Mit Vorliebe kriechend, den Blick von unten nach oben dem männlichen Leser zugewandt«, wie Eva Kohlrusch, ehemalige stellvertretende BILD-Chefredakteurin, heute kritisch vermerkt.

barte sich mir kürzlich. Einerseits beklagte sie sich, daß BILD über ihr Privatleben regelmäßig rufschädigende Lügen verbreite, die sie sich gefallen lassen müsse, da sie andererseits – so rechtfertigte sie sich – BILD »ja dankbar sei, denn ohne BILD gäbe es mich doch gar nicht«.

Derartige Homunculi, die ihre Seele und alles übrige an BILD und im Verbund an »*Bunte*«, sonstige Blätter und ans Privat-TV verkauft haben, sind inzwischen eine Gesellschaft für sich. Show-Stars, abgehalfterte Schauspieler, austauschbare und verwechselbare Politiker feiern sich und lassen sich untereinander abfeiern: eine wirklich vorBILDliche feine Gesellschaft.

Das Hamburger Landgericht formuliert in einem Urteilsspruch aufgrund langjähriger leidvoller Erfahrungen mit ihrem renitentesten Dauerkunden resignierend: »Es ist der Antragsgegnerin (der Axel Springer AG) schon oft von gerichtlicher Seite gesagt worden, daß der Schutz der Persönlichkeit auch für die BILD-Zeitung gilt. Dennoch mag sich die Antragsgegnerin nicht daran halten.« Die Springer-Hausjustitiarin gesteht es (im Gespräch mit der *Frankfurter Rundschau*) selbstkritisch ein: Der größte Teil ihrer Arbeit sei auf Artikel der BILD-Zeitung zurückzuführen – »Ich bin zuständig für Schmutz und Schund.«

BILD scheint unverbesserlich. In juristischem Sinne ein gemeingefährlicher Hangtäter, vor dem die Zivilgesellschaft dauerhaft geschützt werden müßte. Am sichersten wäre bestimmt »Sicherungsverwahrung«! Jedoch diese letzte Maßnahme ist vom Gesetzgeber ausschließlich gegen einzelne gemeingefährliche Wiederholungstäter vorgesehen. Vielleicht griffe hier schon eher der Paragraph »BILDung einer kriminellen Vereinigung«. Allerdings, wer es wagt, dies öffentlich auszusprechen, dürfte schon bald der Selbstjustiz dieser gewaltigen und gewalttätigen Übermacht zum Opfer fallen.

50 Jahre Journalismus als Menschenjagd, Fälschung und Sensationsmache: wirklich kein Grund zum Feiern!

2002

Leo Kreutzer
Auf unheimlichem Terrain

Vom 12. April bis zum 22. August 1965 arbeitete Wallraff als »Reiniger« in der August-Thyssen-Hütte in Duisburg-Hamborn. Seine Reportage »›Sinter zwo‹ – im Stahlwerk«, mit dem die frühen Industriereportagen schließen, ist ganz deutlich der herausragende Text.

In einer kleinen Studie über »Kisch und Ich heute« ist Günter Wallraff 1977 auf Parallelen, aber auch auf Unterschiede zwischen seinen Reportagen und denen von Egon Erwin Kisch eingegangen. Einen wesentlichen Unterschied sieht er darin, daß er nicht als literarischer »Held« seiner Reportagen auftrete, nicht als jemand, der wie Kisch stets »Agierender« bleibe, »auch wenn seiner Arbeit alle nur möglichen Steine in den Weg gelegt werden. Bei mir ist das anders. Ich beginne eine Aktion, um später darüber zu schreiben. In den meisten Fällen, jedenfalls in sehr vielen, tritt ein Moment ein, wo mehr mit mir geschieht, als daß ich etwas geschehen lasse. Erst später, beim Schreiben, verwandle ich mich zurück in die Rolle des Berichterstatters und Anklägers. Das war so am Band, das war so als ›Alkoholiker‹ in der psychiatrischen Klinik, das war im faschistischen Griechenland so und jetzt auch im ›Untergrund‹ bei Bild.«

Bei »›Sinter zwo‹ – im Stahlwerk« scheint das nicht ganz so gewesen zu sein. Die Reportage liest sich heute so, als sei es Wallraff in diesem Falle nicht oder doch in geringerem Maße gelungen, sich beim Schreiben aus der Rolle des Reinigers in einem »düsteren Land« zurückzuverwandeln in die Rolle des »Berichterstatters und Anklägers«. Nicht daß es dem Text an Distanz und durchdachter Struktur fehlte, im Gegenteil. Diese weitaus umfangreichste Reportage ist zugleich diejenige, in der sich Wallraff erstmals mit augenfälliger Sicherheit seiner zuvor erprobten literarischen Mittel bedient. Aber der Text berichtet von einer Erfahrung, wo nicht nur »mehr mit mir geschieht, als daß ich etwas geschehen lasse«, er ist vielmehr erfüllt von Entsetzen darüber, was da mit dem Reiniger Wallraff geschehen ist, einem Entsetzen, das selbst Band und Akkord nicht hatten bewirken können. Dieses blanke Entsetzen hängt offensichtlich damit zusammen, daß der Reporter diesmal in ein System hineingeraten ist, in dem »Maschinen Maschinen regieren« und wo es nur gelegentlich vorkommt, daß die automatisch arbeitende »Anlage« die in dem weitläufigen Gelände von »Sinter zwo« sich verlierenden Arbeiter »ernsthaft braucht«. So beginnt die Reportage mit dem Spott des Vorgesetzten über den Neuankömmling, der wie gewohnt seinen künftigen Arbeitsplatz »ganz gern mal sehen möchte«. »Junger Mann, Sie haben noch Vorstellungen, Arbeitsplatz, wenn ich das höre, die Anlage arbeitet kontinuierlich; (...) da sind Sie überall und nirgends, werden das schon spitzkriegen, wie ich das meine, da gibt's nichts zu zeigen.«

Es gehört zum Verfahren der voraufgegangenen Reportagen, kleine Porträts der Kollegen einzumontieren, mitzuteilen, was über sie in Erfahrung zu bringen war. In der Sinteranlage, wo ein Dutzend Arbeiter, so genau weiß das niemand, »überall und nirgends« sind, wird die mutmaßliche oder manifeste Anwesenheit anderer unheimlich. (...)

Aber auf unheimlichem Terrain sind auch Wunder möglich, und wie ein wirkliches Wunder, das Gespenstische des Ortes der Handlung nur um so deutlicher hervortreten lassend, wird erzählt, wie der Reiniger Wallraff den Kollegen H. trifft und mit ihm dessen Geburtstag feiert. Dieser Arbeitskollegen ist ihm zuerst, einige hundert Meter entfernt, als »ein sich immer wieder bewegender Punkt auf dem Dach neben dem Kühler« aufgefallen, da meint er aber noch, es handele sich wohl eher um eine Transportlore. Eines Tages jedoch schlägt ein Stein vor ihm auf, an dem mit Draht ein Zettel befestigt ist. »Komm mal hier nach oben und trink einen Schluck aus der Pulle. Hinter Rü II geht die Leiter hoch.« Der Kollege H. verstößt mit dieser steinzeitlichen Kontaktaufnahme in einer der modernsten Industrieanlagen Europas gegen strenge Verbote. Aber wenigstens an seinem Geburtstag will er ein bißchen Gesellschaft haben. So erfährt der Reporter und so erfahren wir seine Geschichte.

Vergleichsweise ausführlich erzählte Geschichten auch von den anderen Arbeitern in der Sinteranlage strukturieren die Reportage aus dem Stahlwerk, und es ist, als ob der in den »Berichterstatter und Ankläger« zurückverwandelte Reiniger Wallraff sich mit diesen Geschichten noch im nachhinein gegen das Entsetzen wappnen müsse, das ihm »die Anlage« bereitet hat. Die Reportage aus der Sinteranlage ist, noch über Akkordhetze und Lohndrückerei hinaus, wie sie in den anderen Reportagen in prägnanten Konstellationen vorgeführt werden, ein großes Stück Prosa über das, was Menschen sich auszudenken und was sie einander anzutun vermögen. Die Bilder und Geschichten aus »Sinter zwo« lassen hinter der dargestellten industrieweltlichen Realität eine gespenstische Wirklichkeit hervortreten, ei-

nen exemplarischen Ort menschlichen Versagens. Das mindert mitnichten die soziale Verbindlichkeit auch dieses Textes. Aber es stellt ihn den stärksten Erzählungen von menschlicher Entfremdung und gesellschaftlicher Fehlentwicklung an die Seite, welche die deutsche Gegenwartsliteratur vorzuweisen hat.

*Leo Kreutzer,
Professor für Neue Deutsche Literatur und
Vergleichende Literaturwissenschaft an der Universität Hannover;
aus dem Nachwort zu »Industriereportagen«, Köln 1991*

Heinrich Böll
Günter Wallraffs unerwünschte Reportagen*

Unter denen, die in der Bundesrepublik publizieren, nimmt Günter Wallraff mit seinen Reportagen eine Ausnahmestellung ein. Er ist kein Reporter im überkommenen Sinn, der recherchiert, interviewt und dann seinen Bericht schreibt. Er ist kein Essayist, der sich informiert und dann abstrakt analysiert. Er gehört auch nicht zu den Autoren, die das, was man herablassend die Arbeitswelt zu nennen beliebt, zum Gegenstand von Romanen und Erzählungen macht. Wallraff hat eine andere Methode gewählt, er dringt in die Situation, über die er schreiben möchte, ein, unterwirft sich ihr und teilt seine Erfahrungen und Ermittlungen in einer Sprache mit, die jede »Überhöhung« vermeidet, sich nicht einmal des Jargons bedient, der ja als poetisch empfunden werden könnte. Daß seine Berichte so umstritten worden sind, hängt wohl damit zusammen, daß er sich weder der Sprache der Beherrschten bedient, die man gemeinhin die Sklavensprache nennt, noch der Sprache der Herrschenden. Wenn Wallraff die Ausdrucksweise der Herrschenden ausgiebig zitiert, etwa amtliche Personen, den Militärpfarrer, den Kursleiter für Zivilschutz, so hat das Zitat eine Funktion, es beweist, daß Herablassung oder Anbiederung praktiziert wird.

Wallraffs Berichte sind in keiner Weise, auch nicht in der geringsten Nuance, schick. Sie sind auch nicht geeignet, der gelangweilten Schickeria Vokabeln oder Stimmungen zu liefern. Sie sind nicht flott, nicht elegant, schwer verdaulich. Sie zeigen bei näherem Zusehen durchaus etwas wie Humor (von der bittersten Sorte), aber ich nehme das Wort sofort wieder zurück, es ist zu mißverständlich und erlaubt wieder Ausflüchte.

Gewiß sind nicht alle Wallraffschen Berichte typisch für die Bundesrepublik allein. Es gibt auch anderswo Asozialen-Obdachlosen-Trinkerheilanstalts-Probleme. In dieser Feststellung liegt wenig Trost. Ganz gewiß speziell bundesrepublikanisch sind die Berichte: Töten um Gottes willen. Lehensdienste in Westfalen. Napalm? Ja und Amen. Sauberes Berlin.

---

* *Heinrich Böll schrieb diesen – hier gekürzt wiedergegebenen – Text im Mai 1970 als Vorwort zur schwedischen Ausgabe der »13 unerwünschten Reportagen«.*

Ich kann nicht auf jeden einzelnen Bericht eingehen, sie sprechen für sich und mögen sich für Ausländer geradezu exotisch lesen. Exotisch sind sie auch für mich. Als Musterbeispiel dieser Exotik lese ich den Bericht Töten um Gottes willen. *Diese grobschlächtige, schon obszöne Weise der Anbiederung durch katholische Geistliche erinnert mich sehr an eine ähnliche Art der Einweisung, wie ich sie im Jahr 1938 erlebte. Ich kann hierzu getrost den banalen Kommentar geben: Es hat sich nichts geändert. Nichts. In diesem Milieu wird Nachdenklichkeit als intellektuell verdächtigt, und intellektuell zu sein ist die schlimmste Art der Verdächtigung, die einem widerfahren kann.*

Umstritten worden ist in der Bundesrepublik vor allem Wallraffs Methode, sein Eindringen in bestimmte Situationen unter einem Vorwand oder einem Pseudonym. Betrachtet man seine Berichte genau, so wird in ihnen allen Herrschaft entlarvt, jene Herrschaft, die gewisse Methoden des Recherchierens für gentlemanlike erklärt und andere, Wallraffs Methode, nicht. Nicht nur die Sensationspresse, auch die seriöse, sogar jene Publikationsmittel, die als »scharf« gelten, halten sich an gewisse Spielregeln. Wallraff nicht. Er besichtigt *nicht, er neutralisiert nicht, indem er »auch die Gegenseite zu Wort kommen läßt«. Er unterwirft sich einer Situation und schildert sie vom Standort des Unterworfenen aus. Er ist immer Subjekt.*

Besonders Lärm hat es natürlich um seine Methode bei der Napalm-Reportage gegeben. Man hat ihm vorgeworfen, er habe das Beichtgeheimnis verletzt. Das trifft nicht einmal theologisch zu: das Beichtgeheimnis verletzen kann nur der, der die Beichte hört, nie der, der sie ablegt – und sei es auch nur scheinbar. Eine hübsche Rolle hat dabei die KNA (Katholische Nachrichtenagentur) *gespielt, sie hat Wallraff über Wallraff zitiert, der wiederum das Urteil von Bundeswehrärzten über sich selbst zitiert hatte; er wurde als »abnorme Persönlichkeit für Krieg und Frieden untauglich« entlassen. Gewiß sind das legitime Formen des geltenden Journalismus, eine fein angelegte Denunziation, der man nicht einmal widersprechen kann, weil das Zitat ja stimmt.*

Ich habe nur einen Einwamd gegen Wallraffs Methode: er wird sie nicht mehr lange anwenden können, weil er zu bekannt wird. Und so weiß ich nur einen Ausweg: schafft fünf, sechs, schafft ein Dutzend Wallraffs.

Sargut Şölçün
»Ali Woyzeck«*

Schon gegen Ende der 60er Jahre interessierte sich Günter Wallraff für das Leben ausländischer Arbeiter in der BRD, wie man aus seinen »Industriereportagen« ersehen kann. Sie waren aber damals für ihn noch kein ergiebiger Stoff, den man für eine »Randzonen-Literatur« hätte nutzen können. 1974 übernimmt er zum ersten Mal die »Gastarbeiter«-Rolle, arbeitet in deutschen Betrieben und geht auf Wohnungssuche. Die konkreten Erfahrungen aus diesen Jahren haben bei der Bewältigung dieser besonderen Aufgabe aber eher eine retardierende Wirkung gehabt. »Zehn Jahre habe ich diese Rolle vor mir hergeschoben. Wohl, weil ich geahnt habe, was mir bevorstehen würde. Ich hatte ganz einfach Angst.« Wallraff beginnt »Ganz unten« mit diesen Worten. Daß es sich hier um eine reale Angst handelt, lassen manche Szenen in »Ganz unten« deutlich erkennen: »Aber dort im Olympiastadion habe ich das deutsche Team angefeuert. Aus Angst.« »Ganz unten« spiegelt die Situation eines Landes, das praktisch zum Einwanderungsland geworden ist, ohne mit dieser Veränderung umgehen zu können.

Bedrückte Seele und listiger Schelm in einer Person

Um Literatur zum Kontrapunkt der gesellschaftlichen Realität, die einer Veränderung bedarf, umzufunktionieren, braucht man nicht immer »bedrückte Seelen« (Gogol), auch Schelme und listige Gestalten können hingenommene Wirklichkeit in Frage stellen. Ali in »Ganz unten« ist beides zur gleichen Zeit. Er hat zwei Funktionen: Er existiert in Wirklichkeit nicht, wenigstens ist er nirgendwo registriert; aber gerade durch jene Art des »Nichtexistierens« macht er auf existierende Zustände aufmerksam. Das ist die

---

* Gekürzte Fassung des im Band »Sein und Nichtsein. Zur Literatur in der multikulturellen Gesellschaft«, Bielefeld 1992, erschienenen Essays. Sargut Şölçün ist Professor für Literaturwissenschaft an der Universität Essen.

passive Funktion einer bedrückten Seele, die der Leser schon von Gogols Roman »Tote Seelen« her kennt. Die aktive Funktion wird da erfüllt, wo der Autor durch die Verstellung die Wirklichkeit selbst inszeniert, sie selber produziert, d. h. als Schelm auftaucht. Derjenige, der in diesem Fall die Initiative hat, ist Wallraff/Ali, der als Figur im Text auftretende Autor. Der Autor existiert, jedoch hat er in seiner literarischen Rolle nur eine bedingte Existenzform. Da er nicht ohne Ali zu denken ist, ist das Nichtexistieren von Wallraff/Ali die eigentliche Stärke des Autors. Diese Art des »Nichtexistierens« enthüllt zusätzlich die Wahrheit, aber diesmal mit humoristischen Motiven. Wallraff selbst sagt dazu: »Meine Verstellung bewirkte, daß man mir direkt und ehrlich zu verstehen gab, was man von mir hielt. Meine gespielte Torheit machte mich schlauer, eröffnete mir Einblicke in die Borniertheit und Eiseskälte einer Gesellschaft, die sich für so gescheit, souverän, endgültig und gerecht hält. Ich war der Narr, dem man die Wahrheit unverstellt sagt.« Im Wesen der Verstellung ist ohnehin das Komische enthalten; die Ausländer-Maske aber spitzt den Sachverhalt bis zum Satirischen zu. Der Dümmlimg ist nicht der wirkliche Dumme. Ein deutscher Arbeiter fragt ihn: »Hör mal, du bist doch nicht dumm?« Wallraff/Ali antwortet: »Kommt drauf an ...« Da es jedesmal auf die Situation ankommt, schließt Ali seine Simplicissimus-Experimente ständig mit Gewinn ab.

Die Bevormundeten können lachen, das Einzigartige gewinnt allgemeingültige Dimensionen. Die komödienhaften Bilder intensivieren sich, nachdem Ali Fahrer seines Chefs geworden ist. In diesem neuen Zustand kommt Ali seinem Herrn näher, beide sind fast täglich zusammen. Diese Nähe ermöglicht die Aufdeckung der sozialen Schizophrenie: »Fast bei Bier Nr. fünfundzwanzig angelangt, kriegt Vogel einen ›Sentimentalen‹ und stiert mit glasigen Augen in Puntilamanier auf Ali: ›Der Ali, der hält zu mir. Der würde mich mit seinem Leben verteidigen‹. Und mit großartiger pathetischer Geste: ›Den hol ich noch mal raus aus seinem Elend. Aus seinem Drecksloch in der Dieselstraße. Den kleide ich neu ein, daß er auch richtig in meinen Mercedes paßt‹.« Der in Trunkenheit human werdende Herr erinnert an Brecht (»Herr Puntila und sein Knecht Matti«); aber auch im nüchternen Zustand ist der Chef nicht immer Herr der Situation. Im anfänglichen Herr-Knecht-Verhältnis ist Vogel der Bestimmende und Ali der Untertan; mit der Zeit aber werden die Positionen von Herr und Knechtschaft im Sinne der Hegelschen Dialektik in der »Phänomenologie des Geistes« ausgetauscht. Verglichen mit Diderots »Jacques, der Fatalist, und sein Herr« nimmt diese Zusammenführung von Herr und Diener im Gesamt-

umfang von »*Ganz unten*« relativ wenig Platz ein, sie ist aber eine der wichtigsten Episoden, auch in ihrem literarischen Stellenwert.

»Aber ... wenn einem die Natur kommt«

Eine Stelle in »Ganz unten« läßt an das allgemeingültige Naturrecht im 18. Jahrhundert denken: »Als ich (Ali), sein Chauffeur, wieder mal über eine halbe Stunde morgens in der Früh, 7.30 Uhr, vor seinem Haus auf ihn zu warten habe, verspürt Ali das dringende Bedürfnis, zur Toilette zu müssen ... Vogel (angewidert): ›Ja, mach mal draußen‹. Ich (Ali): ›Wo soll ich draußen?‹ Vogel: ›Machste um die Ecke, irgendwo, geh schon‹. Ich (Ali): ›Wo in die Eck?‹ Vogel: ›Eh, ist doch scheißegal‹. Er schickt Ali auf die Straße wie einen Hund ...« Der natürliche Anspruch ist zwar kein individueller, aber ein menschlicher Anspruch, und als solcher impliziert er auch den individuellen. Das klassische Naturrecht wurde in der Aufklärungszeit nicht ohne Grund zur revolutionären Kraftquelle. Die harmonische Einheit und Ordnung der Natur wird von ihren eigenen Gesetzen bestimmt, und die natürlichen Bedürfnisse dürfen danach nicht unterdrückt werden. Mit dieser Begründung hatten die Aufklärer das soziale Glück den Naturgesetzen untergeordnet und sich gegen die Herrschenden gestellt, die die Existenz von Armut und Reichtum zur gott- und naturgewollten Ordnung erklärt und ihren Moralkodex darauf aufgebaut hatten. Anfang des 19. Jahrhunderts unterstrich Büchners »Woyzeck« die aktuelle Allgemeingültigkeit des Naturrechts: »Doktor: ›Ich hab's gesehen, Woyzeck; Er hat auf die Straß gepißt, an die Wand gepißt, wie ein Hund! – und doch drei Groschen täglich und Kost! Woyzeck, das ist schlecht!‹ Woyzeck: ›Aber, Herr Doktor, wenn einem die Natur kommt‹.« Die Parallele der beiden Szenen in »Ganz unten« und »Woyzeck« ist überraschend. Allerdings wird Ali auf die Straße, ins gesellschaftliche Abseits geschickt, während Woyzecks Handlung moralisch beurteilt wird. Die tadelnde Ungeduld gegenüber dem »natürlichen Bedürfnis« ist aber in beiden Fällen unüberhörbar.

Die leidenden, unterdrückten Gestalten in »Ganz unten« und Ali selbst lassen uns Wallraffs Buch in der Tradition von Büchners »Woyzeck« erscheinen.

Unter den Bedingungen der »Leiharbeit« in der Wohlstandsgesellschaft werden die sachlichen Abhängigkeitsverhältnisse wiederum in die persönlichen des Frühkapitalismus umgewandelt. Ali, der sich als Versuchsmensch in den Dienst der Pharmaindustrie gestellt hat, trägt – genauso wie Woyzeck, der zu wissenschaftlichen Zwecken »nichts als Erbsen« essen muß – zur Erläuterung der »wichtigen Frage über das Verhältnis des Subjekts zum Objekt« bei, indem er die Nebenwirkungen der Medikamente – »schwerste Benommenheit, ... totales Wegtreten und schwere Wahrnehmungstrübungen« – erträgt. So wird dem Menschen nicht nur der Boden seiner sozialen, sondern auch der seiner biologischen Existenz entzogen. Die Umstände seines Lebens (Arbeitslosigkeit, Hunger, Erniedrigung, Haß und Eifersucht) treiben Woyzeck in die geistige Umnachtung, das Ergebnis ist Mord. Da die Hauptgestalt in »Ganz unten« der in Alis Rolle geschlüpfte Autor selbst ist, kann es nicht so weit kommen. Jedoch läßt eine ähnliche Konstellation manche Gestalten (türkische Arbeiter) an ähnliche Taten denken: »In solchen Situationen denkt man sich die schlimmsten Todesarten für Vogel aus, und in solchen Situationen sind schon Entschlüsse gefaßt worden, alles auf eine Karte zu setzen, einen lohnenden Einbruch oder Banküberfall zu begehen.« Wallraff/Ali braucht kein Verbrecher zu werden, denn er spielt den Dummkopf. Dies ist eine weitere Legitimationsgrundlage der Verstellungsmethode. Die anderen haben diese Möglichkeit nicht, sie sind machtlos, sie sind die »Verdammten dieser Erde«. Das gesellschaftliche Sein bestimmt auch das Vokabular für die zur Verdammnis Verurteilten. Ein deutscher Arbeiter in »Ganz unten« weist darauf hin: »Er (Vogel) sagt nie ›kannst du‹, immer ›mußt du‹. Sagst du dann ›nein‹, dann weißt du, was es für dich bedeutet: Schluß, aus, raus.« In einem Brief von Büchner lesen wir eine ähnliche Resignation: »Das Muß ist eins von den Verdammungsworten, womit der Mensch getauft worden ist.«

Woyzeck und Ali verzichten auf Widerstand, damit die Machtlosigkeit eine Kraftquelle der Philosophie bleibt, die auf dem Ausgeliefertsein beruht. Erst nachdem Ali die Rolle der Machtlosigkeit bis zur äußersten Grenze gespielt hat, kann er die Achillesferse der bundesrepublikanischen Realität an den Tag bringen. In der Rekonstruktion dieser Realität muß jede Unfähigkeit zur Macht wie eine Widerstandswaffe wirken. »Sprachlosigkeit« der Fremden ist ein konkretes Beispiel dafür. Den Ausländern wird verboten, ihre eigene Sprache zu sprechen. Um sich den Beleidigungen und Demütigungen zu entziehen, ziehen die Woyzecks unseres Zeitalters es oft vor, sich so zu verhalten, als verstünden sie kein Wort Deutsch; sonst gibt es entweder Ärger oder Hohn. Der Verzicht auf einen natürlichen und sozialen Anspruch wird zu einem sprechenden Argument gegen den vielgepriesenen Wohlfahrtsstaat mit seiner freiheitlich-demokratischen Grundord-

nung, genauso wie die »Sprachunfähigkeit« des vom Hauptmann und Doktor terrorisierten Woyzeck ein sprechendes Argument gegen eine gewaltsame Umwelt ist.

Wallraff macht keinen konkreten Lösungsvorschlag, konfrontiert aber den Leser ständig mit einem unerträglichen Leben. So wird die Notwendigkeit einer Lösung überzeugend. Man kann »Ganz unten« als einen Einspruch im Namen aller Bevormundeten bezeichnen, der zugleich einen Appell enthält. Es ist ein Appell an das Gemeinschaftsgefühl gegen eine Mentalität im Lande, die in den Worten eines Bauleiters im Buch artikuliert wird: »Das Denken überläßt du besser den Eseln, denn die haben größere Köpfe.«

Quellennachweis

(Die Mehrzahl der Texte wird in diesem Buch in gekürzter Form wiedergegeben.)

»Vorzüge und Nachteile eines Ideal-Berufes«, aus: »Vom Ende der Eiszeit und wie man Feuer macht. Aufsätze, Kritiken, Reden«. Mit einem Vorwort von Prof. Dr. Hans Mayer. Kiepenheuer & Witsch, Köln 1987.

»Protokoll aus der Bundeswehr«, aus: »Befehlsverweigerung. Die Bundeswehr- und Betriebsreportagen«. Kiepenheuer & Witsch, Köln 1984.

»›Sinter zwo‹ – im Stahlwerk«, aus: »Wir brauchen dich. Als Arbeiter in deutschen Industriebetrieben«. Rütten und Loenig, München 1966.

»Asyl ohne Rückfahrkarte«, aus: »13 unerwünschte Reportagen«. Kiepenheuer & Witsch, Köln 1969 und 2002.

»Napalm? Ja und Amen«, aus: »13 unerwünschte Reportagen«. Kiepenheuer & Witsch, Köln 1969 und 2002.

»Baun wir doch aufs neue das alte Haus oder Die Judenehrung von Paderborn«, aus: »13 unerwünschte Reportagen«. Kiepenheuer & Witsch, Köln 1969 und 2002.

»Brauer Sud im Filterwerk. Melitta-Report«, aus: »Neue Reportagen, Untersuchungen und Lehrbeispiele«. Kiepenheuer & Witsch, Köln 1972.

»Gerling-Konzern. Als Portier und Bote«, aus: »Ihr da oben, wir da unten«. Zusammen mit Bernt Engelmann. Kiepenheuer & Witsch, Köln 1973.

»Special Guests«, aus: »Reinhold Neven Du Mont«. Festschrift zum 65. Geburtstag. Köln 2002

»Fürstmönch Emmeram und sein Knecht Wallraff«, aus: »Ihr da oben, wir da unten«. Zusammen mit Bernt Engelmann. Kiepenheuer & Witsch, Köln 1973.

»Die Griechenland-Aktion«, aus: »Unser Faschismus nebenan. Griechenland gestern – ein Lehrstück für morgen«. Zusammen mit Eckart Spoo. Kiepenheuer & Witsch, Köln 1975.

»Aufdeckung einer Verschwörung«, aus: »Aufdeckung einer Verschwörung. Die Spinola-Aktion«. Zusammen mit Hella Schlumberger. Kiepenheuer & Witsch, Köln 1976.

»Der Aufmacher. Der Mann, der bei BILD Hans Esser war«, aus: »Der Aufmacher. Der Mann, der bei ›Bild‹ Hans Esser war«. Kiepenheuer & Witsch, Köln 1977.

»Denn Sie wissen, was sie tun«, aus: »Zeugen der Anklage. Die ›Bild‹-Beschreibung wird fortgesetzt«. Kiepenheuer & Witsch, Köln 1979.

»Ganz unten«, aus: »Ganz unten«. Kiepenheuer & Witsch, Köln 1985.

»Und macht euch die Erde untertan ... Eine Widerrede!, aus: »Predigt von unten«. Steidl Verlag, Göttingen 1986.

»Plan-Abschußsoll. Ein Protokoll aus dem Jahr 1990«, aus: Hartmut von Hentig (Hg.), »Deutschland in kleinen Geschichten«. dtv, München 1997

»Know-how aus Deutschland«, aus dem Nachwort zu »Gas. Tagebuch einer Bedrohung – Israel während des Golfkriegs« von Lea Fleischmann, Göttingen 1991.

»Die Kurdenverfolgung der türkischen ›Militärdemokratur‹«, aus dem Herausgeber-Beitrag zu »Meine einzige Schuld ist, als Kurdin geboren zu sein« von Devrim Kaya, Frankfurt/M.–New York 1988.

»Interview mit Abdullah Öcalan«, aus: »PKK – Die Diktatur des Abdullah Öcalan« von Selim Cüsükkaya« (hrsg. von G. Wallraff), Frankfurt/M. 1997.

»Die Intoleranz des anderen zu dulden ist nichts anderes als Feigheit«, aus: »Sind die Deutsche ausländerfeindlich?«, hrsg. von U. Arnswald, H. Geißler, S. Leutheusser-Schnarrenberger, W. Thierse; Zürich 2000.

»BILD zum Fünfzigsten«: Originalbeitrag

Bibliographie

Wir brauchen dich. Als Arbeiter in deutschen Industriebetrieben. Rütten und Loenig, München 1966.
Industriereportagen. Als Arbeiter in deutschen Großbetrieben. Rowohlt, Reinbek 1970.
Vorläufiger Lebenslauf nach Akten und Selbstaussagen des Stefan B. Peter Paul Zahl, Berlin 1968.
Neuauflage: Giftzwerge-Press, Heergugowaard/NL, 1978.
Meskalin – Ein Selbstversuch. Mit Original-Offsetlithographien von Jens Jensen. Peter Paul Zahl, Berlin 1968.
Nachspiele. Szenische Dokumentation. Edition Voltaire, Frankfurt/M. 1968.
Neuauflage: Pendragon-Verlag, Bielefeld 1982.
13 unerwünschte Reportagen. Kiepenheuer & Witsch, Köln 1969.
Taschenbuch: Rowohlt, Reinbek 1975.
Hängt den D. auf! Ein nicht gesendetes Fernsehspiel. In: Blätter für deutsche und internationale Politik, Heft 10, S. 1110–1120, 1969.
Von einem, der auszog und das Fürchten lernte. Bericht, Umfrage, Aktion. Aus der unterschlagenen Wirklichkeit. Weismann, München 1970.
Neuauflage: Zweitausendeins, Frankfurt/M. 1979.
Neue Reportagen, Untersuchungen und Lehrbeispiele. Kiepenheuer & Witsch, Köln 1972.
Taschenbuch: Rowohlt, Reinbek 1974.
Was wollt ihr denn, ihr lebt ja noch. Chronik einer Industriansiedlung. Zusammen mit Jens Hagen. Rowohlt, Reinbek 1974.
Ihr da oben, wir da unten. Zusammen mit Bernt Engelmann. Kiepenheuer & Witsch, Köln 1973. Erweiterte Sonderausgabe 1975.
Taschenbuch: Rowohlt, Reinbek 1976.

Wie hätten wir's denn gerne? Unternehmenstrategen proben den Klassenkampf. Zusammen mit Bernd Kuhlmann. Peter Hammer, Wuppertal 1975.
Neuauflage: Pendragon-Verlag, Bielefeld 1983.
Unser Faschismus nebenan. Griechenland gestern – ein Lehrstück für morgen. Zusammen mit Eckart Spoo. Kiepenheuer & Witsch, Köln 1975.
Taschenbuch: Rowohlt, Reinbek 1982 (ergänzt, erweitert u. aktualisiert). Neuauflage: Rowohlt, Reinbek 1986.
Neuausgabe: **Unser Faschismus nebenan.** Erfahrungen bei NATO-Partnern. (Dem Band liegen zugrunde: »Unser Faschismus nebenan. Griechenland gestern...«, »Aufdeckung einer Verschwörung« und das Kapitel »Eine Zeit auf der Kooperative«) Kiepenheuer & Witsch, Köln 1987.
Die Reportagen. Kiepenheuer & Witsch, Köln 1976.
Aufdeckung einer Verschwörung. Die Spinola-Aktion. Zusammen mit Hella Schlumberger. Kiepenheuer & Witsch, Köln 1976.
Taschenbuch: Rowohlt, Reinbek 1982. In: Unser Faschismus nebenan.
Berichte zur Gesinnungslage der Nation / Berichte zur Gesinnungslage des Staatsschutzes. Zusammen mit Heinrich Böll. Rowohlt, Reinbek 1977.
Der Aufmacher. Der Mann, der bei »Bild« Hans Esser war. Kiepenheuer & Witsch, Köln 1977. Veränderte und erweiterte Neuausgabe 1977 u. 1982.
Zeugen der Anklage. Die »Bild«-Beschreibung wird fortgesetzt. Kiepenheuer & Witsch, Köln 1979.
Das »Bild«-Handbuch. Das Bild-Handbuch bis zum Bildausfall. Konkret-Literatur Verlag, Hamburg 1981.
Neuausgabe: **Bild-Störung.** Ein Handbuch. Kiepenheuer & Witsch, Köln 1985.
Die unheimliche Republik. Politische Verfolgung in der Bundesrepublik. Zusammen mit Heinrich Hannover. VSA-Verlag, Hamburg 1982.
Taschenbuch: Rowohlt, Reinbek 1984.

Nicaragua von innen. (Mit Beiträgen weiterer Autoren) Konkret-Literatur Verlag, Hamburg 1983.

Mein Lesebuch. Fischer Taschenbuch Verlag, Frankfurt/M. 1984.

Bericht vom Mittelpunkt der Welt. Die Reportagen. (Der Band enthält: »13 unerwünschte Reportagen« und unveröffentlichte Arbeiten aus den Jahren 1967–77) Kiepenheuer & Witsch, Köln 1984.

Befehlsverweigerung. Die Bundeswehr- und Betriebsreportagen. (Der Band enthält: »Von einem der auszog und das Fürchten lernte« und »Neue Reportagen, Untersuchungen und Lehrbeispiele«) Kiepenheuer & Witsch, Köln 1984.

Enthüllungen. Recherchen, Reportagen und Reden vor Gericht. Mit einem Nachwort von Oskar Negt. Zweitausendeins, Frankfurt/M. 1985.

Ganz unten. Kiepenheuer & Witsch, Köln 1985.

Günter Wallraffs BILDerbuch. Nachwort von Heinrich Böll. Steidl Verlag, Göttingen 1985.

Predigt von unten. Steidl Verlag, Göttingen 1986.

Reportagen 1963–1974. Mit Materialien und einem Nachwort des Autors. Kiepenheuer & Witsch, Köln 1987.

Vom Ende der Eiszeit und wie man Feuer macht. Aufsätze, Kritiken, Reden. Mit einem Vorwort von Prof. Dr. Hans Mayer. Kiepenheuer & Witsch, Köln 1987.

Akteneinsicht. Steidl Verlag, Göttingen 1987.

Und macht euch die Erde untertan. Eine Widerrede. Steidl Verlag, Göttingen 1987.

Ganz unten. Mit einer Dokumentation der Folgen. Kiepenheuer & Witsch, Köln 1988.

Wallraff war da. Ein Lesebuch von Günter Wallraff. Steidl-Verlag, Göttingen 1989.

Sekundärliteratur:

Dithmar, Reinhard: **Günter Wallraffs Industriereportagen.** Kronberg 1973.

Linder, Christian (Hrsg.): **In Sachen Wallraff.** Berichte, Analysen und Dokumente. Kiepenheuer & Witsch, Köln 1975.
Taschenbuch: Rowohlt, Reinbek 1977 (erweiterte Neuausgabe).

Neuausgabe: **In Sachen Wallraff.** Von den »Industriereportagen« bis »Ganz unten«. Berichte, Analysen, Meinungen und Dokumente. Kiepenheuer & Witsch, Köln 1986.

Berger, Frank: **Thyssen gegen Wallraff.** Chronik einer politischen Affäre. Steidl Verlag, Göttingen 1988.

Hrsg. u. a. von:

Heinz G. Schmidt: **Der neue Sklavenmarkt.** 1985.

S. G. Turan: **Freiwild.** 1992.

A. Lessing: **Mein Leben im Versteck.** 1994.

S. Cürükkaya: **PKK – Die Diktatur des Abdullah Öcalan.** 1997.

D. Kaya: **Meine einzige Schuld ist, als Kurdin geboren zu sein.** 1998.

Literaturhinweis:

Martina Minzberg: **BILD-Zeitung und Persönlichkeitsschutz.**
Vor Gericht und Presserat: eine Bestandsaufnahme mit neuen Fällen aus den 90er Jahren. Nomos Verlag, Baden-Baden 1999.

Günter Wallraff
Ich - der andere
Reportagen aus vier Jahrzehnten

Zu seinem 60. Geburtstag liest Günter Wallraff aus den wichtigsten seiner Reportagen.

Die Lesung erscheint im September 2002 bei Random House Audio.

CD ISBN 3-89830-460-4
MC ISBN 3-89830-461-2

9,50 € [D] 34,70 sFr

www.random-house-audio.de

Paperbacks bei Kiepenheuer & Witsch

Günter Wallraff
Der Aufmacher
Der Mann, der bei Bild Hans Esser war

KiWi 462

Wallraffs Bericht aus dem Innern der Medienmacht »Bild«. Sein berühmter Alleingang, dessen Rechtmäßigkeit nachträglich Gegenstand eines langwierigen Rechtsstreites war, musste beendet werden, als seine Identität als »Bild«-Reporter Hans Esser aufflog.

»Wallraffs Arbeitsweise gleicht in vielen Augenblicken den Methoden eines Dramatikers, der selbst zugleich Schauspieler ist. Seine Bücher sind gerade auch dort, wo sie den Leser erschüttern müssen, zugleich so etwas wie Schelmenromane. Sie sind nicht Erzeugnisse der Einbildungskraft, ersonnen am Schreibtisch. Sie mussten in einer schmerzhaften Wirklichkeit, unter dem Signum des Opfers erprobt werden. Vielleicht haben sie dadurch gerade so viele Leser erreichen können, die es vorher noch nie gedrängt hatte, einen Buchladen zu betreten.«
Prof. Hans Mayer

www.kiwi-koeln.de

Paperbacks bei Kiepenheuer & Witsch

Günter Wallraff
13 unerwünschte Reportagen

KiWi 725

Reportagen, die die Republik erschütterten...

Mit »13 unerwünschte Reportagen« begründete Wallraff Ende der 60er Jahre seinen Ruf als Autor kritischer Sozialreportagen.

»Wallraff ist nach Erich Maria Remarque wahrscheinlich der einflussreichste deutsche Autor dieses Jahrhunderts, ein echter (sprechen wir das schmutzige Wort ruhig aus) Systemveränderer.
Willi Winkler, Süddeutsche Zeitung

»Wallraffs Bücher haben mich als Schüler politisch erweckt. Es sind große, radikale Kunstwerke.«
Benjamin v. Stuckrad-Barre

www.kiwi-koeln.de